ナツメ社
保育シリーズ

| 幼稚園 教育要領 | 保育所 保育指針 | 幼保連携型 認定こども園 教育・保育要領 | 準拠 |

記入に役立つ！

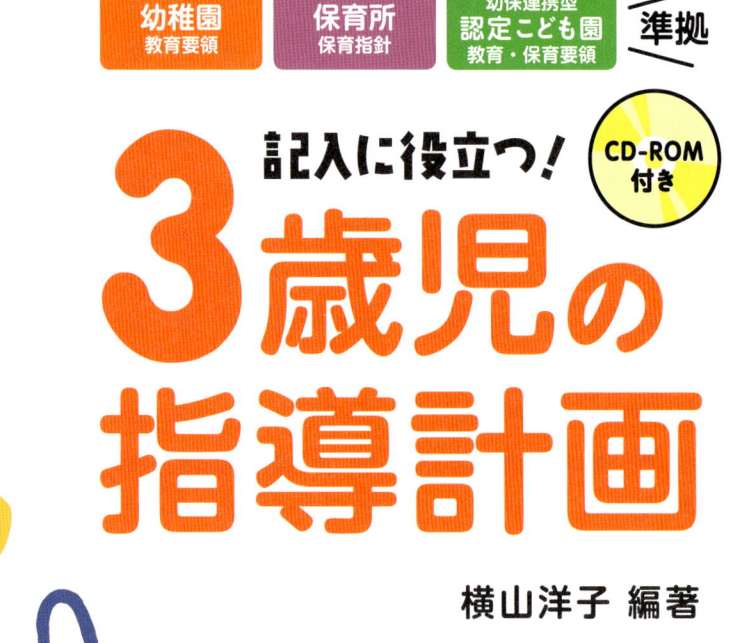

CD-ROM 付き

3歳児の指導計画

横山洋子 編著

ナツメ社

はじめに

　指導計画を立てることは、若い保育者には難しいことかもしれません。今、目の前で泣いている子どもにどう対応すればよいのかで精一杯で、「何とか泣きやんで笑顔になってほしい」という願いはもつものの、そのためにはどのような経験がこの子には必要か、そのためにはどのような環境をつくり、どのような援助をしなければならないのか、などということは、なかなか考えられないでしょう。

　それでも、いやおうなしに指導計画を立てるという仕事は付いてまわります。保育は行き当たりばったりではなく、計画的でなければならないからです。計画を立てて環境を準備しなければ、子ども

たちが発達に必要な経験を十分に積むことができないからです。そう、計画は大切なのです！

　では、どうすれば適切な計画を立てることができるのでしょうか。苦労に苦労を重ねなくても、「スルスルッと自分のクラスにピッタリの計画が魔法の箱から出てくればいいのに」「自分が担当してる子どもの個人案が、明日の朝、目覚めたら、枕元に置いてあればいいのに」と、誰もが一度や二度は思ったかもしれません。

　その願いにこたえて、本書は生まれました。どのように考えて書けばよいのか、文章はどう書くのか、個人差にはどう対応するのかなど、難しそうなことを簡単

に説明しています。年間指導計画から月案、保育日誌、防災・安全、食育計画などの実例を数多く載せました。また、それぞれのページに、「保育のヒント」や「記入のコツ」を付けました。さらに、文例集のページがあるので、自分のクラスにぴったり合う文を選べるようになっています。

　それから、大切にしたのは「子ども主体」の考え方です。これまで、保育園においては、「養護」は保育者の側から書くことになっていました。「養護」は「保育者がするもの」だったからです。けれども本書では、あえて「養護」も子ども主体で書きました。「快適に過ごす」のは子ど

もであり、子どもは自分の人生を主体的に生きているからです。子どもを「世話をされる存在」としてではなく「自らの生を能動的に生きる存在」としてとらえ、そのような子どもに、私たち保育者がどのように手を差しのべたら、その生を十分に輝かせられるのかと考えることが、これからの保育にふさわしいと確信するからです。また、このような記述により「教育」との統一が図れ、「ねらい」もすっきりと子ども主体で一本化できました。

　本書が、指導計画を立てることに喜びと手ごたえを感じて取り組める一助となることを願っております。

横山洋子

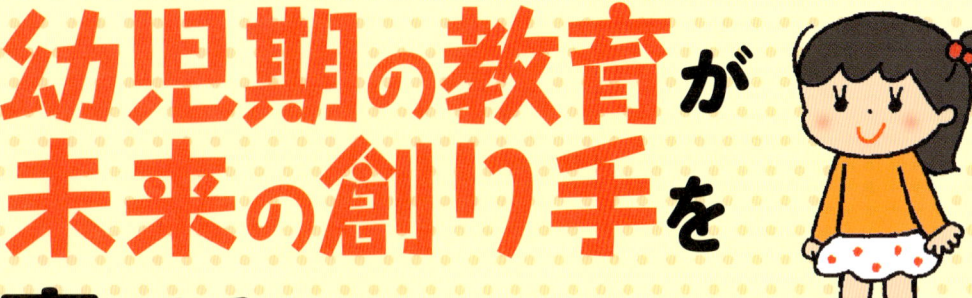

2018年実施 3法令改訂

幼児期の教育が未来の創り手を育てる

幼児教育施設として、未来を見据えて子どもの力を育む必要があります。幼児期での学びの連続性を考えていくことが重要です。

資質・能力の3つの柱とは

今回の改訂で、日本の幼児教育施設である幼稚園、保育園、認定こども園のどこに通っていても、同じ質やレベルの保育・幼児教育が受けられるよう整備されました。「資質・能力」の3つの柱は、小学校、中学校、高校での教育を通して伸びていくものです。幼児期には、その基礎を培います。

1.「知識及び技能の基礎」

豊かな体験を通じて、感じたり気付いたり分かったりできるようになる力です。

2.「思考力、判断力、表現力等の基礎」

1の力を使い、考えたり試したり工夫したり表現したりする力を育みます。

3.「学びに向かう力、人間性等」

心情・意欲・態度が育つ中で、学んだことを活かし、よりよい生活を目指す姿勢です。

● **幼児教育において育みたい資質・能力**

知識及び技能

思考力、判断力、表現力等

学びに向かう力、人間性等

小学校以降

知識及び技能の基礎

思考力、判断力、表現力等の基礎

学びに向かう力、人間性等

保育・幼児教育

幼稚園　保育園　認定こども園

「10の姿」を視野に入れて

「幼児期の終わりまでに育ってほしい姿」が提示されています。5領域の「ねらい」「内容」にも含まれていることですが、改めて先の「10の姿」と目の前の子どもを照らしてみると、もっとこの面を育てたいという方針が見えてくるでしょう。そこに、意味があるのです。

だからといって、子どもに欠けている部分を見つけて補強するという考え方は危険です。させられている活動では、身に付かないことが多いからです。子どもが自分からやりたくなるような環境や状況をつくって、発達に必要な経験が自ら積み重ねられるような援助が求められます。

「ねらい」を考える際、これは「10の姿」のどれに関連するのかということを意識しながら、計画を立てていきましょう。

●幼児期の終わりまでに育ってほしい姿

健康な心と体（健康）
充実感をもって自分のやりたいことに向かって心と体を十分に働かせ、見通しをもって行動し、自ら健康で安全な生活をつくり出せるようになる。

自立心（人間関係）
身近な環境に主体的に関わる活動の中で、しなければならないことを自覚し、自分の力で行うために考え、工夫し、やり遂げることで達成感を味わい、自信をもって行動する。

協同性（人間関係）
友達と関わる中で互いの思いや考えなどを共有し、共通の目的の実現に向けて、考えたり、工夫したり、協力したりし、充実感をもってやり遂げるようになる。

道徳性・規範意識の芽生え（人間関係）
してよいことや悪いことが分かり、自分の行動を振り返る。決まりを守る必要性が分かり、自分の気持ちを調整し、友達と折り合いを付けながら、決まりをつくり、守る。

社会生活との関わり（人間関係・環境）
家族を大切にしようとする気持ちをもつと共に、地域の人とも触れ合い、自分が役に立つ喜びを感じる。遊びや生活に必要な情報を取り入れ、判断し伝え合い役立てる。公共の施設の利用を通し、社会とつながる。

思考力の芽生え（環境）
物の性質や仕組みを感じ取り、多様な関わりを楽しむ。自分と異なる考えがあることに気付き、判断したり、考え直したりしてよりよい考えを生み出す。

自然との関わり・生命尊重（環境）
身近な事象への関心を高め、自然への愛情や畏敬の念をもつ。生命の不思議や尊さに気付き、身近な動植物を命あるものとして大切にする気持ちをもって関わる。

数量や図形、標識や文字などへの関心・感覚（環境）
数量や図形、標識や文字などに親しむ体験を重ねたり、標識や文字の役割に気付いたりし、自らの必要感に基づきこれらを活用し、興味や関心、感覚をもつようになる。

言葉による伝え合い（言葉）
絵本や物語に親しみ、豊かな言葉や表現を身に付け、経験したことや考えたことを言葉で伝え、相手の話を注意して聞き、言葉による伝え合いを楽しむ。

豊かな感性と表現（表現）
様々な素材の特徴や表現の仕方に気付き、感じたことや考えたことを自分で表現したり、友達と表現する過程を楽しんだりする。表現する喜びを味わい、意欲をもつ。

アクティブ・ラーニングの視点を

　小学校以降の学校教育で、座ったままで教員の説明を聞くというスタイルから抜け出した**子ども主体型の「アクティブ・ラーニング」**が注目されています。保育の場では、子どもは動き回り、遊びの中から学んでいるのですから、十分「アクティブ・ラーニング」をしているといえます。

　ただ、自分たちで遊びを見つけて活動しているから放っておいてよいわけではありません。そこでどのように心を動かし、何を感じているかを読み取らなければなりません。その子にとって発達に必要な経験ができているかを確かめなければならないのです。

　まず、主体的に関わっているかを確認しま

す。いやいやしているのでは、意味がないからです。誘われた活動でも、そこでおもしろさを見つけて目を輝かせていれば、主体的な取り組みといえるでしょう。積極的に働きかけ、見通しをもって粘り強く取り組んでいれば、よい学びが得られているはずです。

　次に、人との関わりを見てみましょう。自分の思いや考えを友達に伝えているでしょうか。相手の気持ちに気付き、話に耳を傾けているでしょうか。力を合わせて活動するよさに気付いたり、みんなでやり遂げた喜びを味わったりする場にしたいものです。さらに、うまくいかなかった場合の様子を見ましょう。すぐにあきらめるのではなく、違う方法を試しながら、遊びを意味あるものとしてとらえる姿勢が、深い学びにつながるのです。

積み木遊びの姿から

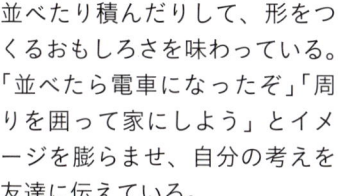

主体的な学び

並べたり積んだりして、形をつくるおもしろさを味わっている。「並べたら電車になったぞ」「周りを囲って家にしよう」とイメージを膨らませ、自分の考えを友達に伝えている。

援助の例
積み木をいくつか出して、並べたり積んだりし、遊びかけの状態にしておく。触ってみたくなる環境にする。

対話的な学び

「ここが玄関だよ」「うん、じゃあこっちにおふろをつくるね」など、何をイメージしてつくっているかを伝え合いながら遊ぶ。お母さん役、お姉さん役などが決まることもある。

援助の例
トントンとノックして、子どもがつくった家を訪ねて会話を引き出す。イメージを言語化し、両者へ伝える。

深い学び

「角をぴったりくっつけると、高く積めるぞ」「三角の積み木を二つ合わせたら、四角の積み木と同じ形だ」、「あと四つ、四角の積み木をつなげれば最後までつながる」などと、自ら気付く。

援助の例
「どうして積み木は落ちちゃうのかな?」など、子どもに考えるきっかけを与え、気付きを促す。

小学校との連携

　今回の改訂では、小学校との連携・接続も強化されました。**小学校へ入学した子どもたちが、スムーズに小学校教育へと移行できるように、配慮する必要があります。** そのためには、保育者が小学校一年生の生活を理解していること、小学校一年生の教員が5歳児の生活を理解していることが望まれます。お互いに参観しながら、情報交換ができる環境をつくりましょう。「10の姿」の内容を示しながら伝えると、理解が深まります。

　また、子どもたちが小学校へ出かけ、児童と交流したり、校内を探検したりすることで不安が軽減され、小学校に親しみをもてるようにもなります。積極的に交流しましょう。

カリキュラム・マネジメント

　園では園長の方針の下に、全職員が役割を分担し、相互に連携しながら「全体的な計画」や**指導の改善を図るカリキュラム・マネジメントを進めます。** 各種の指導計画も、Plan（計画）－Do（実施）－Check（評価）－Action（改善）という、「PDCAサイクル」を活用し常によりよいものを目指しましょう。

　また、「環境を通して行う教育」が基本ですから、人的・物的な環境をいつも吟味する必要があります。子どもたちが興味をもって関わりたくなる空間をつくりたいものです。さらに、園外の人材も積極的に活用し、新たな刺激や専門的な技術からの学びも得られるようにコーディネートします。

はじめに 2
2018年実施3法令改訂
幼児期の教育が未来の創り手を育てる 4
本書の使い方 10

第1章 指導計画の考え方 11

3歳児の指導計画を立てるには 12
指導計画はなぜ必要なのでしょう？ ... 14
指導計画の項目を理解しよう 20
年間指導計画の考え方 24
月案の考え方 25
週案・日案の考え方 26
保育日誌の考え方 27
防災・安全計画の考え方 28
保健計画の考え方 30
食育計画の考え方 32
特別な配慮を必要とする幼児への指導の考え方 ... 34
異年齢児保育の指導計画の考え方 36
子育て支援の指導計画の考え方 38
指導計画の文章でおさえておきたいこと ... 40
3歳児の環境構成 42
3歳児の発達を見てみよう 46
3歳児 保育者の援助の方針 48

第2章 年間指導計画の立て方 ... 49

保育園
年間指導計画 52

幼稚園・認定こども園
年間指導計画 54

保育園
年間指導計画文例 56

幼稚園・認定こども園
年間指導計画文例 58

こんなときどうする？ 年間指導計画 Q & A ... 60

第3章 月案の立て方 61

保育園
4月月案 64
5月月案 66
6月月案 68
7月月案 70
8月月案 72
9月月案 74
10月月案 76
11月月案 78
12月月案 80
1月月案 82
2月月案 84
3月月案 86

幼稚園・認定こども園
4月月案 88
5月月案 90
6月月案 92
7月月案 94
8月月案 96
9月月案 98
10月月案 100
11月月案 102
12月月案 104
1月月案 106
2月月案 108
3月月案 110

保育園

4月月案文例	112
5月月案文例	114
6月月案文例	116
7月月案文例	118
8月月案文例	120
9月月案文例	122
10月月案文例	124
11月月案文例	126
12月月案文例	128
1月月案文例	130
2月月案文例	132
3月月案文例	134

幼稚園・認定こども園

4月月案文例	136
5月月案文例	138
6月月案文例	140
7月月案文例	142
8月月案文例	144
9月月案文例	146
10月月案文例	148
11月月案文例	150
12月月案文例	152
1月月案文例	154
2月月案文例	156
3月月案文例	158

こんなときどうする？ 月案 Q & A ……160

第4章 保育日誌の書き方 … 161

4・5月保育日誌	163
6・7月保育日誌	164
8・9月保育日誌	165
10・11月保育日誌	166
12・1月保育日誌	167
2・3月保育日誌	168

第5章 ニーズ対応 … 169

防災・安全計画① 避難訓練計画	172
防災・安全計画② リスクマネジメント計画	174
事故防止チェックリスト	175
防災・安全 ヒヤリ・ハット記入シート	176
保健計画	180
食育計画①	184
食育計画②	186
食育計画③	188
特別支援児の指導計画①	192
特別支援児の指導計画②	196
異年齢児保育の指導計画 3・4・5歳児混合	202
子育て支援の指導計画① 在園向け	206
子育て支援の指導計画② 地域向け	208

こんなときどうする？ ニーズ対応 Q & A ……210

CD-ROMの使い方 …… 211

本書の使い方

1 カラーの解説ページで指導計画を理解

本書ではカラーページを使って、「指導計画の必要性」からはじまり、「年間指導計画」「月案」「防災・安全計画」などの考え方を説明しています。また「項目の理解」「文章の書き方」など、初めて指導計画を立てる保育者の方にも分かるように、イラストや図を使いながら丁寧に説明しています。

2 記入の前に計画のポイントを整理

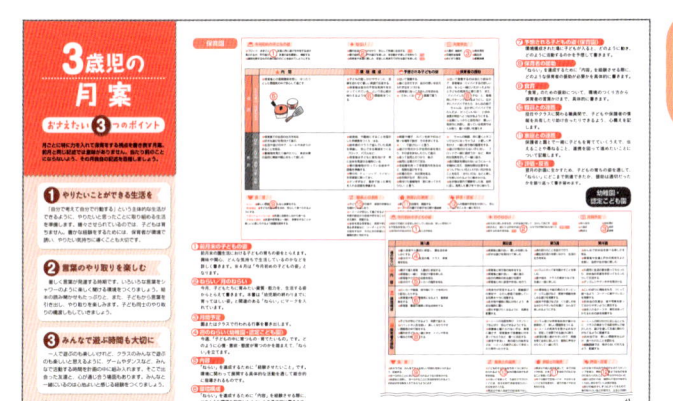

それぞれの指導計画の前には、子どもの姿をどのように見て、それをどのように計画へ反映していけばいいのかを「おさえたい3つのポイント」として解説しています。さらに各項目に記入すべき内容を、分かりやすく説明しています。

3 「保育園」「幼稚園・認定こども園」別に紹介。CD-ROM付きで時間も短縮

「年間指導計画」「月案」(12か月分) は、「保育園」「幼稚園・認定こども園」に分けて指導計画を紹介しています。「年間指導計画」「月案」には、文例集も付けていますので、多くの文例の中から子どもに即した計画が立てられます。CD-ROM付きですのでパソコンでの作業も簡単。データを収録してあるフォルダ名は各ページに表記しています。

第1章

指導計画の考え方

ここでは「指導計画」が子どもにとってなぜ必要なのか、各項目には
どのように記入していけばいいのかについてまとめています。

3歳児の指導計画を立てるには

失敗をくり返しながらも、自立へと向かっていく子どもたち。次第に豊かになる言葉を使って知らないことをたずねては、自分の世界を広げていきます。子どもの興味や関心を大切に、環境を整えたり、丁寧な言葉で伝えたりするようにしましょう。また、友達との関わりを増やせるような援助を心がけましょう。

依存から自立へ

基本的な運動能力が育ってきて、身のこなしがなめらかです。話し言葉の基礎もでき、思いを伝えられるようになります。食事や排泄も、少しずつ自立していきます。

これまでは、何をするにも大人を頼り、大人に見ていてもらうことを前提に行動していましたが、一人の独立した存在として自分を認識するようになります。**何でも自分でやろうとし、「他人とは違う自分」を主張する行動も増えます。自我がよりはっきりしてくるのです。**

とは言っても、まだまだ上手にできないことも多く、援助を必要とします。その際、過保護にならないよう、失敗してもいいから、「自分でやった」という満足感を大切にしましょう。じっくりと待ち、「ここまで自分ででき

たんだ、えらいね」と認める言葉をかけましょう。失敗をくり返しながらも、徐々に自立へと向かっていくのです。

知的好奇心の芽生え

注意力や観察力はますます伸び、身の回りの出来事や大人の行動をよく見ています。そして、「なぜ？」「どうして？」という質問が盛んになります。これまで知らなかったことを安心できる大人にたずね、自分の世界を広げていく姿です。興味をもったことを大切にして、できるだけ丁寧に、理解できるように答えたいものです。

また、物の名前やその機能などを理解し、言葉はますます豊かになります。そして、「このボタンを押すと、掃除機が動き出す」など、自分の経験を通して学んだことは、あらかじめ「こうするとこうなる」という結果を予想す

ることができるのです。ですから、**自分のし
ようとすることにも、意図と期待をもって行
動します。**

　知りたがる気持ちを尊重し、子どもの興味
や関心が広がるよう、環境を整えたり言葉で
伝えたりしていきましょう。

象徴機能や想像力の発揮

　長いスカートを見ると「お姫様みたい」と言
ったり、「これを団子のお皿にしよう」と大き
な葉を持ってきたりと、子どもの象徴機能が
発揮されるので、ごっこ遊びがより楽しめる
ようになります。また、自分の中で「次はこう
なる」という段取りも生まれ、組織的になって
きます。そうして、ごっこ遊びに取り組む時
間も以前に比べると長くなったと感じられる
でしょう。

　ままごと遊びをする際などは、プラスチッ
ク製のオムライス、カレーライス、スパゲッ
ティのような既成の玩具よりも、色とりどり
の毛糸やフェルトなどを準備したほうが、子

どもたちは自分なりに想像力を発揮して遊べ
るでしょう。決まりきった使い方しかできな
いものより、見立てにより自由に形を変えた
り切ったりできる素材のほうが好ましいので
す。

　また、友達と同じ場で遊んでいても、平行
遊びであることが多いですが、友達が想像力
を発揮して遊ぶ姿を見ると、それに刺激を受
けて、自分もやってみようとすることがあり
ます。そのきっかけをうまくとらえて、友達
との関わりがもてるように援助しましょう。
**友達のすてきなアイデアを認めつつ、一緒に
遊ぶともっと楽しいという経験につなげてい
くのです。**

　以上のような3歳児の特徴を踏まえつつ、
一人一人がやりたい遊びを存分にでき、また、
出会った友達との関わりが増えていくように、
指導計画を立てていきましょう。

指導計画は
なぜ必要なのでしょう？

指導計画とは？

園には、**保育の方針や目標に基づき、保育の内容が発達を踏まえて総合的に展開されるよう作成された「全体的な計画」**があります。これは、子どもや家庭の状況、地域の実態、保育時間などを考慮し、子どもの育ちに関する長期的な見通しをもって適切に作成されなければなりません。

また、その**「全体的な計画」に基づき、具体的な保育が適切に展開されるよう、子どもの生活や発達を見通した「長期的な指導計画」**と、**より具体的な子どもの日々の生活に即した「短期的な指導計画」**を作成することも必要です。さらに、保健計画や食育計画なども、各園が創意工夫して保育できるようにつくることになっています。

長期指導計画（年・期）は、年齢（学年）ごとに一つつくります。同じ年齢のクラスが複数ある場合でも、担任たちが集まって共同で作成します。ただし月案は、クラスごとに一つ作成します。

短期指導計画（週・日）は、同じ年齢のクラスが複数あればクラスごとに、異年齢児クラスでは各クラスに一つ作成します。クラス担任が一クラスに複数いる場合は、相談してつくります。

大切なのは、計画のできばえではありません。どんな「ねらい」がふさわしいか、その「ねらい」を達成するためには、どのような「内容」を設定するか、その「内容」を子どもたちが経験するた

めには、どのような環境を構成すればよいのか、もし子どもが嫌がったら、どのような言葉でどのように対応すればよいのかということを、悩みながら考え、書いては消すという作業をくり返す過程にこそ、計画を立てる意味があるのです。

経験年数の少ない保育者は、この指導計画作成の過程で、先輩保育者の「ねらい」の立て方や援助の仕方を知り、どのように文章に表現していくかを学ぶことができます。

ですから、急いでさっさとつくってしまおうという取り組み方ではなく、目の前の子どもの姿を

全体的な計画からの流れ

全体的な計画

園独自の全体計画。園の理念、方針、保育の目標などを一覧にしたもの。

長期指導計画（年・期・月）

「全体的な計画」を実現するために立案する年・期・月を単位とした指導計画。年・期の計画は年齢（学年）ごとに、月の計画はクラスごとに一つ作成する。

短期指導計画（週・日）

「全体的な計画」を実現するために立案する週・日を単位とした指導計画。クラスごとに作成する。

保育園では厚生労働省の「保育所保育指針」を基に、幼稚園は文部科学省の「幼稚園教育要領」を基に、認定こども園は、内閣府と前出2省の「幼保連携型認定こども園教育・保育要領」を基にすべての計画がつくられます。年間計画や月案など何種類もの計画が、なぜ必要なのでしょうか。それらの必要性について、もう一度考えてみます。

しっかりと見つめ、次にどのように援助をすることが、この子たちの成長につながるのかをよく考えることが望まれます。

　個別の指導計画を作成する場合もあります。他にも、食育計画、保健計画など、テーマごとに作成する指導計画もあります。

保育園における「養護」と「教育」の一体化

　保育園における「養護」とは、子どもの「生命の保持」および「情緒の安定」のために保育者などが行う援助や関わりです。**「生命の保持」「情緒の安定」**が「ねらい」となっています。一方「教育」とは、子どもが健やかに成長し、その活動がより豊かに展開されるために行う活動の援助です。「ねらい」は、**「健康」「人間関係」「環境」「言葉」「表現」**の5領域から構成されています。

　「養護」の中身を一つ一つよく見てみると、「人間関係」の芽生えであったり、「健康」の領域の活動であったりします。ですから、目の前の子どもが今していること、今育っていることが、どの領域の出来事であるかを分類することに苦心する必要はありません。**「養護」と「教育」を一体化したものとしてとらえ、相互に関連をもたせながら、「ねらい」や「内容」を考えていけばよいのです。**

● **「養護」と「教育」の関わり**

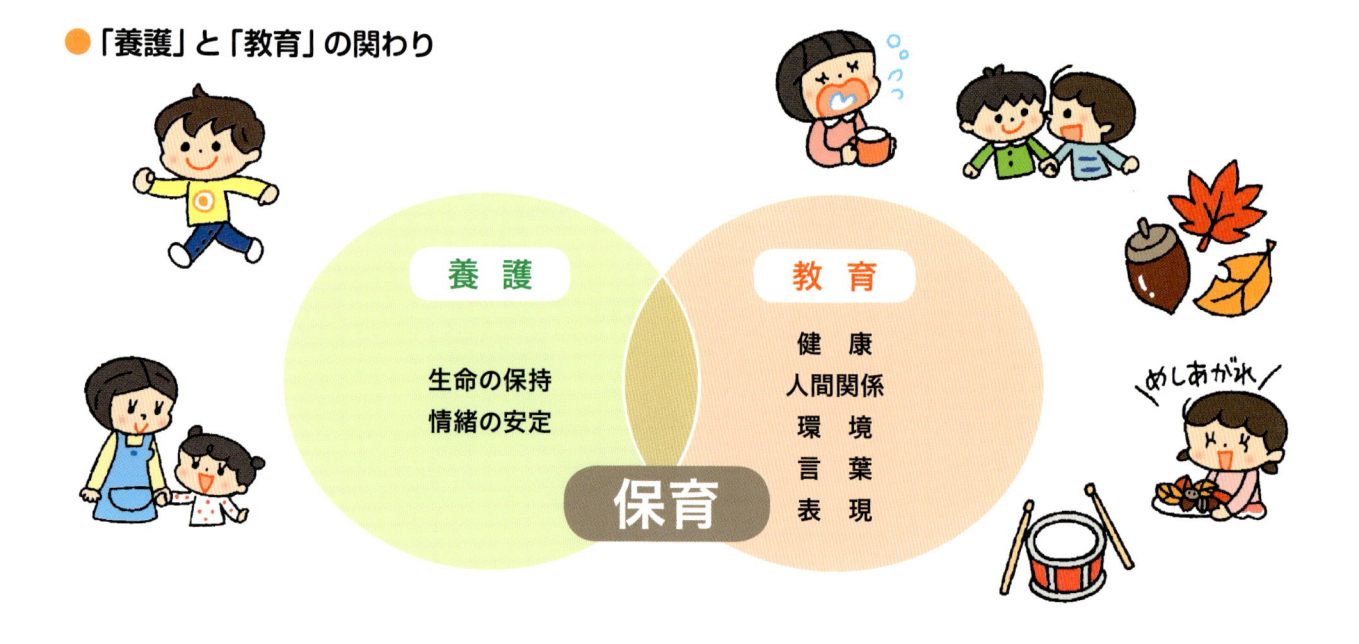

指導計画はなぜ必要なのでしょう？

遊びの中の「10の姿」

「幼児期の終わりまでに育ってほしい姿」は、5歳児後半になっていきなり表れるものではありません。そのようなことが身に付くまでには、ささやかだけれど確かな経験の積み重ねが必要なのです。

子どもが何気なくしている遊びの中から、今していることは一体、何の育ちにつながっているのだろうかと考える習慣を付けましょう。花壇のチューリップに関心をもっていたら、「『自然との関わり・生命尊重』の芽だな」ととらえればよいのです。二つ、三つに関連する場合もあるので、厳密に分ける必要はありません。

そろそろこの面にも気付いてほしいと感じたら、さり気なく環境の中にしのばせ、子どもがその経験ができるよう導きます。5領域を意識すると共に「10の姿」を念頭に置き、子どもの姿を見つめてください。

●幼児期の終わりまでに育ってほしい姿　（　　　）は対応する5領域

●健康な心と体（健康）

やりたいことに向かって心と体を十分に働かせ、自ら健康で安全な生活をつくり出す。

保育の場面　転がしドッジボールに自ら加わり、思い切り体を動かして楽しむ。ボールをよけて転び、ひざに血がにじむと、「手当てしてもらう」と言って、ひざを流水で洗ってから職員室へ行った。

●自立心（人間関係）

自分で行うために考え工夫し、やり遂げることで達成感を味わい、自信をもって行動する。

保育の場面　砂山にトンネルを掘る。途中、山が崩れてもあきらめず、「そうだ、水をかけて固くしよう」と言ってじょうろを使う。トンネルが貫通すると「やったー！」と満面の笑みで叫んだ。

●協同性（人間関係）

友達と思いや考えを共有し、共通の目的に向けて協力し、充実感をもってやり遂げる。

保育の場面　三人でペープサートを始める。「私はタヌキとウサギをやるね」と役割を決めた。中で歌を入れることも相談した。お客さんを呼んで演じ切り、三人で顔を見合わせて笑った。

●道徳性・規範意識の芽生え（人間関係）

自分の行動を振り返り、気持ちを調整し、友達と折り合いを付ける。決まりをつくり、守る。

保育の場面　おうちごっこで、お母さん役をしたい子が二人いた。自分もやりたかったが昨日やったことを思い出し、「いつもやってないAちゃんにさせてあげようよ」と提案した。

●社会生活との関わり（人間関係・環境）

役に立つ喜びを感じ、地域に親しみをもつ。必要な情報を取り入れ、判断し伝え合う。

保育の場面 近くの公園へドングリ拾いに出かける。道で出会う地域の人に「こんにちは」と元気にあいさつする。途中、落ちていた空き缶を進んで拾い、「きれいな町にしよう」と言い合う。

●思考力の芽生え（環境）

物の性質や仕組みを感じ取り、多様に関わる。異なる考えに気付き、よりよい考えを生み出す。

保育の場面 紙でつくった魚にクリップを付け、磁石を付けた竿で釣ることを楽しむ。クリップは磁石にくっつくことを実感。「クリップ二個ならもっと釣れる？」という友達の意見にうなずき、試してみる。

●自然との関わり・生命尊重（環境）

自然への愛情や畏敬の念をもつ。身近な動植物を命あるものとして大切に関わる。

保育の場面 保育者が抱っこしているウサギに、こわごわ触ってみる。「フワフワ」と言いながらなでる。「ここ、あったかいよ」と言われ手をずらすと、ウサギの体温を感じ、びっくりして保育者を見た。

●数量や図形、標識や文字などへの関心・感覚（環境）

数量や図形、標識や文字などに親しむ。それらの役割に気付き、活用し、興味や関心をもつ。

保育の場面 パズルに積極的に取り組み、三角を二つ合わせると真四角になることに気付く。近くにいる友達に「見ててね」と見せ、「ほら、こうするとうまくはまるよ」と嬉しそうに教える。

●言葉による伝え合い（言葉）

絵本や物語に親しみ、豊かな言葉や表現を身に付け、相手の話を聞き、伝え合いを楽しむ。

保育の場面 引っ張る子を見て、「おおきなかぶのまねだ」と言い、「私は、ネズミになる」「ぼくは、ゾウになる」と加わる。「重そうにやってね」と言われ、「うーんとこしょ」と大げさに動作し、笑い合う。

●豊かな感性と表現（表現）

様々な素材の特徴や表現の仕方に気付き、表現する喜びを味わい、意欲をもつ。

保育の場面 段ボール箱をつなげて電車をつくる。セロハンテープを持ってきた友達に、「ガムテープのほうが強いよ」と伝える。「ライトをつくるにはアルミホイルがいい」と提案し、取り掛かる。

指導計画は
なぜ必要なのでしょう？

保育者の自己評価

「自己評価」とは、保育者が自分で立てた指導計画に沿って保育をした結果、**子どものどこが育ったのか、それにはどのような援助があったのかを振り返って洗い出してみること**です。よい姿が表れた場合は、援助が適切であったと評価できます。一方、援助が空振りに終わっている場合は、不適切だったと考えられます。

それらの評価を踏まえ、次の指導計画を立案する際に生かしていきます。

PDCAサイクルを確立しましょう。記録を書きながら反省することは、Check（評価）です。「次には、こうしたい」と新たな援助を考えられたら、すでにAction（改善）です。「あの遊具の置き方はよくなかった。他の遊びとの間にもっとスペースをとろう」と遊具を2m移動させるのも、Action（改善）です。さあ、次のPlan（計画）を立てましょう。今日を踏まえ、今週を踏まえ、今月を踏まえ、次からの子どもたちの「もっといい生活」のために、環境も援助も考え直すのです。そして、Do（実践）！　何と楽しい営みでしょう。目の前の子どもたちにぴったり合う保育は、このようにしてつくられるのです。

☆記録を通して

一日、一週間、一か月などの計画に対応して、子どもの姿を思い浮かべ、そこで見られた成長や、これからしなければならないと気付いた援助などを具体的に記述します。保育者は一瞬一瞬、よかれと思う方向へ判断を下しながら保育していますが、そのすべてが最善であるとは限りません。「あのとき、別な判断をしていれば」と反省することもあるでしょう。そのようなことも、しっかり書き込み、**「次にそのような場面と出合った際には、このように援助したい」と明記しておくことで、援助の幅を広げられるのです。**

●PDCAサイクル

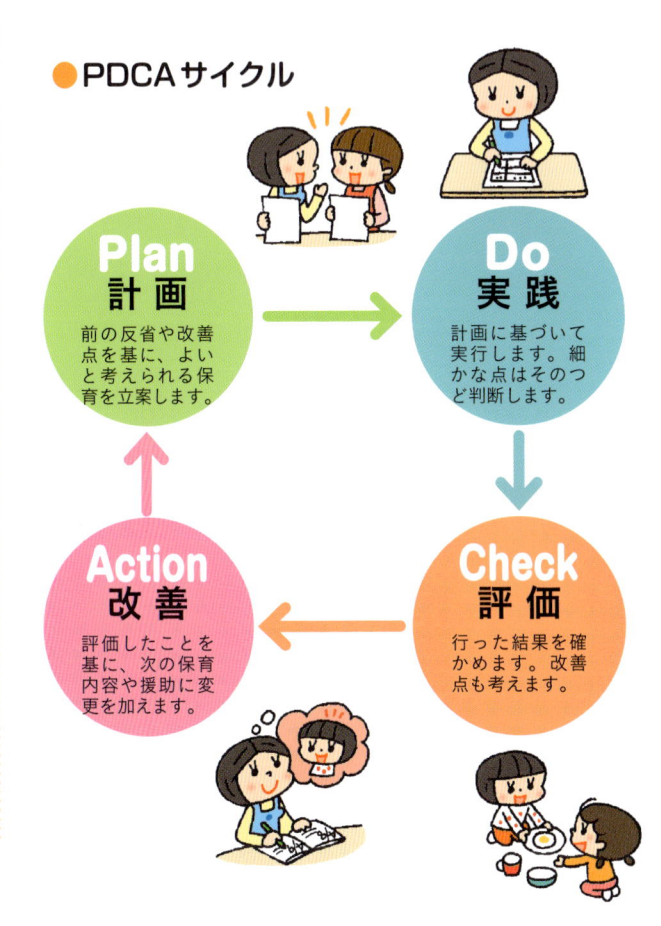

☆保育カンファレンスを通して

気になる子どもへの援助や、保護者への対応など、クラス担任だけでは行き詰まってしまうことがあります。定期的に、あるいは必要に応じて、**問題や課題に関係する職員が集まって話し合うことが大切**です。

期や年の評価の際は、同じ年齢を担当する保育者が集まり、計画したことが十分に行えたか、子どもの育ちが保障されたか、援助は適切だったかなどについて、一人一人が具体的に意見を述べ、評価につなげていく必要があります。

園としての自己評価

園は、保育の質の向上を図るため、保育内容などについて自ら評価を行い、その結果を公表するよう努めなければなりません。その地域の人々から期待された保育ニーズを果たしているのか、保育者等の自己評価などで挙がった課題を把握し、期あるいは単年度から数年度の間で実現可能な計画の中で進めるようにしているかなどを、評価する必要があります。

施設長のリーダーシップの下に、第三者評価などの外部評価も入れるなど、保育の質を高めると共に、職員一人一人の意欲の向上につながるようにしなければなりません。

園の自己評価は、なるべく園だよりやホームページなどを利用して、保護者や地域の人々に公開します。そうした行為が、人々との対話や協力関係づくりに役立つでしょう。地域の力を借りながら、地域に愛される園になることが、お互いの生活を豊かにしていくことにつながります。

指導計画の項目を理解しよう

計画表には様々な項目が並んでいます。それぞれの欄に何を書けばいいのか正しく理解していますか？　ここでは各項目に何を書くのかを、イラスト付きで分かりやすく説明します。

指導計画を書くには、一つ一つの項目を理解し、何のためにそれを書いているのかを意識しなくてはなりません。どこにでも同じようなことを書いていては、意味がありません。

指導計画の項目は、目の前の子どもの姿をしっかりとらえることから始まります。医師が患者さんの治療方針を立てるときに、まず現在の症状を正しく理解し、それから治すための薬や治療の方法を選んでいく過程と同じです。私たちも目の前の子どもの現在の育ちを読み取り、今月はこのような「ねらい」を立てよう、と決めていくわけです。それぞれの項目は保育者の考えに沿ってビーズを糸に通し一本に流れていくように組み立てられています。月ごとに一つのストーリーを予測しながら記しましょう。

●月案の場合

保育園

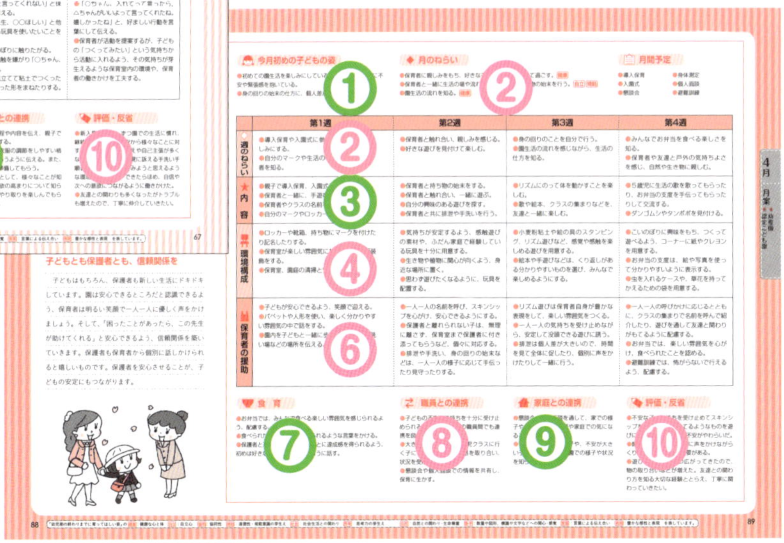

幼稚園・認定こども園

20

① 前月末（今月初め）の子どもの姿には何を記入する？

現在の子どもの様子を知る

していたことを羅列するのではありません。子どもがどこまで育っているのかが分かる姿を事実として書きます。また、子どもが何に興味をもち、何を喜んでいるのかをとらえます。どのようなときにどのような行動をとるかも書くとよいでしょう。「ねらい」を立てるに当たり、その根拠となる姿であるべきです。
※4月は「今月初めの子どもの姿」となります。

✏ 例文

友達のまねをしたり、同じ場所で遊びたがったりする。

② ねらいには何を記入する？

子どもの中に育つもの・育てたいもの

「ねらい」には、保育者が子どもの中に育つもの・育てたいものを子どもを主語にして記します。「前月末の子どもの姿」や「期のねらい」を踏まえて導き出します。こういう姿が見られるといいな、という保育者の願いをいくつか書いてみると、「ねらい」にしたくなる文が出てくるでしょう。

✏ 例文

戸外で簡単なルールのある集団遊びを楽しむ。

③ 内容には何を記入する？

「ねらい」を達成させるために経験させたいこと

「ねらい」を立てたなら、どうすればその「ねらい」を子どもが達成することができるかを考えます。具体的に日々の生活でこのような経験をさせたい、ということを挙げます。

生活と遊びの両面を見ていきますが、保育園では「養護」と「教育」にきっちりと線引きすることは難しいものです。総合的に考え、近いと思われるほうに書いておけばよいでしょう。

✏ 例文

「はないちもんめ」や「あぶくたった」など、みんなで遊ぶ楽しさを味わう。

④ 環境構成には何を記入する？

やりたくなるような環境を準備する

「内容」に挙げたことを、子どもが経験できるよう環境を整えます。主体的に行動できるような物的環境や時間・空間的な雰囲気などを書きます。

✎ 例文

すぐにはさみを使えるよう、テーブルの上の鉛筆立てに人数分用意する。

⑤ 予想される子どもの姿には何を記入する？

「子どもたちは、どう動くかな」と考える

環境設定したところへ子どもが来た際、どのような動きをするかを予測します。喜んで入る子やためらう子もいるでしょう。「万一こうなったら」と想定して書くと、心の準備ができます。

✎ 例文

ウサギのお面をつくるために、太線に沿ってはさみを動かす。

⑥ 保育者の援助には何を記入する？

子どもたちに何を配慮して関わるか

子どもが「ねらい」を達成するように、「内容」で挙げた事柄がより経験できるための援助を考えます。予想される負の姿への対策など様々な想定をしておくと援助の幅が広がります。

✎ 例文

線に沿って切れたことを認めながら、はさみの持ち方や紙を動かして切ることを伝える。

食育には何を記入する？

食に関わる援助を書く

食に対する取り組みは、今後の食習慣を形成していくために重要です。野菜を育てる、バランスよく食べるなどを発達に応じて促し、食は楽しいと感じられる援助を挙げます。

✎ **例文**

よくかむことの大切さを伝える。

---

⑧ **職員との連携**には何を記入する？

今月、特に留意する連携について書く

保育はチームプレーです。他の職員との情報交換や仕事の引き継ぎ、分担など、円滑に保育が進むように配慮しなければなりません。通年で心がけることではなく、今月、特に留意する事柄について書きます。

✎ **例文**

室内と戸外に遊びの場が広がった際は、担当を決めてそれぞれの場を見守る。

---

⑨ **家庭との連携**には何を記入する？

保護者と共に子育てをするために

保護者との情報交換や、園の行事などを積極的に行うために伝えておきたいこと、用意してほしい物などを記載します。

✎ **例文**

家庭でも手洗い、うがいなどを習慣付け、健康管理ができるよう協力してもらう。

---

⑩ **評価・反省**には何を記入する？

一か月の子どもの育ちと保育を振り返ろう

月案に基づいて保育を行ってきて、子どもの育ちを感じられたところ、変更した点やハプニングなど、いろいろなことがあったでしょう。それらを記して、今後の改善策を考えたり、来月の保育で心がけたいことを書いたりします。

✎ **例文**

生活の中で、自分でできることが増えてきた。意欲や自信につながるよう支えていきたい。

年間指導計画 の考え方

「年間指導計画」は園で作成している「全体的な計画」に基づき、子どもの成長を踏まえて一年間の計画をつくります。各年齢で一つ作成します。

「全体的な計画」を軸に考える

年間指導計画は、それぞれの園の「全体的な計画」を基に、各年齢でその年度にどのような保育を行っていくのかを明記した計画表です。その年齢の発達を踏まえ、一年間の育ちを見通して、「子どもの姿」と「ねらい」「内容」などを記載します。同じ年齢が複数クラスあっても、担当する保育者全員で話し合い、各年齢で一つ立案します。

本書では、一年を4期に分けています。4〜6月を1期、7〜9月を2期、10〜12月を3期、1〜3月を4期とし、それぞれの期にふさわしい「ねらい」「内容」を挙げます。

「ねらい」を立てるには、まず目の前の子どもがどのような姿なのかを把握することから始まります。そのような子どもたちに、**一年後にはどのような姿に育っていることを期待するのかを明確**にし、期ごとにその過程となる「期のねらい」を挙げていきます。そして、その「期のねらい」の姿に近づくためには、どのような環境を設定し、どのような援助を心がけることが大切かを書いていきます。

「内容」のとらえ方

子どもが「ねらい」を達成するために「経験する必要があること・経験させたいこと」が「内容」です。本書では、保育園の計画に「養護」と「教育」の欄を設けて記載しています。従来は、**「養護」は保育者が行うものとして、保育者の視点から書かれていましたが、本書では子ども主体をポイントとし、「教育」と同様に子どもを主語とした文体で統一**しました。「快適に過ごす」ということも、子どもが能動的に生きている延長線上にあるからです。一年間の育ちの道筋を頭の中に入れて、月や日の保育に当たることが肝要なのです。

●年間指導計画の流れ

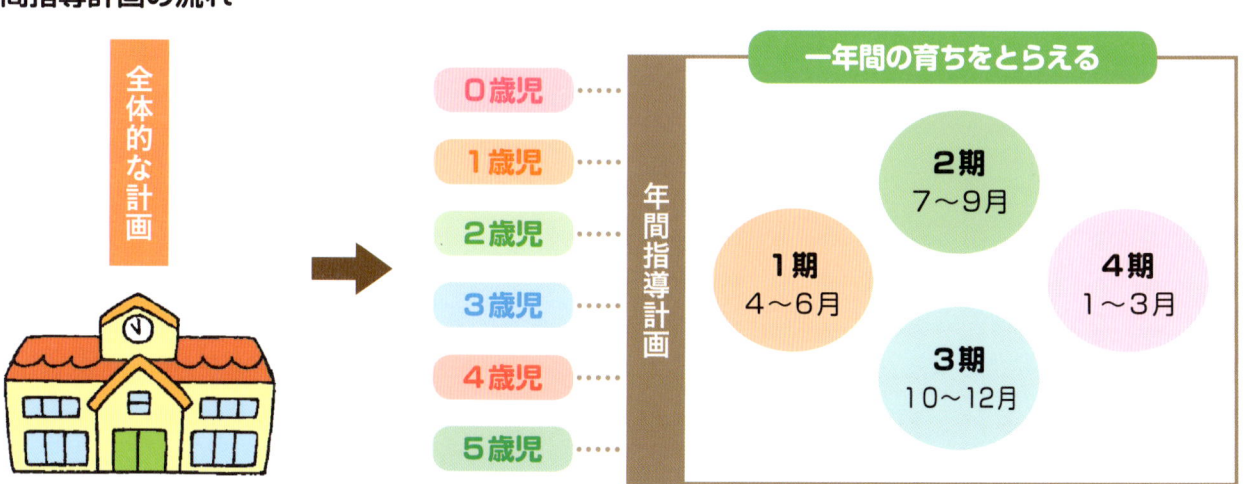

月案 の考え方

「年間指導計画」を基に、クラスごとに月単位で立案します。前月末の子どもの姿をとらえながら、今月の「ねらい」を立て、一か月の保育の展開を考えていきます。

そのクラスならではの月案を

月案は、年間指導計画を基にクラスごとに月単位で立案する指導計画です。クラスの実情に応じて作成するものですから、同じ園の同年齢クラスと違いがあっても当然です。クラスにいる子どもの一人一人の特徴やクラスの雰囲気なども考慮に入れ、クラスに応じた月案を作成することが望まれます。

月案の作成に当たっては、担任全員が話し合って、共通理解の下で立案することが重要です。その月の柱となるわけですから、知らないまま中身を理解しないで保育することは不可能です。同じ方針の下、同じ援助の仕方で子どもに対応しなければ、子どもたちが混乱してしまうでしょう。ですから、**立案の際には前月の気付きを全員が出し合い、情報を共有**して、最善の計画を作成するというチームワークが大切になります。

「予想される子どもの姿」のとらえ方

本書では、まず「前月末の子どもの姿」を最初に挙げ、「ねらい」と「内容」を考えています。そして、その「内容」が経験できるように、「環境構成」を考えて設定します。次に、そのような環境の中で、子どもたちはどのように動き、どのような姿を見せるだろうかと予想します。同じ環境にあっても喜ぶ子もいれば、不安を示す子もいるからです。そして、そのような様々な姿を表す子どもたちに対して、どのように援助するかを記載しています。「予想される子どもの姿」は園の月案の形式により、書いても書かなくてもかまいません。予想に基づいた援助が書かれていればよいのです。

このような**流れで保育を考えることによって、保育者はより鮮明に子どもの動きがイメージでき、その際に必要な援助を考えやすくなる**のです。

●月案の流れ

前月末の子どもの姿 → ねらい → 内容 → 環境構成 → 予想される子どもの姿 → 保育者の援助

週案・日案 の考え方

「月案」を基に週ごとにつくるのが「週案」、一日単位でつくるのが「日案」です。必要に応じて書きます。成長が著しい年齢ですから、計画ばかりにとらわれず、柔軟な対応も必要です。

週案

「環境構成」などを具体的に示す

週案とは、月案を基に週の単位で作成した指導計画です。「最近の子どもの姿」をまず把握し、「今週のねらい」を立てます。そして、それに近づく「内容」、「環境構成」、「保育者の援助」を書きます。クラスに一つ作成します。

週案の下半分を一週間分の保育日誌として活用している園もありますし、一週間の予定を日ごとに書いている園もあります。

園内の保育者同士で相談し、負担なく書けて役に立つスタイルを、独自に編み出していくとよいでしょう。週の「評価・反省」は、次週の「ねらい」の基となるので、具体的に書いておくことが望まれます。

●週案

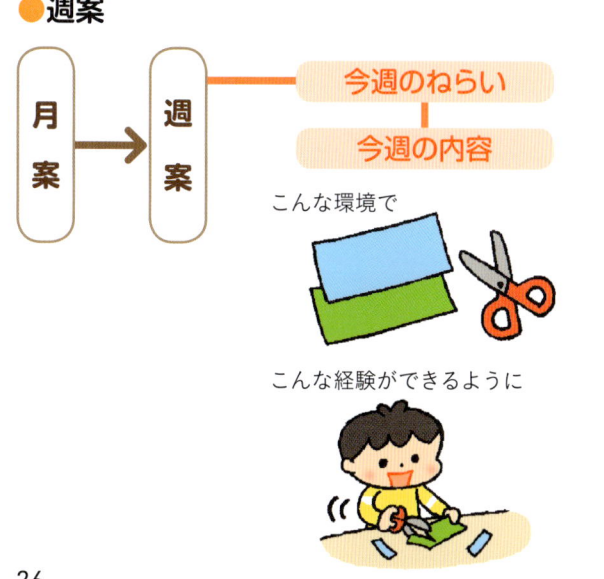

月案 → 週案 ── 今週のねらい／今週の内容

こんな環境で

こんな経験ができるように

日案

登園から降園までの流れをつくる

日案とは、月案や週案を基に作成する一日分の指導計画で、クラスごとに作成します。「予想される子どもの生活」では、登園から降園まで子どもたちがどのように一日を過ごすのかを記します。室内遊びではどのような遊びが予想されるのか、外遊びではどうかを考え、環境設定しなければならないことや用意しなければならない遊具を決定していきます。

一日のうちの部分案であることもありますが、どちらも子どもの動きを予想し、必要な援助を具体的に考えて記さなければなりません。時刻を書いたからといってその通りに子どもを動かすのではなく、あくまでも子どもの育ちや気持ちを優先します。

●日案 ・一日の流れの例

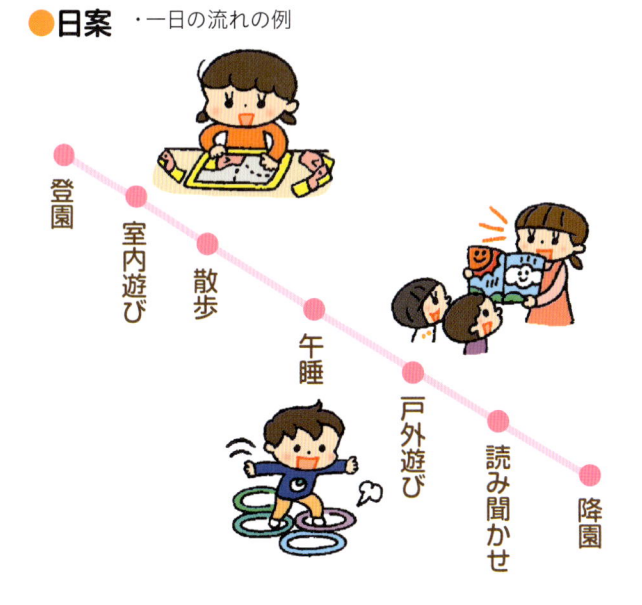

登園　室内遊び　散歩　午睡　戸外遊び　読み聞かせ　降園

保育日誌 の考え方

保育日誌は、保育後にその日一日を振り返りながら記入します。保育の内容はもちろん、子どもの姿を具体的に分かるよう記入することで、次の保育につながる新たな課題が見えてきます。

子どもと暮らす喜びをかみしめる

子どもと一緒に一日を過ごすと、嬉しいこともあれば、思うようにいかず苦労することもあります。保育者の一日は、子どもたちの泣き笑いに彩られた小さな出来事の積み重ねです。てんやわんやで終えた一日も、子どもたちが帰った後で振り返ってみると、ちょっとした子どもの一言を思い出して吹き出したり、鉄棒の練習を何回もしている子どものエネルギーに脱帽したり、いろいろな場面がよみがえってくるでしょう。

子どもの姿と課題を具体的に考える

一日のたくさんの出来事の中から、**今日書いておくべきこと**を選び出します。「ねらい」を達成した嬉しい場面や、うまくいかなかったことで保育者が手立てを講じなければならない場面を、**子どもの表情やしぐさなども分かるように書く**のです。

そして、そのような姿が表れたのは、**どのような要因があったのか、どのような援助や環境が有効だったかを**考察します。うまくいかなかった場合には、どうすればよかったのか別の援助の可能性を考えて記したり、明日からはどのように関わろうと思うのかを書いたりします。

保育者間での共通理解を図って

保育日誌のスペースは限られています。複数の保育者がチームで保育をしている場合は、共通理解しておくべきことを中心に書きましょう。

保育日誌は、計画が適当だったかを実施の結果から検証していくものです。子どもの実際の姿をとらえて考えることで、確かな保育となります。

●保育日誌の流れ

今日の保育 — 振り返ってみる — 保育後

嬉しかった場面
育ちが見えた場面
うまくいかなかった場面
など

子どもの言動・表情・しぐさなどが分かるように記入
↑
子どもの実際の姿

ニーズ対応

防災・安全計画の考え方

園ごとに、火災や地震などの災害の発生に備え、緊急時の対応の具体的なマニュアルを作成しておきましょう。そして、子どもの命を守る安全対策を様々な角度から考えます。

避難の仕方を明確にする

　地震や豪雨による土砂災害などは、いつ起きるのか分かりません。万一の場合に備えて、園の近辺で大きな災害が起こることを想定した備えや安全対策を考える必要があります。

　まず、**どのような災害の危険があるか、洗い出しましょう。**異常な自然現象のほか、人為的原因によって受ける被害も含まれます。毎月、**避難訓練を実施する際、どのような想定であるかを吟味し、年間計画を立てておくことが望まれます。**同じように非常ベルが鳴ったとしても、保育者の指示により、いくつもの避難の仕方のうちの一つを迅速にとれるようにしておかなければならないのです。

　必要以上に怖がらせる必要はありませんが、「大切な〇〇ちゃんの命を守るために、ちゃんと逃げる練習をしておこうね」と、子どもにも分かる言葉で伝えましょう。言われるがままに動くのではなく、子どもが自分の意志で危険から身を守れるようになる方向で働きかけるのです。避難した後は「上手に逃げられたね」とよい点を認め、自信がもてるようにしたいものです。

ヒヤリ・ハットを今後に生かす

　どんなに安全な環境づくりを心がけていたとしても、保育中にヒヤリ・ハットすることはあるものです。それを大事に至らなかったからと、「なかったこと」にするのではなく、「一歩間違えたら危険に陥る出来事」として丁寧に記録する習慣を付けましょう。書いたことで非難される雰囲気をつくってはいけません。「あなたが不注意だったからでしょ」で済ますことも厳禁です。情報をオープンにして共有することで、危険を防ぐ対策がとれるのです。二重三重の対策を考え、子どもの安全を守っていきましょう。

水害

地震

火災

不審者

園の安全対策

緊急時の行動手順、職員の役割分担、避難訓練計画等に関するマニュアルを作成したか。

ハザードマップで地域を知る

自治体が発表している、ハザードマップを見て、自分の園に必要な防災対策をしているか。

避難場所の確認

火災時、地震時、津波時など、場面に応じた避難場所を設定し、職員間、保護者へも周知しているか。

避難訓練

緊急の放送や保育者の声かけに対して、何のための訓練か、どう行動すべきか、子どもに伝えているか。

園の防災チェック

実際に火災や地震が起きた際に、安全に慌てず対処できるよう、日ごろから準備や訓練が必要です。

保護者との連携

災害発生時の連絡方法、および子どもの引き渡しを円滑に行えるよう確認しているか。

非常用品

薬品や絆創膏、タオル、クラス名簿や連絡先等の非常持ち出し用リュックは点検日を決めて確認しているか。

防災教育

子どもへ避難する大切さを伝え、頭を守るダンゴムシのポーズや防災頭巾のかぶり方などを知らせているか。

協力体制

地域(町内会、近隣の小・中学校、集合住宅等)や警察、消防の力を借りられるよう連携しているか。

ニーズ対応

保健計画 の考え方

発達の著しい子どもたちの健康を支援するために、保健指導や各種検診など、看護師・家庭等と連携し、年間を通しての取り組みを計画しましょう。

季節に応じた活動を

心身が健全に成長しているか、毎月の身体測定の他にも、各種の検診が予定されていることでしょう。同じ時期に重なり、子どもに負担をかけないよう、バランスに配慮しましょう。また、水遊びが始まる時期や蚊に刺されやすくなる時期、風邪が流行する時期など、**季節に応じて必要なことを適切に計画する必要**があります。

園だけで行えないことは、家庭にも知らせ、同じ方針で子どものケアをしてもらえるようにしましょう。第一子などの場合、保護者が異常に気付かないことも多いもの。また、気付いてもどう対応すればよいのか分からないということもよくあります。"困ったことなどは何でも相談してください"のスタンスで、子どものために一番よい対応を、園と保護者で力を合わせて行います。

健康を自分で守るために

いつも保育者にしてもらっている立場から、徐々に自立へ向かう大切な時期です。自分の体を病気やけがから守るのは、自分自身であることを知らせます。また体の仕組みと働きについても伝え、どのように生活することが健康でいられることかを、理解できるようにします。幼児の生活習慣が身に付くように、計画を位置付けましょう。

食に対する配慮を

食中毒にならないよう、給食室の環境に留意することや給食を扱う保育者の手洗い、マスク着用は徹底したいもの。アレルギー児の食事は、他児と取り違えることのないよう注意が必要です。嘔吐や下痢の処理はどのように行うのか、全職員で共有し、すべての子どもの健康を守る意識をもちましょう。

子どもの健康支援

健康状態・発育及び発達状態の把握

- 身体測定
- 健康診断
- 配慮を必要とする子どもの把握

健康増進

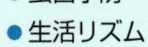

- 手洗い・うがい
- 虫歯予防
- 生活リズム

疾病等への対応

- 予防接種の奨励
- 登園許可証の必要な病気の把握
- 与薬についての管理

安心できる空間づくり

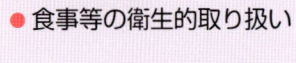

環境

- 適正な湿度・温度の管理
- 換気
- 掃除用具の整理

衛生管理

- 消毒薬の扱い
- 食事等の衛生的取り扱い

安全管理

- 園内の危険箇所の確認
- 遊具の安全
- 子どもの衣服等の安全確保

ニーズ対応

食育計画 の考え方

園の「食育計画」は、生きることに直結する重要な計画の一つです。まずは、楽しくおいしく食べることを考えましょう。

食べることは楽しい

園における食育は、健康な生活の基本としての「食を営む力」の育成に向け、その基礎を培うことが目標とされています。「保育所における食育に関する指針」では、「おなかがすくリズムのもてる子ども」、「食べ物を話題にする子ども」、「食べたい物、好きな物が増える子ども」、「一緒に食べたい人がいる子ども」「食事づくり、準備に関わる子ども」の5つの目標を掲げています。**子どもが主体的に食に取り組むことができ、食べることを楽しめるような計画**が望まれます。

食のマナーを楽しく身に付ける

決まった時刻に食事をすることで、正しく成長スイッチが入ります。マナーは、「こうしなければならない」と押しつけるのではなく、困ったことが起こりそうなときに、「こうしたほうがかっこいいね」と知らせていきましょう。保育者が正しく箸を持ち、美しい姿勢で食べてみせることは、それだけで立派な食育。みんなが笑顔でおいしく食べられるよう、継続的に取り組みましょう。

野菜を育ててクッキング

野菜嫌いな子どもでも、自分で育てた野菜なら、口にすることができたという事例もあります。毎日自分たちで水やりをし、世話をしてきた中での生長過程を見ていくと、野菜に興味がわいてきて「食べたい」「残したくない」という気持ちが出てきます。また育てた野菜で、カレーライスをつくったり、イモ料理に挑戦したりするのは、子どもたちにとっても楽しい活動でしょう。まな板や包丁などの調理用具を知り、使い方も学んでいきます。計画の中にもぜひ入れていきたいものです。

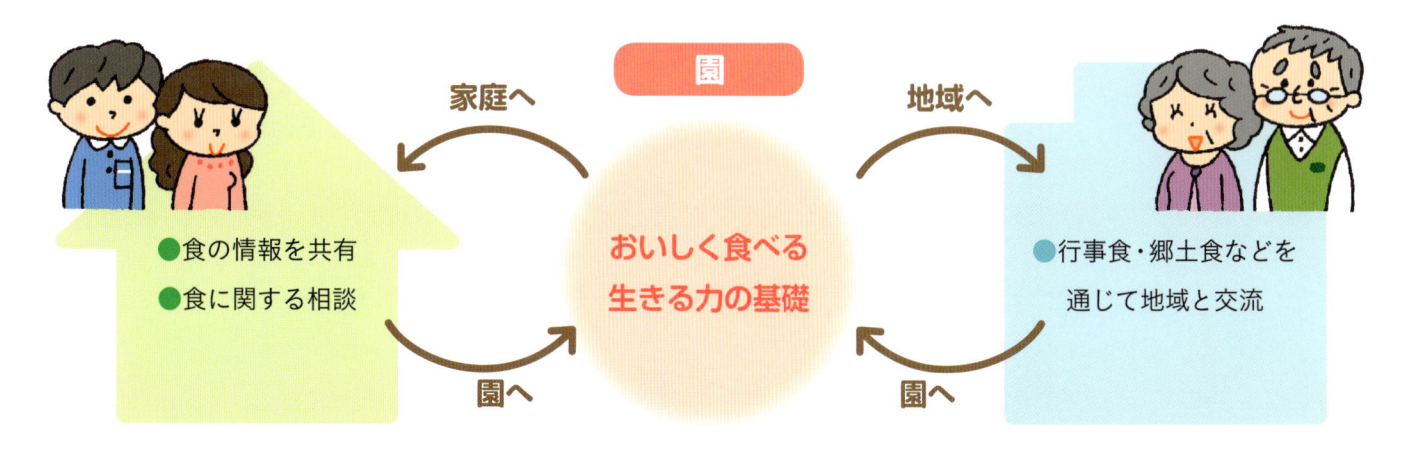

おなかがすくリズムのもてる子ども

食事の時間になったら「おなかがすいた」と感じられるような生活を送る。

食べ物を話題にする子ども

食べ物に対する関心が深まり、会話できるような体験をする。

食育の目標

食べたい物、好きな物が増える子ども

栽培・収穫した物を調理する体験を行う。

一緒に食べたい人がいる子ども

みんなと一緒にいる楽しさを味わう経験をする。

食事つくり、準備に関わる子ども

食事づくりや準備に対して興味がもてる体験をする。

食と人間関係

食を通じて、他の人々と親しみ支え合うために、自立心を育て、人と関わる力を養う。

食と健康

食を通じて、健康な体と心を育て、自ら健康で安全な生活をつくり出す力を養う。

食育の5つの項目

食育のねらい及び内容は
この5つの項目ごとに挙げられています。

食と文化

食を通じて、人々が築き、継承してきた様々な文化を理解し、つくり出す力を養う。

いのちの育ちと食

食を通じて、自らも含めたすべてのいのちを大切にする力を養う。

料理と食

食を通じて、素材に目を向け、素材に関わり、素材を調理することに関心をもつ力を養う。

ニーズ対応

特別な配慮を必要とする幼児 への指導の考え方

発達が気になる、日本語がよく分からないなど特別な配慮が必要な子どもには、個別の教育支援計画を作成しましょう。その子らしい成長が遂げられるよう、担任をはじめ、チームで取り組む姿勢が大切です。

援助に戸惑わないように

成長の過程で、目が合わなかったり、落ち着きがなかったりすることから、何らかの障がいがある可能性を感じる場合があります。0～2歳児では障がいに関係なく、すべての子どもについて個人案を作成しますが、3歳児以上でも、**特別に配慮を要する場合には、個人案を作成することが望まれます**。障がいの有無や程度にかかわらず、一人一人の育ちを保障する保育の基本は、他の子どもたちと変わりはありません。けれども、保育形態が移行する際や新規の保育者が入った場合に、その子に対する援助の仕方で戸惑わないように、その子のための指導計画があったほうがよいのです。

チーム態勢での支援

特別支援児の指導計画を作成するに当たっては、クラスの担任だけでなく、園の責任者、保護者、更に地域の専門家にも入ってもらい、チームで取り組むとよいでしょう。保護者がそれを望まない場合もありますが、子どもが抱える困難さと、これからの生活のしやすさを考え、できるだけ同意を得られるようにします。家庭でも、子どもへの対応に困る場合があるので、計画の内容を保護者も利用できるようにするとよいでしょう。

「子どもの姿」を記録する

その子はどのようなときにどのように行動するのか、何が好きで何が嫌いなのか、ということを生活の中から読み取り、子どもが安心できる環境をつくることが重要です。そのためには、**行動をよく見て記録する必要**があります。この援助ではうまくいかなかったが別の援助では納得した、などということも書き留めておくと立案に役立ちます。

●障がいのある子どもへの対応

| 現在の姿をとらえる | 戸惑わないようにする | 適切な援助と環境を |

指導計画の形式は様々

特別支援児の指導計画は、このように書かなければならないという決まった形式はありません。地域の専門家と相談しつつ、保育者が使いやすい形式であることが大切です。それはそのまま、他の保育者にとっても分かりやすいことにつながるでしょう。本書では、二つの計画を載せています。

また、**障がいのある子も、障がいのない子どもたちの中で教育を受ける「インクルーシブ教育（統合保育）」を進めていきたいもの**です。障がいもその子の個性ととらえ、助け合いながら生活することが当たり前になるよう、計画にも位置付けていきましょう。

日本語がよく分からない子への配慮

海外から帰国したばかりの子や、外国から来日した子の場合、日本語で話しかけても意味が分からないことがあります。子どもだけではなく、保護者にも通じない場合もあるでしょう。家庭ではどのような言語で話しているのかを把握し、意思の疎通を図る必要があります。

保育者も歩み寄る気持ちで、「おはよう」「こんにちは」「ありがとう」程度は、その言語で声をかけましょう。すると、子どもも保護者も嬉しさを感じ、より心を開いてくれるに違いありません。また、その子の国について、「パンダのふるさと」（中国）、「カレーの本場」（インド）など、親しみがもてるようなテーマで子どもたちに話します。困っている際に親切にした子どもを認め、クラスの大切な一員であることも伝えます。

このような配慮点を、計画の中にしっかり記していきましょう。その子が臆することなく園生活で存分に自己発揮できるように、味方になって支え続けるのです。

●**日本語がよく分からない子への対応**

安心して自己発揮できる環境を

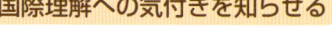

食事　慣習　宗教　言葉

↓

文化などの違いを理解

国際理解への気付きを知らせる

世界にはいろいろな国があることを知る

35

ニーズ対応

異年齢児保育 の指導計画の考え方

異年齢児との関わりを通して、互いを認め合い、主体的に生活できるような計画を立てましょう。発達段階が異なることを踏まえ、各年齢や子どもの姿に合った援助を具体的に予想することが大切です。

異年齢児保育のよさを生かす

　一昔前はきょうだいがたくさんいたり、近所の子どもと集団で遊んだりと、異年齢児が関わる場面が多くありました。その中で、年上の子は年下の子を手助けしたり、下の子は上の子のまねをしたりしながら大切なことを学んでいました。現在は少子化の影響で、そのような関わりは期待できない状況です。そこで、3、4、5歳児が混在する異年齢児クラスをつくり、年上の子や年下の子との関係を日常的にもちながら生活することを目指したのです。

　上の子は、下の子の様子を見て必要なことを伝えながら、リーダーとしての役割を身に付けていきます。下の子はあこがれの気持ちを抱きつつ、それを見ていて、自分が大きくなった際には同じように下の子と接することができるのです。このようなよさを十分に生かしながら、それぞれが自信をもって生活できるように、指導計画を立てていきましょう。

生活の基地であることを中心に据える

　子どもたちは自分の興味や関心に基づいて、園庭や遊戯室などで様々な遊びを展開しますが、片付けた後にホッとして戻ってくるのが、自分たちの保育室です。そこにはいつものメンバーがいて、自分たちの暮らしがあります。「あの子は今日お休みなんだ」「この子は今日は張り切っているぞ」など、毎日顔を合わせる仲間だからこそ感じることがあります。「おもしろい遊びになったから誘ってあげよう」と思うこともあります。このクラスが、自分の生活の基地なのです。その所属感と安心感を中心に据え、計画を考えましょう。

異年齢児がどのように関わるか予想する

　いろいろな活動を計画する中で、3歳児はどのような動きをするか、それを見た5歳児はどのように関わるか、4歳児はどうか、一人一人の顔を思い浮

● **異年齢児保育での子どもの思い**

年下の子の思い

かっこいいな

優しいな

私もこんなふうになりたいな

年上へのあこがれ

年上の子の思い

小さくてかわいいな

ぼくも前はこんなに小さかったんだ

ぼくも役に立てるんだ

ありがとうって言われた

年上としての自覚

かべて予想する必要があります。5歳児でも、年下の子に無関心な子もいるかもしれません。そのような子に、どのように気付かせていくのか、どのような方法で**異年齢児と活動を共にする喜びや満足感を味わえるようにするのか、その手立てを援助の欄に書いておかなければなりません。**環境を用意するだけでは、保育は成立しないのです。

　有機的な関わりを促すには、保育者の適切な働きかけが必要です。特定の子とペアにして活動する方法もあります。子どもの動きを予想しながら、よりよい関わりが生まれるような計画にしましょう。

　また、**発達段階が異なる子どもたちの集団ですから、それぞれへの援助も違ってきます。**「3歳児には〜する」というような年齢による援助や、「○○しない子には〜」「戸惑っている子には〜」など、子どもの姿を予想し、それに対応する援助が出てくるはずです。役に立つ計画、使える計画にするためには、そのような具体的な援助で記すことが大切なのです。

ハプニングを大切にする

　年齢の異なる子どもたちの集団では、同年齢のクラス以上にドラマチックなハプニングが起きるでしょう。それを困ったこととととらえるのではなく、おもしろいこと、それをどう子どもたちがとらえて対処するか、そこで何を学ぶのか見極めよう、と考えるとよいでしょう。突拍子もないことをしでかした3歳児に、周りの子はどのように言い、どのように行動するのか、じっくり観察しましょう。そして、3歳児は何を学んだのか、周りの子の何が育ったのか、考察してみましょう。計画通りに淡々と過ごす毎日よりも、いろいろなハプニングにびっくりしたり、ドキドキしたりという経験ができたほうが、豊かな生活といえます。ハプニングの後始末をみんなでしっかりすることにより、次に生かされ、また絆がつくられると心得ましょう。保育者自身が「しめた！」と思うことが肝要です。

●それぞれの年齢に合った活動

へび跳び

4歳児が手本を見せてから3歳児が跳ぶ

大縄

4、5歳児が大縄を跳んで、
3歳児は歌ったり、数を数えたりする

ニーズ対応

子育て支援 の指導計画の考え方

園の特性を生かし、子どもも保護者も安心して楽しく遊べる場づくりを目指します。計画には「次回も行ってみたい」と感じられるよう、季節の行事や保護者同士が関われる活動を盛り込みましょう。

保護者同士のつながりを

親になると子どもと向き合う時間が増え、ストレスを抱えている保護者も少なくありません。園は在園向け、地域向け両方の保護者を支援していく必要があります。ここに来たら、保育者が子どもと関わってくれる、という安心感と、子どもから少し離れて客観的に子どもを見られるという解放感がうまれます。こうした時間も保護者には大切なことです。

また保護者同士をつなぐのも、保育者の役割です。「○くんと△くんは、同じ年齢ですね」「お住まいはお近くですね」などと、共通点を見付けながら、保護者同士が話をしやすい雰囲気をつくります。「うちもそうです」というように、話がはずんだら大成功！話すことで、心が軽くなることが多いからです。何度か会うと顔なじみになり、近くに座ることもあるかもしれません。そのきっかけを上手につくること

も、大切な支援です。

相談には適切な対応を

「うちの子、こういうところが困るのです」。保育者と信頼関係ができると、心を開いて相談をもちかけられることがあります。**親身になって話を聞き、相づちを打ちながら悩みを共有**しましょう。そして「こういうことで、お悩みなのですね。よく分かりました」とまず受け止めます。そのうえでこれまで保育者として子どもと関わってきた経験から、自分の思いと、これからどのようにしていけばよいかという方向性を丁寧にアドバイスしたいものです。**経験が少なくて答えられない場合は、先輩保育者に引き継ぎます。**

これまでの保護者のやり方を否定せず、より子どものためになる対応を示唆します。そして、よい方向に向かったら、共に喜び合いましょう。

●子育て支援の役割

親子

孤独

不安　悩み

↓

ストレスに

子育て支援

外へ出る

人と会話する

子どもと保育者の関わりを見る

相談する

他児と遊ぶ

安心感

解放感

在園児の保護者のために

　登降園の際に、家庭での子どもの様子をたずねたり、園での様子を伝えたりなど、保護者と情報を共有することが大切です。引っ込み思案でなかなか保育者に話しかけられない保護者もいるので、こちらから積極的に声をかける必要があります。保育者を避けるタイプの保護者もいますから、子どもの嬉しい成長などを伝え、呼び止められることは喜びだと思ってもらえるようにしたいものです。

　園の行事も、子育て支援につながります。作品展や運動会、発表会などの姿を見てもらい、普段話せない父親などとも言葉を交わしましょう。園の活動を理解してもらうよい機会になるはずです。

　また、子どもの成長した姿を日々のおたよりで知らせるなど、保護者が子育てを楽しめるように、様々なサポートを計画に記していきましょう。

　もし保護者に不適切な養育等が疑われる場合は、市町村や関係機関と連携し、適切な対応を図る必要があります。虐待が疑われる場合には、速やかに市町村や児童相談所に通告しなければなりません。子どもたちを救う使命も、私たちに課せられているのです。あらゆることを想定し、計画に位置づけておくことが望まれます。

地域の保護者へ向けて

　園は、在籍していない地域の子どもたちの保護者へ対しても、保育の専門性を生かした子育て支援を積極的に行うことが義務付けられています。地域に開かれた支援が求められているのです。

　一時預かり事業を行う際は、一人一人の子どもの心身の状態などを考慮し、日常の保育に参加させることもできます。その子にとって質の高い保育環境となるよう配慮しましょう。

●在園児の保護者への対応

個別の支援
保護者一人一人の状況を理解し、園全体でサポートする。

不適切な養育が疑われる家庭の支援
児童虐待などの発見や抑制につなげる。

保護者との相互理解
毎日のやりとりの中で園と家庭での子どもの様子を共有する。

●地域の保護者への対応

地域に開かれた支援
一時預かりや子育て支援を行う。

地域との連携
保護者と地域の人とのつながりをつくる。

指導計画の文章でおさえておきたいこと

ポイントは6つ

指導計画は、他の保育者や主任・園長に伝わるように書かなければなりません。そのために、おさえておきたい6つのポイントを確認しましょう。

指導計画は、誰が読んでも分かりやすいということが大前提です。このクラスは現在、どのような発達の過程にあり、子どもたちは今、何に興味をもっているのか、保育者はこれからどのような環境を準備し、子どもたちの何を育てようとしているのか、子どもたちにどのような経験をさせたいと思っているのかが、一読して理解できなければなりません。

毎日、生活を共にしている担任だけに分かるものでは、役に立たないのです。

そこで、**ここに気を付けたいこと6項目**を挙げました。前向きな保育観を出しながら、読みやすく伝わる書き方を目指しましょう。**書いた後にはもう一度読み返し、チェックする**ことも忘れないようにしましょう。

1 計画は現在形で書く

指導計画は、明日のこと、一週間先のことなど、未来に起こることを想定して書くものです。けれども、文章は未来形ではなく現在形で書きます。現在進行形にもなりがちですが、文が長くなるので、避けた方がすっきり読めます。

NG 身近な小動物を見たり、触れたりして楽しむだろう。

▼

GOOD 身近な小動物を見たり、触れたりして楽しむ。

2 子どもの姿が目に浮かぶように書く

書いている本人はいつも子どもを見ているので具体的な様子も分かりますが、主任や園長など、毎日接していない人には、どういう姿なのかイメージできないことがあります。リアルに様子が浮かぶような記述を心がけましょう。

NG 園庭でのびのびと好きな遊びを楽しんでいる。

▼

GOOD ブランコやすべり台で楽しく遊ぶ。

3 「〜させる」を控える

成長を促すために、様々な経験をさせたいと保育者は願いますが、「〜させる」という文が多いと、保育者が指示をして、子どもは従わされているような印象になります。「〜するよう促す」や「〜できるように配慮する」など主体的に行動する子どもを保育者がサポートするニュアンスを大切にしましょう。

 NG　歯磨きの大切さに気付かせる。

GOOD　歯磨きの大切さに気付けるようにする。

4 「〜してあげる」を控える

保育者は子どもに様々な援助をしますが、それを、「〜してあげている」と思っているようでは困ります。子どものために保育するのが仕事ですから、恩着せがましい表現をせず、どちらかというと、「保育させていただいている」という謙虚な気持ちで書きましょう。

NG　できたことを共に喜んであげる。

GOOD　できたことを共に喜ぶ。

できたね

5 「まだ〜できない」という見方でとらえない

子どもは常に成長の過程にいます。「まだ〜できない」という目で見ないで、ここまで発達したところだ、と肯定的に育ちをとらえましょう。そして、次の課題に向かおうとする子どもを温かい目で見つめ、立ち向かえるように陰ながら応援するのです。

 NG　したい遊びがあっても、自分から入れない。

GOOD　したい遊びがあると、そばでじっと見ている。

6 一つの文に同じ言葉を重複して使わない

状況を細かく説明しようとするあまり、同じような表現が続くと、ワンパターンな記述になってしまうことがあります。一文の中やその後に続く文にも、同じ言葉を2回以上は使わないように心がけるとよいでしょう。

NG　好きな遊びを見付けて遊ぶ。

GOOD　好きな遊びを見付けて楽しむ。

3歳児 の環境構成

3歳児が安全に、楽しみながら活動できる保育環境を整えることが大切です。保育室や共有スペースなど、実例アイデアを参考に工夫しましょう。

「いつものところにある」が安心を支える

3歳児にとって、自分の物を置くスペースは特別な空間です。カバンかけや靴箱、クレヨンをしまう棚など、自分の場所がすぐ分かるようにすることが、子どもに安心感をもたらします。また、使いたい物がどこにあるか分かり、片付けるときも迷わない工夫が必要です。

子どもたちが保育室内の物を把握し、好きなときに自由に使えるようにしておきましょう。

お弁当を食べるまでにすることを順番に絵で示します。保育者は「次はうがいだよ」などと指差ししながら知らせます。／L

園生活に慣れる

自分の居場所があり、荷物の置き場がわかることが、まず安定への第一歩。その子のマークなどを決めて、あなたはクラスの大切な一員である、ということが伝えられる環境を。

玄関の正面に飾られた大きなリンゴの木の下に、全職員を顔写真付きで紹介。あふれる笑顔で子どもたちや保護者を温かく迎えます。／D

シールは砂ではがれやすいため、下駄箱の名前シートはラミネート加工されています。次年度はシートごと移動すればそのまま使用できます。／E

※各写真の説明にあるアルファベットは、撮影協力園の表示です（最終ページ参照）。

生活習慣

どうしていいか分からない状況が不安を生みます。行動の仕方が分かるように、環境でサポートしていきましょう。身に付いてきたら、認める言葉を笑顔でかけます。

一回分の紙の長さをゾウの鼻で表します。楽しみながら紙を切ることで自然に一回分の長さが覚えられます。／C

床にはったテープで水道までの並び方を示しています。混雑したときのために、2色のテープで色分けし、男女を分ける工夫も。／F

個人ロッカーに入れる物以外は、用途に合わせて専用の箱を用意。出し入れがしやすくなり、整理する習慣が身に付きます。／K

ティッシュボックスに色画用紙をはり、マスキングテープで飾ったカラフルな小物入れ。クレヨンなどの道具や、つくりかけの作品などを入れます。／E

遊び① 室内

本物そっくりのキッチンやダイニングは、子どもをごっこ遊びの世界へと誘います。
使った後は元に戻せるように、棚に写真などを貼っておくと親切です。

台所セットのそばには、大勢で囲めるダイニングテーブル。毎日様々なごっこ遊びが展開されます。／C

フライ返しや泡立て器などの調理器具は本物を用意。家庭で目にしたときの興味やお手伝いへの意欲も育ちます。／G

人形やままごと用のおもちゃを置く棚。片付け方や位置が子どもに分かるよう、写真がはられています。／E

使いたい色が取り出しやすいように、折り紙は空き箱に立てて収納。仕切りがあるので倒れる心配はありません。／I

遊び② 屋外

外で遊びたくなるような環境をつくりましょう。「つくったものを残しておきたい」という子どもの気持ちに応えて、看板を使えるようにしておきます。

砂場で遊び途中の物は、他の子に壊されないよう絵と文字で表示。ただし、子どもの様子を見ながら、片付けて気持ちを切り替えることも大切です。／J

芝生マットの上に置かれたテーブルとパラソル。風を感じながら、遊びが楽しめるとっておきの場所に。／A

保護者向けの伝達

提出物はどこに出せばいいのか、持ち物の内容は何なのか、保護者が迷いそうなことを予測し、はっきりと知らせます。個別の質問も減ります。

水着や帽子など忘れ物が多いプールの持ち物は、実物のセットを写真で掲示。携帯電話のカメラでそのまま写真を撮る保護者の姿も。／H

玄関前に置かれた連絡ボックス。個人情報保護のため、提出物や連絡帳、担任への伝言などは、園全体でまとめて管理します。／B

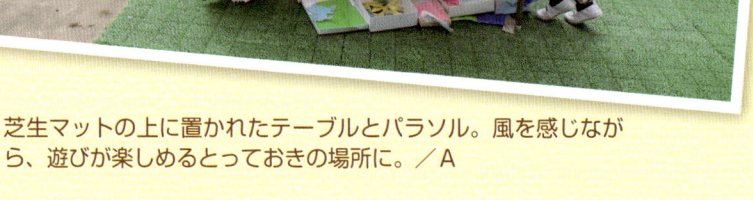

3歳児 の 発達を見てみよう

3歳

食事や排泄などはかなり自立が進みます。何でもやりたがりますが、まだ失敗も多いでしょう。話し言葉の基礎もでき、注意力や観察力はさらに伸びます。友達との関係も少しずつできてきます。

運動機能が高まり、歩く、走る、跳ぶ、押す、引っ張る、投げる、転がる、ぶら下がる、またぐ、蹴るなどの基本的な動作が一通りできるようになります。

言葉が発達し、「なぜ」「どうして」という質問を盛んにします。また、簡単なストーリーが分かるようになり、登場人物を自分に同化させて楽しみ、スリルや安堵感を味わいます。

さらに、ごっこ遊びをするようになり、大人の行動ややり取りをよく観察して、遊びに取り入れていきます。友達との関わりは増えますが、平行遊びのことも多いでしょう。友達との関わりを深め、次第に共通したイメージの中で遊べるようになっていきます。

養　護

生命の保持
- 食事や排泄面で自立が進み、基本的な生活習慣が身に付く
- 土踏まずの形成により、長時間歩けるようになる

情緒の安定
- 一人の独立した存在として行動しようとし、自我がよりはっきりしてくる
- 保育者の手伝いなどで、人の役に立つことに満足感や喜びを抱く

教　育

健康
- 片足を上げながら前へ進むなどの「～しながら～する活動」に挑戦する
- 走る、跳ぶ、よじ登るなど、動きを調節する力が付いてくる

人間関係
- 好きな友達ができ、その関係において、貸し借りや順番、交代などができはじめる
- 友達の行動を観察し、模倣する喜びを味わう

環境
- 数・量・形・音に興味をもち、違いに気付く
- 身近な動植物や自然現象に親しみ、自然に触れて遊ぶ

言葉
- 「なぜ」「どうして」の質問が盛んになり、物の名称や機能を知り、言葉がますます豊かになる
- あいさつや返事など、生活に必要な言葉を使う

表現
- 身の回りの大人の言動を取り入れ、ごっこ遊びの中に再現する
- 簡単な話の筋が分かるようになり、話の先を予想したり、自分と同化して考えたりできる

指導計画を立てるには、まず子どもの発達を理解することが大切です。月齢や保育歴などで、一人一人の発達の内容や速度には個人差があります。今、この子はどの側面がどのように成長しているところなのか、ということをしっかりとらえなくてはなりません。そして、**その姿がやがてどのような姿に育っていくのか、という道筋**が見えていなくてはならないでしょう。

ここでは、保育園における**「養護」と「教育」の観点から、その月齢の子どもたちが見せる育ちの姿を**示してあります。各項目に分けてありますが、それぞれの要素はきちんと分けにくく、2～3の項目を含んでいることもよくあります。

指導計画を作成する際に、大まかな発達の全体像を知り、見通しをもった上で、クラスに応じた「ねらい」や「内容」を設定していきましょう。

4歳

自分で体をコントロールできるようになり、運動量も増えてきます。精神面でも、保育者や友達などの存在をしっかり意識できるようになり、社会性を身に付けていきます。

全身のバランスをとる能力が発達し、体を自分の意のままに動かせるようになり、体の動きが巧みになります。話をしながら食べるなど、二つのことが同時にできるようにもなります。

また、自分の周りの物にも鋭い関心を向け、探索活動を好んで行います。ですから、土や水などの自然物や素材などの特性を知り、それらとの関わり方や遊びへの取り入れ方を豊かに体得していきます。

そのような遊びの中で、友達とのつながりができ、喜びや楽しさを共有しますが、競争心や占有権などをめぐって、トラブルも増えます。同時に、嫌なことがあっても自分の気持ちを抑える力も徐々に付いていきます。

養　護

生命の保持
- 基本的な生活習慣がほぼ身に付き、自分の健康に関心をもつ
- 視力が1.0前後になり、遠近の区別がつくようになる

情緒の安定
- 人に見られていることを意識して、行動することが多くなる
- 目的をもって行動するが、うまくいかないのではないかと不安が生じるなど、葛藤を体験する

教　育

健康
- 手と足、及び左右の協応運動が巧みになり、異なる2種以上の動きができる
- 平衡感覚が高まり、片足立ちが5～10秒くらいできはじめる

人間関係
- 人の気持ちを気にするようになり、使いたい物も貸してあげられるようになる
- 友達と一緒にいることを喜び、つながりが強まるが、トラブルも多くなる

環境
- 数を10まで数えられるようになる
- 大・中・小が分かるようになり、いくつかの物を比べることを楽しむ

言葉
- 語彙数は約1500～2000語となる
- 乱暴な言葉や汚い言葉（バカ、うんち、ババアなど）を好んで使う

表現
- 人物画では、胴体を表現するようになる
- アニミズム（人間以外のすべてのものにも心があると思う）が特徴的な時期で、想像力、空想力が高まる

3歳児
保育者の援助の方針

各年齢の発達を理解し設定した「ねらい」や「内容」に応じて、おさえておきたい保育者の援助を「遊び」「生活習慣」「保護者」のポイント別に紹介します。

遊び

子どもが遊ぶ「世界の住人」として声かけを

イメージをもち、自分の世界で遊んでいる場合は、その「世界の住人」としての呼び方で声をかけ、さらにイメージが広がるようにしましょう。友達に意識が向きはじめたら、同じ場にいる友達とつながりがもてるように働きかけます。まねをすることも勧めてみましょう。

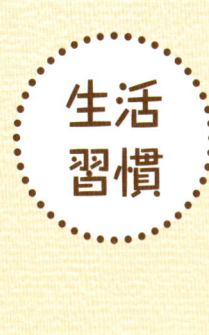

生活習慣

満足感と達成感で次の意欲を引き出して

ほんの少しの援助があれば、自分でできるようになります。自分でできた満足感や達成感が十分に味わえるようにしましょう。そのためには認める言葉をかけることが大切です。その自信が、他のことにも自力で取り組もうとする意欲につながるでしょう。

保護者

子どもの成長を共に喜び合える関係に

ありのままの子どもの姿を受け入れ、子どものかわいい反応をおもしろがれるよう、子育ての楽しさを伝えましょう。心配事にはいつでも応じる姿勢を示し、子育てのパートナーとして共に喜び合える関係をつくります。小さな成長をこまめに伝えるとよいでしょう。

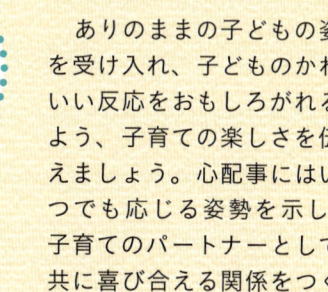

第2章

年間指導計画の立て方

各年齢で一つ作成する「年間指導計画」。一年間を4期に分け、年間の表と項目ごとの文例を掲載しています。

3歳児の年間指導計画

おさえたい ③ つのポイント

年間指導計画は、3歳児のクラス担任全員で話し合って作成します。一年間の集団としての育ちを見通しながら、計画を立てていきます。

❶ 身近なことが自分でできる喜びを

身の回りの簡単なことは、自分でできるようになります。手洗い、うがい、ファスナーなど、くり返すうちに上手になる喜びを十分に味わい、自信がもてるようにします。友達にも教えたり、手伝ったりすることで、さらに満足感や友達とのつながりを感じられるでしょう。

❷ 身近な動植物との関わりを

園で飼育している動物や、自分たちで捕まえたダンゴムシやバッタなどの虫たちと触れ合ったり、野菜や草花を見たり育てたりする機会をもちましょう。命あるものと関わることにより、その成長を自分とも重ねられるようになります。

❸ 自分の世界で存分に遊ぶ

イメージがもてるようになり、何かになったつもりで自分なりのストーリーの中で遊ぶようになります。友達と関わることを急がず、まずは自分の世界で存分に遊ぶことを大切にしましょう。見立てて使える素材を十分に用意することで、さり気なく支えます。

保育園

♣ 年間目標	●保健的で安全な環境の中、快適に生活する。 ●生活の流れに見通しをもち、基本的な生活習慣①に付ける。	
	1期（4〜6月）	**2期（7〜9月）**
子どもの姿	●新入園児は、初めての集団生活に戸惑い、登園時や活動の切りかえの場面に、不安になる②られる。 ●自分の気持ちを言葉で伝えられず、泣いたり、他児の姿をじっと見つめたりする。	●少しずつ生活の流れが分かるようになり、身の回りのことを自分でしようとしたり、できないことを「やって」と言い援助を求めたりする。 ●暑さから、すぐに眠くなったり、食欲が落ちたりする。
ねらい	●喜んで登園する中で園生活の流れが分かり、安心して快適に生活する。健康 ●健康で安全に過ごせる環境の中で気持ちを受け入れ③らい、楽しい生活を送る。健康	●梅雨期の衛生、身の回りの清潔に注意し、衛生習慣を身に付ける。健康 自立 ●午睡や水分補給などで適切な休息を取り、心身の疲れをいやす。健康 ●思ったことやしたいことを言葉で伝えようとする。言葉
養護 内容 教育	●新入園児は園の生活に慣れ、初歩的な健康や安全の習慣に徐々に慣れる。④	●梅雨期や暑い時期に応じた生活をする。
	●食事、排泄、午睡、手洗い、衣類の着脱、調節など、保育者に見守られ、援助されながら自分でしようとする。	●一日の生活の仕方やルールが分かり、食事、排泄、着脱など、できることを自分でしようとする。
環境構成	●園内外の安全点検を行い、安全に遊べる環境を整える。 ●前クラスで遊んでいた、なじみのある玩具を準備す⑤ ●保育室内は、広〜と安全に遊びを楽しめるような環境に整える。 ●持ち物の置き場所など、各自のマークを分かりやすい場所にはる。	●梅雨の湿気により床が濡れている際は、すぐにふき取れるよう、ぞうきんを準備しておく。 ●ごっこ遊びが十分に行えるように、コーナーを設置したり、ついたてを準備したりして、遊びの空間を自分たちでつくれるようにする。
保育者の援助	●一人一人の甘えや欲求を丁寧に受け止め、子どもの楽しい、嬉しい、悲しい気持ちに共感しながら優しく寄り添うことで、信頼関係を築いていく。 ●食事、睡眠、⑥などの生活面において、個々の状態を把握して一人一人に応じた援助や働きかけを行う。	●汗をかいたら自分で着替えられるよう、着脱の仕方を丁寧に知らせる。子どもたちが、「自分でできた！」と思えるような援助を行い、自信につながるように働きかける。 ●子どもたち一人一人の健康状態を把握し、活動とのバランスを考えながら水分補給したり、休息を十分に取らせたりする。

❶ 年間目標

園の方針を基に、一年間を通して、子どもの成長と発達を見通した全体的な目標を記載します。

❷ 子どもの姿

1〜4期に分けて、予想される子どもの発達の状況や園で表れると思われる姿を書きます。保育者が設定した環境の中での活動も予測します。

❸ ねらい

「年間目標」を期ごとに具体化したもの。育みたい資質・能力を子どもの生活する姿からとらえたものです。本書は「幼児期の終わりまでに育ってほしい姿」と関連のある「ねらい」にマークを付けています。

保育者や友達と遊ぶことを楽しみながら人との関わりを深める。

3期 (10~12月)	4期 (1~3月)
●「今日は何をする?」と活動に期待をもて登園することを喜ぶ。午睡がなくなったことで、家庭での生活リズムが変化する。園では、特に変化は見れず、好きな遊びを友達と一緒に共有し遊ぶ。	●友達と一緒に目的をもち、共同で一つの物をつくる遊びができる。その中で相手の気持ちを受け入れられなかったり、自分の気持ちを抑えられなかったりして、トラブルが増える。
季節の変化に応じて衣類の調節を適切にい、快適に過ごす。健康 保育者との信頼関係の中で、自分の気持や考えを安心して表現する。自立 表現 友達と同じ遊びをする楽しさを味わう。協同	●冬の健康管理に留意し、快適に過ごす。健康 ●基本的な生活習慣や健康、安全に必要な習慣の自立に向けて行動する。健康 自立 ●冬ならではの遊びを楽しむ。自然
健康に留意し、風邪予防のうがい、手洗を行う。	●自信をもって楽しく、満足感や達成感を感じながら生活する。
食事、排泄、手洗い、うがいなどの手順意味を理解し、進んでしようとする。午睡のない生活に慣れる。	●生活の見通しをもち、生活に必要な習慣を身に付け、自分で行動する。●寒さに負けず、戸外で元気に遊ぶ。
うがいの仕方や、手洗いの手順を分かりすく図示し、子どもが見やすい場所にはておく。保育者も丁寧に手を洗ったり、うがいをたりする姿を示し、子どもの意識につなるような雰囲気をつくる。遊びに必要な物を友達や保育者と一緒にくることができるよう、材料を準備する	●子どもの言葉に優しく耳を傾け、考えや思いを尊重することで、自信をもって発言できるような雰囲気をつくる。●防寒具をかけるコートかけを準備する。●氷や、つららなど、冬の自然物に目を向けられる機会を設ける。●自由にはったり、かいたり、切ったりできる手伝な…を準備する
子ども同士のトラブルの際…を聞いて仲介し、相手の気…会を設ける。「そんなとき…かったかな?」と一緒に…分たちで物事を解決する方…	

④ 内容

「ねらい」を達成するために「経験させたいこと」です。環境に関わって展開する具体的な活動を通して、総合的に指導されるものです。

⑤ 環境構成

「ねらい」を達成するために「内容」を経験させる際に、どのような環境を設定したらよいのかを考えて記載します。

⑥ 保育者の援助

「ねらい」を達成するために「内容」を経験させる際に、どのような援助をしたらよいのかを考えて記載します。

幼稚園・認定こども園

♣ 年間目標 ●明るくのびのびと園生活を過ごし、友達と一緒に…したり活動したりすることを喜ぶ。①

	1期 (4~6月)	2期 (7~9月)	3期 (10~12月)	4期 (1~3月)
子どもの姿	●新しい環境に戸惑い、泣いたり保護者から離れるのを嫌がったりする子がいる。②●自分で好き…を見付けて、保育者と遊ぶ。	●園生活の仕方が分かり、自分でしようとする。●使いたいものをめぐり、友達とけんかになることがある。●保育者との信頼関係ができ、安心して園生活を送る。	●語らいが増え、友達や保育者に話しかけながら遊ぶ。●友達への関心が深まり、クラス意識が出てくる。●自分の考えを押し通し、トラブルになることがある。	●冬の自然に親しみ、雪や寒さの中でも元気に遊ぶ。●自分たちで遊びを工夫し、充実感を得る。●進級への喜びや期待を抱き、自信をもって生活する。
ねらい	●保育者との関わりや遊びを通して、園生活の過ごし方を知る。●遊びや道具…味をもち、自分から遊ぼうとする。③●してほしいことや困ったことを表情やしぐさで表現する。表現	●保育者や友達との触れ合い遊びを喜び、同じ場所で遊んだり同じように動いたりすることを楽しむ。協同●遊びや活動を楽しむ中で、友達との関わり方を知る。規範●絵本を読んでもらうことを喜ぶ。言葉	●ごっこ遊びや簡単なルールのある遊びを楽しむ。規範●クラスのみんなで一緒に活動することを楽しむ。協同●異年齢児の遊びに興味をもち、触れ合いを楽しむ。協同	●友達と一緒に、共感し合いながら遊ぶことを楽しむ。協同●進級することに期待や喜びを感じる。自立●寒さに負けず、戸外で元気に遊ぶ。健康●友達の気持ちを、自分なりに考えながら遊ぶ。規範
★ 内容	●保育者と触れ合いながら、安心感を抱く。●気に入った場所や好きな遊びを見付けて遊ぶ。④●保育者や5…の力を借りながら、基本的な生活習慣を身に付ける。	●好きな遊びを見付け、没頭して遊ぶ。●水の感触を楽しみ、水遊びに親しむ。●身近な素材に触れ、つくったりかいたりすることを楽しむ。●梅雨や夏の自然に興味をもって、見たり触れたりする。	●気の合う友達と、ごっこ遊びを楽しむ。●4、5歳児のしていることを見たり、まねをしたり、一緒にしてみたりする。●戸外で元気に遊ぶ。●応援したりされたりすることの心地よさを感じながら活動する。	●身近な用具などを、自分なりに工夫して使ったり、遊びに取り入れたりする。●困ったり泣いたりしている友達を、手助けしたりなぐさめたりする。●友達と同じようなイメージの中で、一緒に遊ぶ。●「大きくなった」ことを感じ、自信をもって、進級することに期待する。
環境構成	●一人一人がやりたい遊びを見付けられるように、様々なコーナーを設定し、玩具の数も十分にそろえる。●クラスで集…絵本や手遊びなどを全員で楽し…集団生活の楽しさを知るきっかけをつくる。⑤●自分の持ち物の始末が分かるように、表示を写真つきにして、目に付く場所にはる。	●水を使った解放感がある遊びを取り入れる。●同じドレス、同じお面など、同じ物を自分たちで選べるよう、興味を引くものを環境として用意する。●遊びの興味が広がる時期なので、多様な遊びを設定する。	●劇ごっこやルールのある遊びなど、みんなで共通のイメージをもてる遊びを取り入れる。●異年齢児の遊びに参加して、いろいろな活動に興味をもって楽しめるようにする。●身体表現の遊びを取り入れ、身近な動物や乗り物などになって表現することを楽しめるようにする。	●やりたいと思うことが十分できるように、時間的な余裕をもてる時間配分にする。●友達と関わって遊べるような伝承遊びやゲーム遊びを用意する。●チューリップの球根を植え、春に芽が出ることを楽しみに待てるようにする。●みんなの前で、自分の力を発揮し認めてもらえる場をつくる。
保育者の援助	●基本的な生活習慣に関しては、保育者がモデルとなって示す。●保育者が仲立ちとなり、友達と少しずつ関わりを…ようにする。●感触遊びを…楽しみ、解放感が得られるように配慮する。⑥	●自分でしようとする気持ちを大切にし、自分で行ったときには認め、自信につなげる。●トラブルが起こったときには、両方の気持ちを聞いて受け止める。相手にも思いがあることに気付けるよう、配慮する。●みんなで生活をするために必要なことを伝える。	●季節の変化や、自然物のおもしろさなどに気付けるよう、声をかける。●できたことを十分にほめて、自信につなげる。●帰りの会などで、子どもたちの遊びや友達とのエピソードなどを紹介し、興味がもてるようにする。	●もうすぐ進級することを伝え、期待と喜びが感じられるように配慮する。●子どものイメージや工夫に驚いたり、共感したりしながら声をかける。●自然に接する機会を逃さず、見たり触れたりし、子どもの発見や驚きに共感する。

保育園 年間指導計画

CD-ROM 年間指導計画（保育園） → P052-P053 年間指導計画

保育のヒント

「幼児期の終わりまでに育ってほしい姿」を意識しながら、その芽が育つようなねらいを立てます。

保育のヒント

保育室が変わると不安になりますが、親しんだ玩具があると、それがよりどころとなります。何が好きかも情報交換しておくとよいでしょう。

♣ 年間目標	●保健的で安全な環境の中、快適に生活する。
	●生活の流れに見通しをもち、基本的な生活習慣を身に付ける。

		1期（4〜6月）	2期（7〜9月）
子どもの姿		●新入園児は、初めての集団生活に戸惑い、登園時や活動の切りかえの場面に、不安になる姿が見られる。 ●自分の気持ちを言葉で伝えられず、泣いたり、他児の姿をじっと見つめたりする。	●少しずつ生活の流れが分かるようになり、身の回りのことを自分でしようとしたり、できないことを「やって」と言い援助を求めたりする。 ●暑さから、すぐに眠くなったり、食欲が落ちたりする。
ねらい		●喜んで登園する中で園生活の流れが分かり、安心して快適に生活する。 健康 ●健康で安全に過ごせる環境の中で気持ちを受け入れてもらい、楽しい生活を送る。 健康	●梅雨期の衛生、身の回りの清潔に注意し、衛生習慣を身に付ける。 健康 自立 ●午睡や水分補給などで適切な休息を取り、心身の疲れをいやす。 健康 ●思ったことやしたいことを言葉で伝えようとする。 言葉
★内容	養護	●新入園児は園の生活に慣れ、初歩的な健康や安全の習慣に徐々に慣れる。	●梅雨期や暑い時期に応じた生活をする。
	教育	●食事、排泄、午睡、手洗い、衣類の着脱、調節など、保育者に見守られ、援助されながら自分でしようとする。	●一日の生活の仕方やルールが分かり、食事、排泄、着脱など、できることを自分でしようとする。
環境構成		●園内外の安全点検を行い、安全に遊べる環境を整える。 ●前クラスで遊んでいた、なじみのある玩具を準備する。 ●保育室内は、広々と安全に遊びを楽しめるような環境に整える。 ●持ち物の置き場所など、各自のマークを分かりやすい場所にはる。	●梅雨の湿気により床が濡れている際は、すぐにふき取れるよう、ぞうきんを準備しておく。 ●ごっこ遊びが十分に行えるように、コーナーを設置したり、ついたてを準備したりして、遊びの空間を自分たちでつくれるようにする。
保育者の援助		●一人一人の甘えや欲求を丁寧に受け止め、子どもの楽しい、嬉しい、悲しい気持ちに共感しながら優しく寄り添うことで、信頼関係を築いていく。 ●食事、睡眠、排泄などの生活面において、個々の状態を把握して一人一人に応じた援助や働きかけを行う。	●汗をかいたら自分で着替えられるよう、着脱の仕方を丁寧に知らせる。子どもたちが、「自分でできた！」と思えるような援助を行い、自信につながるように働きかける。 ●子どもたち一人一人の健康状態を把握し、活動とのバランスを考えながら水分補給したり、休息を十分に取らせたりする。

「幼児期の終わりまでに育ってほしい姿」の 健康：健康な心と体 自立：自立心 協同：協同性 規範：道徳性・規範意識の芽生え 社会：社会生活との関わり 思考：思考力の芽生え

●保育者や友達と遊ぶことを楽しみながら人との関わりを深める。

3期 (10〜12月)	4期 (1〜3月)
●「今日は何をする？」と活動に期待をもって登園することを喜ぶ。 ●午睡がなくなったことで、家庭での生活リズムが変化する。園では、特に変化は見られず、好きな遊びを友達と一緒に共有して遊ぶ。	●友達と一緒に目的をもち、共同で一つの物をつくる遊びができる。その中で相手の気持ちを受け入れられなかったり、自分の気持ちを抑えられなかったりして、トラブルが増える。
●季節の変化に応じて衣類の調節を適切に行い、快適に過ごす。健康 ●保育者との信頼関係の中で、自分の気持ちや考えを安心して表現する。自立 表現 ●友達と同じ遊びをする楽しさを味わう。協同	●冬の健康管理に留意し、快適に過ごす。健康 ●基本的な生活習慣や健康、安全に必要な習慣の自立に向けて行動する。健康 自立 ●冬ならではの遊びを楽しむ。自然
●健康に留意し、風邪予防のうがい、手洗いを行う。	●自信をもって楽しく、満足感や達成感を感じながら生活する。
●食事、排泄、手洗い、うがいなどの手順や意味を理解し、進んでしようとする。 ●午睡のない生活に慣れる。	●生活の見通しをもち、生活に必要な習慣を身に付け、自分で行動する。 ●寒さに負けず、戸外で元気に遊ぶ。
●うがいの仕方や、手洗いの手順を分かりやすく図示し、子どもが見やすい場所にはっておく。 ●保育者も丁寧に手を洗ったり、うがいをしたりする姿を示し、子どもの意識につながるような雰囲気をつくる。 ●遊びに必要な物を友達や保育者と一緒につくることができるよう、材料を準備する。	●子どもの言葉に優しく耳を傾け、考えや思いを尊重することで、自信をもって発言できるような雰囲気をつくる。 ●防寒具をかけるコートかけを準備する。 ●氷や、つららなど、冬の自然物に目を向けられる機会を設ける。 ●自由にはったり、かいたり、切ったりできる工作コーナーを準備する。
●子ども同士のトラブルの際は、双方の思いを聞いて仲介し、相手の気持ちを考える機会を設ける。「そんなときはどうしたらよかったかな？」と一緒に考えることで、自分たちで物事を解決する力を育む。	●遊びの中で、譲り合ったり我慢できたりしたら、その姿をほめる。また「○ちゃんが〜してくれて優しかったね。我慢してくれて、ありがとうだね」と、友達の優しさに気付けるような言葉をかける。 ●個々の生活習慣を見直し、個々に応じた援助や関わりや働きかけを行う。

保育のヒント

保育者はモデルです。楽しそうに目的を語りながら行うことで、子どもも身に付けられるでしょう。ほめることも忘れないようにします。

記入のコツ!!

人と共に暮らしていくには、思いやりや我慢も必要です。それを言葉にして伝えることで、子どもも意識化できることをきちんと書いておきます。

自然：自然との関わり・生命尊重　数字：数量や図形、標識や文字などへの関心・感覚　言葉：言葉による伝え合い　表現：豊かな感性と表現　を表しています。

幼稚園 認定こども園 年間指導計画

年間指導計画（幼稚園・こども園） → P054-P055 年間指導計画

保育のヒント

初めての集団生活という子どもも多いことでしょう。不安になるのも当然のことです。笑顔とスキンシップで温かく受け入れ、園は安心できる楽しいところなのだと認識できるようにしたいものです。

記入のコツ!!

会話はまだなくても、同じ物を身に付けているだけで目が合い、相手の動きを目で追うものです。そこから友達とのつながりが始まるのでしょう。環境による教育が、ここにあります。

♣ **年間目標**　●明るくのびのびと園生活を過ごし、友達と一緒に遊んだり活動したりすることを喜ぶ。

	1期（4〜6月）	2期（7〜9月）
子どもの姿	●新しい環境に戸惑い、泣いたり保護者から離れるのを嫌がったりする子がいる。 ●自分で好きな遊びを見付けて、保育者と遊ぶ。	●園生活の仕方が分かり、自分でしようとする。 ●使いたいものをめぐり、友達とけんかになることがある。 ●保育者との信頼関係ができ、安心して園生活を送る。
◆ ねらい	●保育者との関わりや遊びを通して、園生活の過ごし方を知る。[健康] ●遊具や道具に興味をもち、自分から遊ぼうとする。[健康] ●してほしいことや困ったことを表情やしぐさで表現する。[表現]	●保育者や友達との触れ合い遊びを喜び、同じ場所で遊んだり同じように動いたりすることを楽しむ。[協同] ●遊びや活動を楽しむ中で、友達との関わり方を知る。[規範] ●絵本を読んでもらうことを喜ぶ。[言葉]
★ 内容	●保育者と触れ合いながら、安心感を抱く。 ●気に入った場所や好きな遊びを見付けて遊ぶ。 ●保育者や5歳児の力を借りながら、基本的な生活習慣を身に付ける。	●好きな遊びを見付け、没頭して遊ぶ。 ●水の感触を楽しみ、水遊びに親しむ。 ●身近な素材に触れ、つくったりかいたりすることを楽しむ。 ●梅雨や夏の自然に興味をもって、見たり触れたりする。
環境構成	●一人一人がやりたい遊びを見付けられるように、様々なコーナーを設定し、玩具の数も十分にそろえる。 ●クラスで集まり、絵本や手遊びなどを全員で楽しんで、集団生活の楽しさを知るきっかけをつくる。 ●自分の持ち物の始末が分かるように、表示を写真つきにして、目に付く場所にはる。	●水を使った解放感がある遊びを取り入れる。 ●同じドレス、同じお面など、同じ物を自分たちで選んで遊べるよう、興味を引くものを環境として用意する。 ●遊びの興味が広がる時期なので、多様な遊びを設定する。
保育者の援助	●基本的な生活習慣に関しては、保育者がモデルとなって示す。 ●保育者が仲立ちとなり、友達と少しずつ関わりをもてるようにする。 ●感触遊びを一緒に楽しみ、解放感が得られるように配慮する。	●自分でしようとする気持ちを大切にし、自分で行ったときには認め、自信につなげる。 ●トラブルが起こったときには、両方の気持ちを聞いて受け止める。相手にも思いがあることに気付けるよう、配慮する。 ●みんなで生活をするために必要なことを伝える。

54 「幼児期の終わりまでに育ってほしい姿」の[健康]：健康な心と体　[自立]：自立心　[協同]：協同性　[規範]：道徳性・規範意識の芽生え　[社会]：社会生活との関わり　[思考]：思考力の芽生え

3期（10～12月）	4期（1～3月）
●語らいが増え、友達や保育者に話しかけながら遊ぶ。 ●友達への関心が深まり、クラス意識が出てくる。 ●自分の考えを押し通し、トラブルになることがある。	●冬の自然に親しみ、雪や寒さの中でも元気に遊ぶ。 ●自分たちで遊びを工夫し、充実感を得る。 ●進級への喜びや期待を抱き、自信をもって生活する。
●ごっこ遊びや簡単なルールのある遊びを楽しむ。規範 ●クラスのみんなで一緒に活動することを楽しむ。協同 ●異年齢児の遊びに興味をもち、触れ合いを楽しむ。協同	●友達と一緒に、共感し合いながら遊ぶことを楽しむ。協同 ●進級することに期待や喜びを感じる。自立 ●寒さに負けず、戸外で元気に遊ぶ。健康 ●友達の気持ちを、自分なりに考えながら遊ぶ。規範
●気の合う友達と、ごっこ遊びを楽しむ。 ●4、5歳児のしていることを見たり、まねをしたり、一緒にしてみたりする。 ●戸外で元気に遊ぶ。 ●応援したりされたりすることの心地よさを感じながら活動する。	●身近な用具などを、自分なりに工夫して使ったり、遊びに取り入れたりする。 ●困ったり泣いたりしている友達を、手助けしたりなぐさめたりする。 ●友達と同じようなイメージの中で、一緒に遊ぶ。 ●「大きくなった」ことを感じ、自信をもって、進級することに期待する。
●劇ごっこやルールのある遊びなど、みんなで共通のイメージをもてる遊びを取り入れる。 ●異年齢児の遊びに参加して、いろいろな活動に興味をもって楽しめるようにする。 ●身体表現の遊びを取り入れ、身近な動物や乗り物などになって表現することを楽しめるようにする。	●やりたいと思うことが十分できるように、時間的な余裕をもてる時間配分にする。 ●友達と関わって遊べるような伝承遊びやゲーム遊びを用意する。 ●チューリップの球根を植え、春に芽が出ることを楽しみに待てるようにする。 ●みんなの前で、自分の力を発揮し認めてもらえる場をつくる。
●季節の変化や、自然物のおもしろさなどに気付けるよう、声をかける。 ●できたことを十分にほめて、自信につなげる。 ●帰りの会などで、子どもたちの遊びや友達とのエピソードなどを紹介し、興味がもてるようにする。	●もうすぐ進級することを伝え、期待と喜びが感じられるように配慮する。 ●子どものイメージや工夫に驚いたり、共感したりしながら声をかける。 ●自然に接する機会を逃さず、見たり触れたりし、子どもの発見や驚きに共感する。

年間指導計画 ＊＊ 幼稚園 認定こども園

📖 記入のコツ!!

相手にも自分と同じように気持ちがあることに気付く時期です。でも、相手の気持ちをそのまま理解できるわけではありません。「自分なり」に考えてみることから相手への理解が始まるのです。

👂 保育のヒント

集まりの際、自分がしていた遊び以外の様子を聞くと、自分もやってみようと思ったり、自分の遊びが紹介されると嬉しい気持ちになったりします。友達に目を向け、視野を広げられるようにしましょう。

自然：自然との関わり・生命尊重　数字：数量や図形、標識や文字などへの関心・感覚　言葉：言葉による伝え合い　表現：豊かな感性と表現　を表しています。

保育園 **年間指導計画** **文例**

3歳児ならではの発達を踏まえ、集団としての育ちを見通して計画を作成します。
子どもたちの主体的な活動を大切にして、年間の計画を立てましょう。

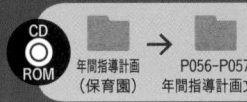

| CD ROM | 年間指導計画（保育園） | → | P056-P057 年間指導計画文例 |

♣ 年間目標

●食事、排泄、睡眠、衣服の着脱などの生活に必要な基本的な生活習慣を身に付ける。
●戸外でのびのびと体を動かして遊び、体を動かすことの楽しさを味わう。
●基本的な生活の仕方が分かり、園生活の流れに見通しをもって生活する。

●保育者や友達に親しみ、安定した気持ちで、好きな遊びを楽しむ。[協同]
●五感を使って環境と関わり、様々な感覚を味わう。[表現]

😊 子どもの姿

●走る、歩く、跳ぶなどの運動能力が育ち、戸外で体を動かして遊ぶことを楽しむ。
●身の回りのことを保育者にしてもらおうと甘える。
●解放的な遊びを楽しむ中で、行動が活発になり、抑えていた自我やわがままが表れる子が増える。友達との関わりが増えたことで、トラブルも増えている。
●運動会を経験し、友達と一緒にやり遂げる楽しさ、喜びを経験する。また、自分に自信をもち、身の回りのことを積極的に行う。
●積極的に「貸して」「入れて」「いいよ」という言葉を使い、日常生活において経験したことを取り入れたごっこ遊びを、友達とイメージを共有しながら行う。
●イメージが豊かになり、絵をかくことを楽しむ。
●友達の様子に目が向けられるようになったことから、友達と自分を比べてできないことに不安を感じたり、結果を予測して不安になったりする。
●保育者が促すことにより、うがい、手洗い、食事、排泄、着脱などの、基本的な生活習慣が身に付きつつある。

◆ ねらい

●生活の流れを知り、保育者に手助けされながら自分のことをしようとする。[健康]
●遊びや生活に、約束や決まり事があることを知る。[規範]

★ 内 容（養 護）

●新しい保育室に慣れ、安定して過ごす。
●一日の生活の流れを知り、安心して活動する。
●食事、排泄、午睡などの欲求が満たされ、快適な生活や遊びができる。
●保育者との信頼関係を感じ、ゆったりとした雰囲気の中で安心して過ごす。
●汗をかいたり、のどが渇いたりしたら、着替えたり水分補給をしたりする。
●保育者との信頼関係のもとで、自分の思いを安心して表現する。
●気温に応じて、衣服の調整をする。
●友達や保育者に、自分の思いを伝える。
●自分からあいさつをしたり、気持ちを伝えたりする。
●保育者に欲求を受け止めてもらいながら、生活の仕方を理解する。
●気温や体調に応じて、十分に休息を取る。
●生活の見通しをもち、自分でできることをする。
●健康や安全に気を付けて、安定した生活を送る。

★ 内 容（教 育）

●戸外遊びや排泄後に、手を洗ったり、がらがら、ぶくぶくうがいをしたりする。
●安心できる雰囲気の中で、十分に休息を取る。
●戸外遊びで十分に体を動かして遊ぶ。
●保育者や友達に親しみながら、好きな遊びを見付けて遊ぶ。

56　「幼児期の終わりまでに育ってほしい姿」の [健康]：健康な心と体　[自立]：自立心　[協同]：協同性　[規範]：道徳性・規範意識の芽生え　[社会]：社会生活との関わり　[思考]：思考力の芽生え

●保育者や友達と一緒に、簡単なごっこ遊びを楽しむ。

●保育者の援助を受けながら、衣類の着脱をする。

●集団で過ごす中で、簡単な決まりや約束を守ろうとする。

●午睡の習慣が身に付き、十分に休息を取る。

●友達との遊びの中で相手の気持ちを知ろうとする。

●夏の自然事象に関心をもち、水遊び、砂遊び、泥遊びなど自然の素材に触れて遊んだり、プール遊びなどでの解放感を味わったりする。

●気温の変化に気付き、保育者の手助けを受けながら衣服を調節したり、手洗い、うがいをしたりする。

●危険な場所や遊びを理解し、安全に気を付けて遊ぼうとする。

●遊具や用具の使い方を知り、友達と一緒に体を使って遊ぶ。

●4、5歳児の遊びをまねしたり、一緒に遊んでもらったりする。

●秋の自然に触れ、植物の色や形、小動物の変化などに気付き、季節の移り変わりに興味や関心をもつ。

●身近な自然物に関心をもち、触れたり集めたり並べたりして遊ぶ。

●保育者の手伝いをすることで、親切にすること、されることの喜びを知る。

●友達と一緒に遊びの場をつくったり探したりしながら、それぞれのイメージを出し合って遊ぶ。

●集団として一緒に行動することを楽しむ。

●身近な自然に興味や関心をもち、動植物を見たり触れたりする。

環境構成

●子どもの発達に応じた玩具(シールはり、ブロック、パズル、乗り物カード)を準備する。

●子どもの興味に応じた紙芝居を準備する。

●春の植物や、生き物を見るための準備をする。

●戸外に出た際は、保育者も楽しそうに体を動かす姿を示し、子どもも体を動かしたくなるような雰囲気をつくる。

●子どもに背を向けず、常に全体を見渡すことができる保育者の立ち位置を確保する。

●保育者同士も丁寧にあいさつを交わし、相手を思いやる気持ちを表して、子どももまねしたくなる雰囲気をつくる。

●着脱する機会が増えるので、着替えが十分に準備されているか確認する。

●タンバリンや鈴、カスタネットなどの楽器類を準備する。

●友達の優しさに目を向ける保育者の姿を示し、優しい気持ちがクラス全体に広がる雰囲気をつくる。

●雪遊び後、自分で防寒具の始末ができるようにハンガーを準備し、広い場所を確保する。

●子どもと一緒に作品を飾り、作品が仕上がったことに満足感や達成感を味わえるようにする。

 ## 保育者の援助

●家庭で呼ばれている呼び方で親しみをもって子どもの名前を呼び、保育者からあいさつしたり、話しかけたりし、子どもが自分の気持ちを安心して表すことができるようにする。

●子どもの興味に応じた玩具を準備し、好きな遊びを見付けて楽しめるようにする。また、遊びを見付けられない子には「○○して遊ぼうか」と、具体的な玩具を示して遊びに誘う。

●トラブルの際は、子どもの様子を見ながら仲介して互いの気持ちを受け止め、保育者が思いを言葉にして知らせる。

●プール遊びの際は、フープや水鉄砲など様々な玩具を準備し、十分に楽しめるようにする。水に慣れていない子、苦手な子には手をつないだり、抱っこしたりするなど、保育者が付いて、少しずつ水に慣れることができるようにする。

●手洗いの際は、指の間や手の甲などを丁寧に洗っている姿を具体的にほめ、健康を意識して手洗いができるように働きかける。

●保育者が思いきり雪遊びを楽しむ姿を示し、子どもも「遊んでみたい」「楽しそう」という気持ちになるようにする。

●できるようになったことや努力したことを、個々にほめる。

自然:自然との関わり・生命尊重　数字:数量や図形、標識や文字などへの関心・感覚　言葉:言葉による伝え合い　表現:豊かな感性と表現　を表しています。

年間指導計画 文例

認定こども園
幼稚園

一年間を通して、どのように子どもに接したらよいのかについて、子どもの姿や
発達過程、行事などを総合的にとらえながら計画を立てます。

P058-P059
年間指導計画
（幼稚園・こども園）
CD-ROM

♣ 年間目標

- 安心感をもって、園生活を送る。
- 友達と一緒に遊ぶ楽しさを味わう。
- 保育者と触れ合い、楽しみながら、自分の気持ちを言葉で表現する。
- 好きな園生活を楽しむ中で、自分を発揮する。
- 身近な自然や動植物に触れ、親しみをもつ。
- 園生活の流れがわかり、自分でできることは自分で行い、基本的生活習慣を身につける。

♦ ねらい

- 保育者を仲立ちとし、好きな遊びを見つけて遊ぶ。**信頼**
- 園でのいろいろなあそびを、様々な方法で表現して楽しむ。**表現**
- 小動物との触れ合いを楽しむ。**自然**
- 自分の思いを言葉にして伝えたり、相手の気持ちを聞いたりする。**言葉**
- 保育者や友達の話に耳を傾け、興味を持ちながら聞く。**協調、聞回性**

★ 内 容

- 保育者と一緒に、好きな遊びを楽しむ。
- 園内の生活の仕方を身に付け、流れを知ってすごす。
- 砂場をもって、ものの使い方を知る。
- ほかん、クレヨン、のりの使い方を知る。
- 好きな遊びに没頭する。
- 保育者と一緒に、感覚遊びを楽しむ。
- リズムにのせて、体を動かす遊びを楽しむ。
- 歌や手遊びのまねをして遊ぶ。
- いろいろな素材に触れての感触遊びや素材遊びを楽しむ。
- 行事に参加して、みんなで遊ぶ楽しさを楽しむ。
- 植物や生き物に触れ、興味や関心をもつ。
- 体を動かして遊ぶ楽しさを楽しむ。
- 友達と一緒に、ごっこ遊びを楽しむ。
- 砂や泥に触れて遊んだり、水遊びを楽しむ。
- 水遊びを通して水の気持ちよさ、水遊びの楽しさを感じる。
- 行事の由来を知り、様々な色な活動をする。
- 簡単なルールのある集団遊びを楽しむ。
- 友達の表情や意識を感じながら遊ぶ。
- 季節感を活動に取り入れる。
- 自分から活動的なイメージを、言葉にしたり体を動かしたりする。
- 4歳児クラスに進級することに期待をもつ。

☺ 子どもの姿

- 毎日の登園のとき、まだ自分から離れられない。
- いろいろなことに興味を示し、目新しい物を見付け次に遊ぶ。
- 自分の好きな遊びを楽しみながら、他児の存在に付く。
- 好きな遊びを見つけて、その楽しさを味わうことで、徐々に自分を発揮する。
- 自分で活動を選んで遊ぶが、遊びや環境を開き、楽しみをもつ。
- 遊びの中で「入れて」と自分から言えるようになる。
- 言葉を使って、歌ったり楽しむなど、運動遊びを楽しむ。
- 気の合う友達との遊びの固まりになり、イメージを共有する。
- 新しい遊びを楽しむようになり、保育者がかわり遊びに入れないこともある。
- 遊びに進展をつけたり、自分たちの遊びを進めたりするようになる。
- 進級に期待をもち、年少組に遊びに行く。
- 進級に期待をもち、4、5歳児組の遊びから興味くさい様子を実現をもって、自分たちの遊びを発展さえる。
- 今までできなかったことに挑戦し、認められる喜びを感じる。
- ここでも楽しみをもったりする。

58

自立：健康な心と体 **人間**：健全な生活の育ち **環境**：環境 **言葉**：言葉による伝え合い **表現**：豊かな感性と表現

- 外遊びで自然に親しみながら、体を動かして遊ぶ。
- 友達と一緒に、同じ遊びをすることを楽しむ。
- 枝や葉、木の実、石などの自然物を使って、遊びや製作を楽しむ。
- 花や木々の緑を目にしたり、昆虫を見付けたりして春の自然に親しむ。
- 保育者や友達に親しみをもち、名前を覚える。
- 保育者と触れ合い遊びを楽しむ。
- 気に入った玩具を見付け、心ゆくまで遊ぶ。
- 冬の寒さを感じながらも戸外で体を動かして遊んだり、雪が降ったときには雪遊びを楽しんだりする。
- イメージしたものになりきり、ごっこ遊びを楽しむ。
- 衣服の着脱や食事の支度を自分で行ったり、保育者に手伝ってもらったりする。
- 友達と遊ぶために必要な言葉を知り、その場に応じて使う。
- 園生活の流れが分かり、持ち物の収納場所、着替え、昼食の準備、遊んだ後の片付け、帰りの支度などを自分でしようとする。
- 友達と関わる中で、自分の思いどおりにならないことがあると知り、相手にも思いがあることに気付く。
- クラスの友達と、簡単なルールのある遊びを楽しむ。
- 発表会を楽しみにしながら準備をする。
- 集団で遊ぶ楽しさを感じる。

環境構成

- 子どもが安心できるような遊具や、興味をもって没頭できるような遊びを用意する。
- 保育室内に子どもたちが動きやすい動線をつくり、備品は分かりやすく配置する。
- リズムに合わせて踊ったり、感覚遊びをしたりできるような道具を用意する。
- 玩具の数はなるべく多めに用意し、満足して遊べるようにする。
- 見立て遊びや、なりきって遊べるような素材（新聞紙、スズランテープ、カラーポリ袋など）を用意する。
- 保育室の使い方や、玩具や道具の片付け方などを話し、意識できるようにする。
- 歌、体操などは子どもたちがなじみやすい曲、親しみのある曲を選ぶ。

- 自分で遊びを見付けたり遊びだしたりしやすいように、家庭にありそうな玩具や、未就園児が集まる会での玩具など、なじみのある玩具を用意しておく。
- 秋の自然物を使って製作をしたり、遊んだりできるように、道具をそろえておく。
- 持ち物の始末が自分でできるように、どこに何を入れるのかを分かりやすく掲示しておく。
- 遊び場が広がるように、ござやビニールシートなどを用意する。

保育者の援助

- 入園した喜びを受け止め、意欲的に遊んでいる姿を認める。
- 一人一人の居心地のよい場所を認め、安心して遊べるように援助する。
- 身支度や生活習慣を知らせるときは、丁寧に優しく一つ一つ伝え、一緒に行う。
- 遊びを通して、いろいろな子どもに関われるように援助する。
- アイデアを子どもと出し合い、遊びに取り入れる。
- 子どもの気持ちを聞き、うまく言葉で表せないときは、整理したり代弁したりする。
- できるようになったことを認め、自信がもてるようにする。
- 仲間意識がもてるような言葉をかけたり、遊びを取り入れたりする。
- 同じ目的をもって活動できるように、友達と話す機会を設け、保育者が仲立ちしながら話を進める。
- 簡単なルールのある遊びをする際は、丁寧にルールを説明し、保育者も一緒に楽しむ。
- 季節の移り変わりを感じられるように、外遊びや散歩に出かける機会をもつ。
- 子どもの言葉や表情、態度から思いを受け止め、共感をもちつつ適切な対応をする。
- トラブルの際は、間に保育者が入り、自分の気持ちを伝えたり相手の気持ちを受け止めたりできるように援助する。
- 一年の成長を認め、自分が大きくなったことの喜びを感じられるようにする。

自然：自然との関わり・生命尊重　数字：数量や図形、標識や文字などへの関心・感覚　言葉：言葉による伝え合い　表現：豊かな感性と表現　を表しています。

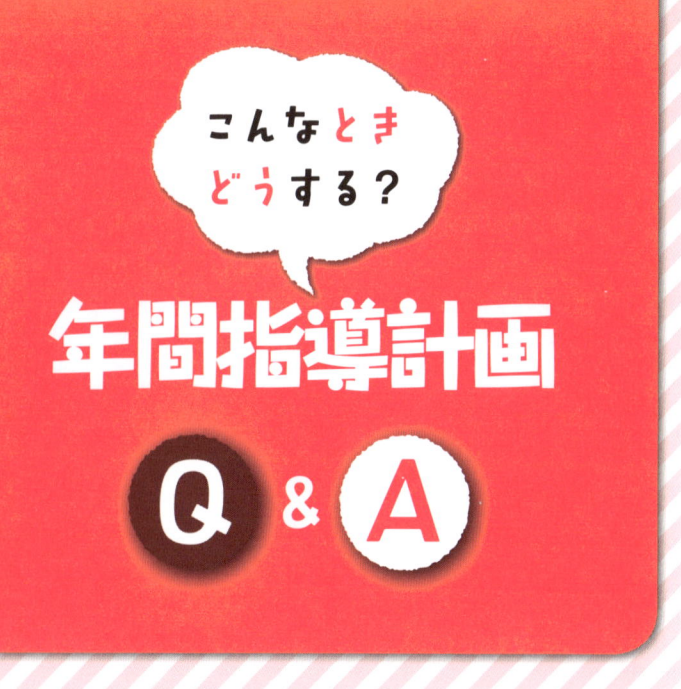

年間指導計画 Q&A

こんなとき どうする？

Q 幼稚園から保育園に移りました。年間計画で異なる点はありますか？

A 園によって項目に違いがある

保育園では、内容を「養護」と「教育」に分けて書く場合があります。また、保育時間が長いので、午睡や夕方の配慮、室温や湿度の調整などについても記述します。園によって年間計画の形式は違いますので、その園の方針や慣例に従い、必要な項目について計画を立てていきましょう。

Q 「年間目標」が毎年同じようになってしまいます。見直しのポイントを教えてください

A 前年度の「評価・反省」を読み返してみる

月、週、日などの計画ごとに「評価・反省」を書いていますから、読み返してみましょう。年間目標が妥当であれば毎年変える必要はありません。担任間で相談し、今年度はぜひここに重点を置きたいということがあれば、「内容」を見直すとよいでしょう。

Q 年間の4期を通じて、同じ「ねらい」「内容」でもいいですか？

A 4期に分け、細分化した「ねらい」「内容」を記入する

4期を通じて同じであれば、それは年間の「ねらい」「内容」です。わざわざ4期に分けてあるのですから、その「ねらい」「内容」を更に細分化して書いたほうがよいでしょう。言葉で示せるということは、一つ一つ先の見通しがついているということなのです。

第3章

月案の立て方

クラスで一つ作成する「月案」は、4月から3月までの12か月を、
表と各月の文例付きで紹介しています。

3歳児の月案

おさえたい ③ つのポイント

月ごとに特に力を入れて保育をする視点を書き表す月案。前月と同じ記述では意味がありません。当たり前のことにならないよう、その月独自の記述を目指しましょう。

❶ やりたいことができる生活を

「自分で考えて自分で行動する」という主体的な生活ができるように、やりたいと思ったことに取り組める生活を準備します。嫌々させられているのでは、子どもは育ちません。豊かな経験をするためには、保育者が環境で誘い、やりたい気持ちに導くことも大切です。

❷ 言葉のやり取りを楽しむ

著しく言葉が発達する時期です。いろいろな言葉をシャワーのように楽しく聞ける環境をつくりましょう。絵本の読み聞かせもたっぷりと、また、子どもから言葉を引き出し、やり取りを楽しみます。子ども同士のやり取りの橋渡しもしていきましょう。

❸ みんなで遊ぶ時間も大切に

一人で遊ぶのも楽しいけれど、クラスのみんなで遊ぶのも楽しいと思えるように、ゲームやダンスなど、みんなで活動する時間を計画の中に組み入れます。そこで出会った友達と、心が通じ合う場面もあります。みんなと一緒にいるのは心地よいと感じる経験をつくりましょう。

保育園

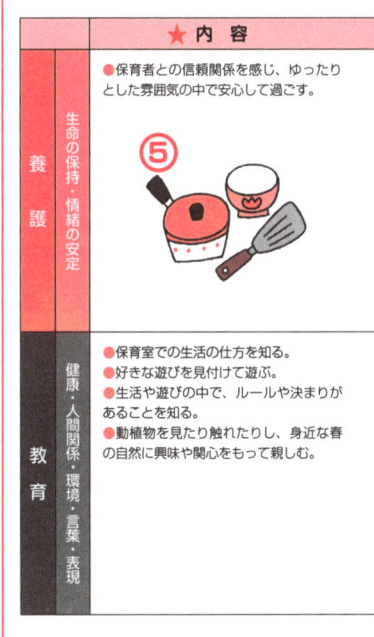

😊 今月初めの子どもの姿
- ブロック、ままごとなど、友達と同じ遊びを共有する姿が見られるが、平行遊び①。友達の姿を観察し、模倣する。
- 援助を要するものの身の回りのことを自分でしようとする。

		★ 内 容
養 護	生命の保持・情緒の安定	● 保育者との信頼関係を感じ、ゆったりとした雰囲気の中で安心して過ごす。⑤
教 育	健康・人間関係・環境・言葉・表現	● 保育室での生活の仕方を知る。 ● 好きな遊びを見付けて遊ぶ。 ● 生活や遊びの中で、ルールや決まりがあることを知る。 ● 動植物を見たり触れたりし、身近な春の自然に興味や関心をもって親しむ。

▼ 食 育

〈ねらい〉● 楽しい雰囲気の⑨んなと食事をする。
〈環境構成〉● 子どもの座る席を決め、安心して食べられるようにする。
〈予想される子どもの姿〉● 友達と会話をしながら食べる。
〈保育者の援助〉● 友達や保育者と一緒に、食事をすることが楽しいと感じられるよう話題を提供する。

---

① 前月末の子どもの姿
前月末の園生活における子どもの育ちの姿をとらえます。興味や関心、どんな気持ちで生活しているのかなどを詳しく書きます。※ 4月は「今月初めの子どもの姿」となります。

② ねらい／月のねらい
今月、子どもたちに育みたい資質・能力を、生活する姿からとらえて書きます。本書は「幼児期の終わりまでに育ってほしい姿」と関連のある「ねらい」にマークを入れています。

③ 月間予定
園またはクラスで行われる行事を書き出します。

④ 週のねらい（幼稚園・認定こども園）
今週、「子どもの中に育つもの・育てたいもの」です。どのように心情・意欲・態度が育つのかを踏まえて、「ねらい」を立てます。

⑤ 内容
「ねらい」を達成するために「経験させたいこと」です。環境に関わって展開する具体的な活動を通して総合的に指導されるものです。

⑥ 環境構成
「ねらい」を達成するために「内容」を経験させる際に、どのような環境を設定したらよいかを具体的に書きます。

⑦ 予想される子どもの姿（保育園）
環境構成された場に子どもが入ると、どのように動き、どのように活動するのかを予想して書きます。

⑧ 保育者の援助
「ねらい」を達成するために「内容」を経験させる際に、どのような保育者の援助が必要かを具体的に書きます。

⑨ 食育
「食育」のための援助について、環境のつくり方から保育者の言葉かけまで、具体的に書きます。

⑩ 職員との連携
担任やクラスに関わる職員間で、子どもや保護者の情報を共有したり助け合ったりできるよう、心構えを記します。

⑪ 家庭との連携
保護者と園とで一緒に子どもを育てていくうえで、伝えることや尋ねること、連携を図って進めたいことについて記載します。

⑫ 評価・反省
翌月の計画に生かすため、子どもの育ちの姿を通して、「ねらい」にどこまで到達できたか、援助は適切だったかを振り返って書き留めます。

幼稚園・認定こども園

◆ ねらい
- ② 園の生活○○が分かり、安心して快適に生活する。[健康]
- 春の自然○○戸外遊びを楽しみ、体を動かす楽しさを味わう。[自然]
- 保育者や友達に親しみ、安定した気持ちで好きな遊びを楽しむ。[健康]

📖 月間予定 ③
- ●入園式・進級式　●身体測定
- ●交通安全指導　●誕生会
- ●おにぎり遠足　●避難訓練

🧩 環境構成	😊 予想される子どもの姿	✋ 保育者の援助
●子どもの話しかけやサインに、目線を合わせて優しい笑顔で応答する。 ●保育者は自分の不安な気持ちを分⑥かってくれている、という安心感が味わえるような○○雰囲気をつくる。	●泣いて登園する。 ●急に泣きだすが、自分の思いを伝えられず泣きつづける。 ●保育者に抱っこやおんぶを求める。 ●「さみしくなっ⑦○○」と言葉で言う。	●泣いて登園するのは当たり前なので、保育者は「バイバイするの悲しいよね、もっと一緒にいたかったよね」と子どもの気持ちに寄り添う。また、「バイバイした⑧○チネ」と、毎朝同じパターンで○○るようにし、泣かずにバイバイできたら、みんなの前で「○ちゃんね、泣かずにバイバイできたんだよ。かっこいいね！」とほめ、自信が明日へとつながるようにする。 ●全員にしっかりと目を向け、嬉しい気持ちに共感し、困っている気持ちはくみ取り、個々の思いを満たす。
●給食前、午睡前にすることを図示した手順表をつくり、はる。 ●前年度のクラスで遊んでいた玩具○準備し、安心できる環境をつくる○ブロック、パズルなど）。 ●保育者は子どもに背を向けず、常に全体を見渡せる場所にいる。 ●春の動植物がのっている絵本や、図鑑を準備する。 ●春の花（チューリップ、スイセン）○を保育室に飾っておく。 ●タンポポなど、散歩で拾った草花○を入れる容器を準備する。	●制服や帽子、カバンを床や机など様々な場所で脱ぎ、そのままにする。 ●「○○で遊びたい」と言う。 ●遊びが見付からず他児の姿を見たり、その姿をまねたりして遊ぶ。 ●走って他児とぶつかり、転ぶ。 ●他児に注意されて怒る。 ●色鉛筆を持って保育室内を走るなど、危険な遊びをする。 ●花壇の花や、木の実を取る。 ●虫を怖がるが、見たがる。 ●見付けた動植物を「家に持ってかえりたい」と言う。	●「○ちゃんの制服、床に置くとホコリだらけになっちゃうよ」と優しく声をかけ、一緒に持ち物の整理をする。 ●遊びが見付からない子に対し、「ブロックで一緒に遊ぼうか」など、具体的な玩具を示して一緒に遊ぶ。 ●遊意欲を損なわないようにルールを端的に伝え、危険な際は注意する。 ●つんでもいい花といけない花があることを伝え、「きれいだね」などと美しさを感じられるように働きかける。 ●生き物は室内で観察をした後、自然に返し、発見した喜びを十分に味わう。

🔄 職員との連携 ⑩
- ●子ども○○の様子、排泄の状態など○を細かく○○し合う。
- ●一人一人が安心して過ごせるよ○○度の担任から性格や好きなことを○伝え聞き、把握する。
- ●全体を見る保育者と、排泄や手洗○見る保育者など、リーダーとサブ○○担当するが、そのときの状態に○○機応変に対応する。

🏠 家庭との連携 ⑪
- ●家○○の日程を、調整する。
- ●一人一人の園での様子を口頭や連絡帳

🔖 評価・反省 ⑫
- ●○人の情緒の安定を大切にし、安心して過ごすことを一番に考えた。

👩 今月初めの子どもの姿 ①
- ●初めての園生活を楽しみにしている反面、新しい環境に不安や緊張感を抱いている。
- ●身の回りの始末の仕○○に個人差がある。

◆ 月のねらい ②
- ●保育者に親しみをもち、好きな遊びをして、安心して過ごす。[健康]
- ●保育者と一緒に生活の場や流れ○○、自分で持ち物の始末を行う。[自立][規範]
- ●園生活の流れを知る。[健康]

📖 月間予定 ③
- ●導入保育　●身体測定
- ●入園式　●面談
- ●懇談会　●○○訓練

	第1週	第2週	第3週	第4週
◆ 週のねらい	●導入保育や入園式に参加し、園生活を楽しみにする。 ●自分のマー○○生活の場、クラス、保育者を知る。	●保育者と触れ合い、親しみを感じる。 ●好きな遊びを見付けて楽しむ。	●身の回りのことを自分で行う。 ●園生活の流れを感じながら、生活の仕方を知る。	●みんなでお弁当を食べる楽しさを知る。 ●保育者や友達と戸外の気持ちよさを感じ、自然や生き物に親しむ。
★ 内容 ⑤	●親子で導入保育、入園式に参加する。 ●保育者と一緒に、手遊びや歌を楽しむ。 ●保育者やクラス○○名前を知る。 ●自分のマー○○ロッカーの場所を知る。	●保育者と持ち物の始末をする。 ●保育者と触れ合い、一緒に遊ぶ。 ●自分の興味のある遊びを探す。 ●保育者と共に排泄や手洗いを行う。	●リズムにのって体を動かすことを楽しむ。 ●歌や絵本、クラスの集まりなどを、友達と一緒に楽しむ。	●5歳児に生活の歌を歌ってもらったり、お弁当の支度を手伝ってもらったりして交流する。 ●ダンゴムシやタンポポを見付ける。
🧩 環境構成 ⑥	●ロッカーや靴箱、持ち物にマークを付けたり記名したりする。 ●保育室が楽○○雰囲気になるよう、壁面装飾をする。 ●保育室、園庭の清掃と安全点検をする。	●気持ちが安定するよう、感触遊びの素材や、ふだん家庭で経験している玩具を十分に用意する。 ●生き物や植物に関心が向くよう、身近な場所に置く。 ●思わず遊びたくなるように、玩具を配置する。	●小麦粉粘土や絵の具のスタンピング、リズム遊びなど、感覚や感触を楽しめる遊びを用意する。 ●絵本や手遊びなどは、くり返しがある分かりやすいものを選び、みんなで楽しめるようにする。	●こいのぼりに興味をもち、つくって遊べるよう、コーナーに紙やクレヨンを用意する。 ●お弁当の支度は、絵や写真を使って分かりやすいように表示する。 ●虫を入れるケースや、草花を持ってかえるための袋を用意する。
✋ 保育者の援助 ⑧	●子どもが安心できるよう、笑顔で迎える。 ●パペットや人形を使い、楽しく分かりやすい雰囲気の中で話をする。 ●園内を子ども○一緒に歩き、トイレや手洗い場などの場○○伝える。	●一人一人の名前を呼び、スキンシップを心がけ、安心できるようにする。 ●保護者と離れられない子は、無理に離さず、保育室まで保護者に付き添ってもらうなど、個々に対応する。 ●排泄や手洗い、身の回りの始末などは、一人一人の様子に応じて手伝ったり見守ったりする。	●リズム遊びは保育者自身が豊かな表現をして、楽しい雰囲気をつくる。 ●一人一人の気持ちを受け止めながら、安定して没頭できる遊びに誘う。 ●排泄は個人差が大きいので、時間を見て全体に促したり、個別に声をかけたりして一緒に行う。	●一人一人の呼びかけに応じるとともに、クラスの集まりで名前を呼んで紹介したり、遊びを通して友達と関わりがもてるように配慮する。 ●お弁当では、楽しい雰囲気を心がけ、食べられたことを認める。 ●避難訓練では、怖がらないで行えるよう、配慮する。

♥ 食育 ⑨
- ●お弁当では、みんなで食べる楽しい雰囲気を感じられるよう、配慮する。
- ●食べられたことに喜び○○じられるような言葉をかける。
- ●保護者と連携し、食べられたことに達成感を得られるよう、初めは好きな物を入れてもらうように話す。

🔄 職員との連携 ⑩
- ●子どもの不安な気持ちを十分に受け止められるよう○○以外の職員間でも連携を図る。
- ●大きい子を頼って、5歳児クラスに行く子には、保育者間で連絡を取り合い、状況を受け入れる。
- ●懇談会や個人面談での情報を共有し、

🏠 家庭との連携 ⑪
- ●懇談会や個人面談を通して、家での様子や性格、好き○○家庭での気になることを聞いてお○。
- ●母子分離ができない子や、不安が大きい子どもの保護者に、園での様子や状況を知らせる。

🔖 評価・反省 ⑫
- ●不安な子の気持ちを受け止めてスキンシップを図り、興味○○るようなものを遊びに取り入れたこと○○不安がやわらいだ。
- ●園生活の仕方は、個別に声をかけながらくり返し知らせていく必要がある。
- ●遊びの幅が少しずつ広がってきたので、物の取り合いなどが増えた。友達との関わ

保育園 4月 月案

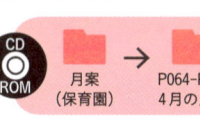

CD ROM 月案（保育園） → P064-P065 4月の月案

4月の月案 ここがポイント！

保育者との信頼関係を大切に

　2歳児クラスには保育者が複数いて、何かがあるとかけつけてくれましたが、3歳児クラスになると保育者の割合が減ります。そのことで不安になる子どももいるでしょう。保育者を必要としている子を優先しながらも、一人一人との信頼関係を築くことを大切にしましょう。あまり近寄ってこない子にも、「見ているよ」というメッセージを伝えます。安心して自分のしたい遊びができるように見守りましょう。

4月月案 すみれ組

😊 今月初めの子どもの姿

● ブロック、ままごとなど、友達と同じ遊びを共有する姿が見られるが、平行遊びが多い。友達の姿を観察し、模倣する。
● 援助を要するものの身の回りのことを自分でしようとする。

		★ 内 容
養護	生命の保持・情緒の安定	● 保育者との信頼関係を感じ、ゆったりとした雰囲気の中で安心して過ごす。 
教育	健康・人間関係・環境・言葉・表現	● 保育室での生活の仕方を知る。 ● 好きな遊びを見付けて遊ぶ。 ● 生活や遊びの中で、ルールや決まりがあることを知る。 ● 動植物を見たり触れたりし、身近な春の自然に興味や関心をもって親しむ。

🍴 食 育

〈ねらい〉● 楽しい雰囲気でみんなと食事をする。
〈環境構成〉● 子どもの座る席を決め、安心して食べられるようにする。
〈予想される子どもの姿〉● 友達と会話をしながら食べる。
〈保育者の援助〉● 友達や保育者と一緒に、食事をすることが楽しいと感じられるよう話題を提供する。

「幼児期の終わりまでに育ってほしい姿」の 健康：健康な心と体 自立：自立心 協同：協同性 規範：道徳性・規範意識の芽生え 社会：社会生活との関わり 思考：思考力の芽生え

◆ ねらい

● 園の生活の流れが分かり、安心して快適に生活する。[健康]
● 春の自然の中で戸外遊びを楽しみ、体を動かす楽しさを味わう。[自然]
● 保育者や友達に親しみ、安定した気持ちで好きな遊びを楽しむ。[健康]

📋 月間予定

● 入園式・進級式　　● 身体測定
● 交通安全指導　　　● 誕生会
● おにぎり遠足　　　● 避難訓練

4月
‥‥‥
月案 ＊ 保育園

🪑 環 境 構 成	😊 予想される子どもの姿	👕 保育者の援助
● 子どもの話しかけやサインに、目線を合わせて優しい笑顔で応答する。 ● 保育者は自分の不安な気持ちを分かってくれている、という安心感が味わえるような優しい雰囲気をつくる。	● 泣いて登園する。 ● 急に泣きだすが、自分の思いを伝えられず泣きつづける。 ● 保育者に抱っこやおんぶを求める。 ● 「さみしくなった」と言葉で言う。	● 泣いて登園するのは当たり前なので、保育者は「バイバイするの悲しいよね、もっと一緒にいたかったよね」と子どもの気持ちに寄り添う。また、「バイバイしたらタッチね」と、毎朝同じパターンで別れるようにし、泣かずにバイバイできたら、みんなの前で「○ちゃんね、泣かずにバイバイできたんだよ。かっこいいね！」とほめ、自信が明日へとつながるようにする。 ● 全員にしっかりと目を向け、嬉しい気持ちに共感し、困っている気持ちはくみ取り、個々の思いを満たす。
● 給食前、午睡前にすることを図示した手順表をつくり、はる。 ● 前年度のクラスで遊んでいた玩具を準備し、安心できる環境をつくる（ブロック、パズルなど）。 ● 保育者は子どもに背を向けず、常に全体を見渡せる場所にいる。 ● 春の動植物がのっている絵本や、図鑑を準備する。 ● 春の花（チューリップ、スイセン）を保育室に飾っておく。 ● タンポポなど、散歩で拾った草花を入れる容器を準備する。	● 制服や帽子、カバンを床や机など様々な場所で脱ぎ、そのままにする。 ● 「○○で遊びたい」と言う。 ● 遊びが見付からず他児の姿を見たり、その姿をまねしたりして遊ぶ。 ● 走って他児とぶつかり、転ぶ。 ● 他児に注意されて怒る。 ● 色鉛筆を持って保育室内を走るなど、危険な遊びをする。 ● 花壇の花や、木の実を取る。 ● 虫を怖がるが、見たがる。 ● 見付けた動植物を「家に持ってかえりたい」と言う。	● 「○ちゃんの制服、床に置くとホコリだらけになっちゃうよ」と優しく声をかけ、一緒に持ち物の整理をする。 ● 遊びが見付からない子に対し、「ブロックで一緒に遊ぼうか」など、具体的な玩具を示して一緒に遊ぶ。 ● 遊ぶ意欲を損なわないようにルールを端的に伝え、危険な際は注意する。 ● つんでもいい花といけない花があることを伝え、「きれいだね」などと美しさを感じられるように働きかける。 ● 生き物は室内で観察をした後、自然に返し、発見した喜びを十分に味わう。

🔄 職員との連携

● 子どもの遊びの様子、排泄の状態などを細かく伝達し合う。
● 一人一人が安心して過ごせるよう、前年度の担任から性格や好きなことなどを伝え聞き、把握する。
● 全体を見る保育者と、排泄や手洗いを見る保育者など、リーダーとサブの役割分担をするが、そのときの状態に応じて臨機応変に対応する。

🏠 家庭との連携

● 家庭訪問の日程を、調整する。
● 一人一人の園での様子を口頭や連絡帳で伝え、家庭内で園の話をしているかなど、双方で連絡を取り合い、安心して過ごせるようにする。
● 個々の排泄の状態を聞き、一人一人に応じた援助や促しができるようにする。

🏷 評価・反省

● 一人一人の情緒の安定を大切にし、安心して過ごすことを一番に考えた。
● 戸外遊びは、子どもの気持ちをリラックスさせると分かったので、園が楽しいと感じられるよう、散歩に行くなど戸外遊びの時間を多く設け、体を動かして遊べるようにした。
● 5月は連休もあるので、再度、園に慣れるようにゆったり生活し、手洗い・うがいの方法を紙芝居などで伝えていきたい。

[自然]：自然との関わり・生命尊重 [数字]：数量や図形、標識や文字などへの関心・感覚 [言葉]：言葉による伝え合い [表現]：豊かな感性と表現　を表しています。

65

保育園 5月 月案

月案（保育園） → P066-P067 5月の月案

5月の月案 ここがポイント！

行動範囲の広がりを意識して

さわやかな風に誘われ、子どもは好奇心を働かせながら、外へ出たり他のクラスをのぞいたりすることでしょう。そんな子どもの興味や関心をキャッチして、友達と関われる遊びを用意したり、他のクラスの遊びに入れてもらったりと、成長に必要な経験を重ねられるように配慮しましょう。他のクラスの保育者との連携も大切です。けがに注意しながら、好奇心を満たせるような生活を保証していきましょう。

5月月案 すみれ組

前月末の子どもの姿

●友達との関わりを自らもとうとする。保育者との信頼関係を深めつつ、不快な気持ちは表情やしぐさで伝えようとする。
●「貸して」「入れて」などの言葉で、友達と関わろうとする。

		★ 内　容
養護	生命の保持・情緒の安定	●初歩的な健康や安全の習慣に、徐々に慣れる。 ●食事、排泄、午睡などの欲求が十分に満たされ、快適な生活や遊びをする。
教育	健康・人間関係・環境・言葉・表現	●戸外遊びや排泄後、保育者に促されながら、手を洗ったり、がらがらうがいをしたりする。 ●「入れて」「貸して」など、遊びに必要な言葉を使う。 ●季節の行事に興味をもち、集会に参加したり製作をしたりして遊ぶ。 ●土、砂、粘土、水など変化する素材に触れ、形を変えたり何かに見立てたりしてつくることを楽しむ。

食　育

〈ねらい〉●正しい姿勢で食事をする。
〈環境構成〉●子どもの足が床に届いているように、高さを調整する。
〈予想される子どもの姿〉●スプーンやフォークを持って、姿勢よく食事をする。
〈保育者の援助〉●食具を持っていない手で、茶碗を持つことができるように、保育者が見本を見せる。

「幼児期の終わりまでに育ってほしい姿」の 健康：健康な心と体　自立：自立心　協同：協同性　規範：道徳性・規範意識の芽生え　社会：社会生活との関わり　思考：思考力の芽生え

◆ ねらい

- 生活の流れを知り、保育者に手助けされながら自分のことをする。健康
- 好きな遊びを見付け、保育者や友達と一緒に遊ぶ。協同

📋 月間予定

- こどもの日の集い
- 親子遠足
- 身体測定
- 交通安全指導
- 避難訓練
- 誕生会

🪑 環 境 構 成	👧 予想される子どもの姿	🎒 保育者の援助
●保育者もコップを準備してうがいをする姿、指先を洗うことを意識しながら手を洗う姿、園でのルールを守る姿を示す。 ・登園した際は、のどのばい菌をやっつけるためにうがいをすること ・保育室内は歩くこと ・戸外に出る際は帽子をかぶり、熱中症対策をすること　など	●うがいをするが、衣服が濡れる。 ●保育者のまねをする。 ●棚を移動させて、その後ろへ入り込んだり、机の上にのぼってジャンプしたりするなど危険な遊びをする。 ●「おなかすいた」と言い、給食を食べたがる。 ●自分の思いを言葉で伝えられず、表情やしぐさで保育者に伝える。 ●おもらしを伝えられず、遊び続ける。	●水を吐き出す方法を伝える。うがいの必要性を子どもに分かる言葉で伝えて習慣化していく。 ●危険な遊びを再現し、それがどのように危険かを保育者がやってみせる。実際に自分の目で見ることで、約束を守る意識につなげる。 ●排泄で失敗した子には「びっくりしたね。大丈夫だよ。きれいにしようね」と優しく声をかけ、不快感を取り除けるようにする。
●手洗い手順表を準備する。子どもが意識しやすいように大きさや配色、はる位置に配慮する。 ●指の間、手の甲など、保育者も意識して手を洗う姿を示す。 ●「貸して」「いいよ」「ありがとう」の言葉を、保育者も笑顔で使い合う。 ●製作の材料を準備し、子どもが取り出しやすいように並べる。 ●行事に応じた紙芝居を準備する。 ●様々な素材に触れて、保育者も遊ぶ。 ●土や砂、水で遊ぶ際は、たらいに水を張り、タオルを準備する。	●手順表を見ながら手を洗ったり、水で手を濡らしただけだったりする。 ●何度もせっけんを出して水遊びをする。 ●「『いいよ』と言ってくれない」と保育者に泣いて訴える。 ●保育者に「先生、○○ほしい」と他児が遊んでいる玩具を使いたいことを伝える。 ●室内のこいのぼりに触りたがる。 ●手が汚れる感触を嫌がり「○ちゃん、しない」と言う。 ●動物などに見立てて粘土でつくったり、友達のつくった形をまねたりする。	●「○ちゃん、手順表を見て手洗いしているね」など意識的に声をかけ、その姿が他児にも伝わるようにする。 ●せっけんは1回、とルールを決める。 ●「○ちゃん、入れてって言ったら、△ちゃんがいいよって言ってくれたね。嬉しかったね」と、好ましい行動を言葉にして伝える。 ●保育者が活動を提案するが、子どもの「つくってみたい」という気持ちから活動に入れるよう、その気持ちが芽生えるような保育室内の環境や、保育者の働きかけを工夫する。

⇄ 職員との連携

- 製作や遊びの場面では、担当する机や遊びを決め、子どもの発達や様子、友達同士の関わりを伝達し合う。
- ルールの確認を行い、自己主張に対しての対応を一貫して行えるよう、十分に話し合う。
- 子どもは常に大人のやり取りを見ていることを意識し、保育者間でも丁寧な言葉づかいを意識する。

🏠 家庭との連携

- 親子遠足の日程や内容を伝え、親子で楽しめるようにする。
- 動きやすく、衣服の調節をしやすい格好で登園してもらうように伝える。また、着替えを多めに準備してもらう。
- 3歳児の特徴として、様々なことが知りたくなる知識欲の高まりについて知らせ、子どもとのやり取りを楽しんでもらうように伝える。

🏷 評価・反省

- 新入園児は少しずつ園での生活に慣れ、継続児は進級した不安から様々なことに対する意欲が低下し、甘えや自己主張が多くなった。その中で、視覚に訴える手洗い手順表を利用し、やってみようと思えるような環境を工夫して、できたらほめ、自信や次への意欲につながるように働きかけた。
- 友達との関わりも多くなったがトラブルも増えたので、丁寧に仲介していきたい。

自然：自然との関わり・生命尊重　数字：数量や図形、標識や文字などへの関心・感覚　言葉：言葉による伝え合い　表現：豊かな感性と表現　を表しています。

保育園
6月
月 案

CD
ROM

月案
（保育園）
→
P068-P069
6月の月案

6月の月案 **ここがポイント！**

エネルギーを発散できる場に

ジメジメとした季節です。子どもも特に原因はないのに機嫌が悪くなったり、友達とトラブルになったりしがちです。雨で外に出られないため、保育室の人口密度が高くなり、よけいにうっぷんがたまってしまうこともあります。そんなとき、雰囲気を楽しいものに変えるのは保育者の明るい笑顔と声です。また、室内にも体を動かして遊べるコーナーをつくり、子どもが発散できる場を提供するとよいでしょう。

6月月案 すみれ組

😊 前月末の子どもの姿

● 気に入った遊具や遊びを見付け、くり返し遊ぶ。
● 生活の流れが分かり、「次は？」と聞いたり、「できたよ」と伝えたりしながら身の回りのことを行う。
● 遊びや片付けで友達とトラブルになると、衝動的に手が出る。

		★ 内　容
養護	生命の保持・情緒の安定	● 雨の降る日が続くので、衛生面に留意して健康に過ごす。 ● 保育者との信頼関係のもとで、自分の思いを安心して表現する。
教育	健康・人間関係・環境・言葉・表現	● 尿意を感じたら、トイレへ行き排泄する。 ● 用具の貸し借りをしたり、順番を待って交代したりして遊ぶ。 ● 雨、小動物や虫に興味をもち、探したり触れたり、飼育したりする。 ● 自分の要求や思いを、保育者や気の合う友達に、言葉や態度で伝える。

🍚 食　育

〈ねらい〉● 食材の味が分かるよう、よくかんで食べる。
〈環境構成〉● 食事の前に、献立に出てくる野菜の絵本などを読む。
〈予想される子どもの姿〉● ゆっくりかんで食べる。
〈保育者の援助〉● 食べ物に興味を示すよう「シャリシャリするね」など、食感を意識できる言葉をかける。

「幼児期の終わりまでに育ってほしい姿」の 健康：健康な心と体 自立：自立心 協同：協同性 規範：道徳性・規範意識の芽生え 社会：社会生活との関わり 思考：思考力の芽生え

◆ ねらい

- 梅雨期の衛生、身の回りの清潔に注意し、衛生習慣を身に付ける。 健康
- 保育者に見守られながら身の回りのことを自分でしようとする。 自立
- 梅雨期の身近な自然に興味をもち、動植物への興味を深める。 自然
- 友達と一緒に、ルールのある遊びや自分のしたい遊びを楽しむ。 協同 規範

📋 月間予定

- 交通安全指導
- 身体測定
- 保育参観
- 誕生会
- 歯科・内科検診
- 避難訓練

🪑 環 境 構 成	👧 予想される子どもの姿	👕 保育者の援助
● 湿気により、床が滑りやすくなったり、壁が濡れたりするので、ぞうきんをすぐに取り出せるように準備する。 ● 風通しをよくしたり、気温や湿度に応じて冷房や除湿を使ったりして、衛生に留意した環境をつくる。 ● 子どもの言葉に優しく耳を傾けたり、背中をさすったりしながら話を聞き、安心して話せるような雰囲気をつくる。	● あせもができ、かゆがる。 ● 体調不良から、機嫌が悪かったり、ささいなことで泣いたりする。 ● 泣いて思いを伝える。 ● 保育者の顔を見つめて、思いを伝えようとする。 ● 「〜したい！ 〜が嫌！」と、自分の気持ちを言葉で伝える。	● こまめに衣服の着脱をしたり、必要に応じてシャワーを浴びたりする。保育者は子どもの様子をよく観察し、異常がある場合は、すぐに対応する。 ● 子どものサインに気付き、優しく言葉をかけて思いを聞く。保育者と子どもとで思いが違うときは、「〜したかったんだよね。伝えてくれてありがとう。でも、○だったら△になるから××してほしいんだよ」と思いを受け止めてから保育者の考えを伝える。
● トイレは常に清潔な状態に保ち、必要に応じて換気をしたり電気を付けたりし、安心して排泄できるような環境に整える。 ● トイレのスリッパや上履き置き場に足形のマークを付ける。 ● 保育者同士、物の貸し借りの言葉を丁寧に言う姿を示す。 ● レインコートや長靴で登園させる。 ● 散歩で見付けたオタマジャクシやカタツムリなどを飼育ケースに入れて、子どもの目線で見ることができるように置く。そばに絵本や図鑑を用意する。	● トイレを我慢しすぎて「おしっこしたい」と保育者に言いにくる。 ● 「一緒に来て」と保育者にトイレについてきてもらうことを求める。 ● 個室に入る前に、ズボンを下ろす。 ● 自分の思いが通らず相手をたたく。 ● 散歩や戸外遊びで見付けた生き物を保育室に持ってくる。 ● 虫かごの生き物を観察し、気付きを保育者に伝えたり、絵本と見比べ同じところや違うところに気付いたりする。 ● 自分の思いを言い合うが、口げんかになったり、悪気はないのに相手が不快に感じることを言ったりする。	● トイレを我慢しやすい子には、その子の様子を見ながら声をかけたり、活動の前にトイレに誘ったりする。 ● トラブルが起きたときは、すぐに保育者が仲介せず様子を見守り、子どもたちの関わりを大切にする。 ● 小動物を見たり触れたり飼育する中で、子どもの驚きや発見に共感し、生き物を大切にする気持ちを伝える。 ● 相手に物事を伝える際は、優しい言い方や不愉快な言い方があることを伝え、自分はどのような言い方をされたいかを考えられるようにする。

⇄ 職員との連携

- 準備物が必要な遊びでは、子どもを見る保育者、準備をする保育者に分かれ、スムーズに活動できるようにする。
- 子どもによって取り組む時間、終わる時刻が違うので、保育者間で連携を取り、最初に終わった子、援助が必要な子、時間がかかる子を瞬時に判断し、終わった後の流れを考えながら、個別に対応するようにする。

🏠 家庭との連携

- 外遊びが活発になり、汚れたり汗ばんだりするので、着替えを多めに用意してもらう。また、体調を崩しやすい時期なので、健康管理に気を付け、手洗いや十分な睡眠を取ることを伝える。
- 水分補給のための水筒を準備してもらう。子どもが自分で扱えるような水筒の準備をお願いする。

✎ 評価・反省

- 自分で衣服の前後や裏表に気を付ける姿が見られた。次月は泥遊びや水遊びなど着脱も増えるため、自分でしようとする姿を見守っていきたい。
- 雨上がりの散歩や生き物の飼育により「梅雨」を感じられるように働きかけた。
- 友達とのトラブルでは自分の気持ちを相手に伝えられるように見守り、保育者がお互いの気持ちを代弁し、丁寧に対応した。

6月 月案 保育園

自然：自然との関わり・生命尊重　数字：数量や図形、標識や文字などへの関心・感覚　言葉：言葉による伝え合い　表現：豊かな感性と表現　を表しています。

保育園

7月 月案

CD ROM
月案（保育園） → P070-P071 7月の月案

7月の月案 ここがポイント！

水遊びを中心に、自分で着替えを

　子どもの大好きな水遊びの季節の到来です。水に触れる心地よさを十分に味わえるようにしましょう。水の苦手な子も、バケツや水鉄砲などで安心できる環境をつくり、楽しめるように配慮します。

　水着に着替えたり汚れた衣服を取り替えたりする際は、これまで保育者に頼ることの多かった子も、自分で取り組む機会です。裏返しの服を直したり、たたむことも、自分でできた喜びにつながるでしょう。

7月月案 すみれ組

👧 前月末の子どもの姿

●園生活にも慣れ、活発になり、抑えていた自我や、わがままが出る子が増えた。トラブルも増えたが、保育者に仲介してもらい仲直りすることで、友達とのよい関係ができる。
●衣服の前後や裏表を意識して着脱しようとする子が増えた。

		★ 内　容
養護	生命の保持・情緒の安定	●汗をかいたら衣服の着脱をしたり、水分補給を行ったりして、心地よく過ごす。 ●夏期の生活の仕方が分かり、健康に過ごす。
教育	健康・人間関係・環境・言葉・表現	●尿意を感じたら、遊びの途中でも自分でトイレに行く。 ●生活や遊び、製作の中で、物の色、数などに興味をもつ。 ●音楽に合わせてリズミカルに動いたり、簡単な身体表現をしたりする。 ●水、砂、泥など自然の素材に触れて、感触を味わいながら遊ぶ。

🍚 食　育

〈ねらい〉●夏ならではの食材をおいしく食べる。
〈環境構成〉●保育室の温度に配慮し、気温に応じてエアコンで冷房する。
〈予想される子どもの姿〉●暑さのため、食欲が落ちる子どもがいる。
〈保育者の援助〉●食欲が減ることを考慮して、少なめに盛ることで完食できるようにする。

「幼児期の終わりまでに育ってほしい姿」の　健康：健康な心と体　自立：自立心　協同：協同性　規範：道徳性・規範意識の芽生え　社会：社会生活との関わり　思考：思考力の芽生え

◆ ねらい

- 夏期の保健衛生に留意し、楽しい生活を送る。健康
- 水や砂の感触や心地よさを味わい、全身遊びを楽しむ。自然
- 様々な活動を通して、友達との関わりを深める。協同
- 友達と一緒にリズムに合わせて体を動かすことを楽しむ。協同 表現

月間予定

- おにぎり遠足
- 誕生会
- 七夕の集い
- プール開き
- 身体測定
- 避難訓練

7月 月案 ＊ 保育園

🪑 環 境 構 成	👧 予想される子どもの姿	👕 保育者の援助
● 自分で始末できるように、かご、着替え袋などを分かりやすい場所に置く。 ● 水筒を置く棚に、名前と個別マークを付け、自分の水筒をすぐに見付けられるようにする。 ● 気温に応じて冷房し、快適な環境をつくる。外気温との差が大きくならないよう、高めに温度を設定したり、窓を開けて外の風を取り込む。	● 衣服は汚れていないが、着替えをしたがる。 ● 保育者に声をかけられて着替えをしたり、嫌がったりする。 ● 脱いだ服をそのままにする。 ● 活動の途中に、お茶を飲みたがる。 ● 体操の後の、外での水分補給を楽しみにする。	●「どうしてお着替えしたくなったの？」と子どもの気持ちを尋ね、その子なりの理由を探る。不快を感じているなら着脱を促し、なぜ着替えが必要なのかを分かりやすく伝える。 ● 着替えをし、きれいになった際は清潔にする心地よさを感じられるよう働きかけ、今後につながるようにする。 ● 活動量に応じて水分補給の時間を確保し、活動の途中で勝手にお茶を飲みにいかない約束を話しておく。一人一人が水分補給しているかを確認する。
● 園外に出かける際には、トイレの場所や便座の種類などを事前に確認する。 ● 製作の準備をする際は、色や数を自由に選ぶことができるように、色画用紙や和紙などの材料を用意する。 ● 思いきり体を動かして遊べるような場所を確保する。 ● 一緒に体を動かす保育者や、子どもたちを見守る保育者の姿を示す。 ● 遊びに必要な物を用意する（プリンカップ、色水液、シャボン玉液）。 ● 汚れを気にせず楽しめるように、保育者も裸足で遊ぶ姿を見せる。	● 水遊びの途中で尿がもれる。 ● 水分をとりすぎて、排尿間隔が短くなる。 ● 排尿の際、トイレットペーパーでふかない女児がいる。 ●「○色がいい！」と、準備されていない色を言う。 ● 体を思いきり自由に動かしたり、自分で踊りを考えたりする。 ● 水や土の中に足を入れ、「冷たい」「気持ちいい」「くすぐったい」などの感触を口々に言う。 ● 色水遊びで、お店屋さんごっこをする。	● 水に触れて体が冷えると排尿間隔が短くなることを予測し、水遊びの前には必ず排泄を促す。 ● トイレットペーパーでふかない場合を見逃さず、「ふかなかったら、ばい菌が付いておなかが痛くなるよ」など言葉をかけ、正しい排泄の方法が身に付くようにする。 ● 親しんでいる歌や、リズムにのりやすい曲を選び、友達と一緒に楽しめるようにする。 ● 手だけでなく、体全体で水の心地よさや泥の感触を感じられるように、裸足になって遊ぶ機会を取り入れる。

🔁 職員との連携

- 一人一人の発達で、お互いに気付いていることや提案を伝え合い、共有することでよりよい関わりにつながるよう、話し合いの時間を設ける。
- 水遊び、プール遊び、製作などでは、注意や配慮が必要と思われる子を予測し、活動したくない子の思いを受け入れ、様子を見て誘いかけるなど、対応を話し合っておく。

🏠 家庭との連携

- 水筒の中身は冷たすぎないようにお願いする。
- 泥んこ遊び用に、汚れてもよい衣服を準備してもらうなど、夏の遊びの持ち物や注意事項を伝える。
- 毎朝、子どもの体調を連絡帳や口頭で伝えてもらい、水遊びやプール遊びをしてもよいか、確認をする。

🏷 評価・反省

- 泥んこ遊びの衣服に着替え、砂、泥などに触れて思いきり遊ぶことを楽しんだ。手足が汚れることを嫌がる子には、無理強いせずにその子なりの楽しみ方を見守った。
- 遊びによって着脱の手順が変わり混乱する子もいたが、毎日のくり返しで衣服をたたんで片付けることや、正しく衣服を着ようという意識が高まり、身に付いてきていることを実感した。

自然：自然との関わり・生命尊重　数字：数量や図形、標識や文字などへの関心・感覚　言葉：言葉による伝え合い　表現：豊かな感性と表現　を表しています。

71

保育園 8月 月案

CD-ROM
月案（保育園） → P072-P073 8月の月案

8月の月案 **ここがポイント！**

暑さで体調を崩さないように

　暑い日が続きます。子どもたちは水遊びをして元気そうに見えていても、その後、体調を崩すこともあります。一日の生活の中で、午睡や休息はもちろんのこと、静かでゆったりとした遊びも取り入れながら、子どもの体調をしっかりと見守りましょう。

　お盆の時期には人数が少なくなったり、長期に休んだ子が久々に登園したりと、通常の保育とは異なる場面もありますが、ゆったり関わりたいものです。

8月月案 すみれ組

👧 前月末の子どもの姿

●プール遊びへの期待から、身支度を自分でしようとする姿が見られた。水着を着る際は、保育者に前と後ろを確認するなど、正しく着脱しようとする。

		★ 内容
養護	生命の保持・情緒の安定	●十分な水分補給、適度な休息や午睡を取る。 ●様々な活動に喜んで取り組む。 
教育	健康・人間関係・環境・言葉・表現	●夏の生活の仕方が分かり、汗の始末や、水着の着脱、後始末などを自分でする。 ●友達とのトラブルがあるが、保育者の仲立ちにより友達の気持ちを知る。 ●自分の経験したことや、楽しかった思い出を保育者や友達に話したり、友達の話を聞いたりする。 ●プール遊びなどで水の心地よさを感じながら、解放感を味わう。

🍚 食育

〈ねらい〉●夏野菜を収穫することで、食べることへの興味をもつ。
〈環境構成〉●自分たちで収穫した野菜を洗う場を設ける。
〈予想される子どもの姿〉●野菜洗いを楽しんで行う。
〈保育者の援助〉●手触りやにおいなどに関心がもてるような言葉をかける。

◆ ねらい

- 安心して気持ちを出す。 言葉 表現
- 適度に休息を取り、水分補給をして健康に過ごす。 健康
- 一日の流れが分かり、身の回りのことを自分でしようとする。 自立
- 夏ならではの解放的な遊びを経験し、体を動かすことを楽しむ。 健康 自然

🗒 月間予定

- 交通安全指導
- 誕生会
- 避難訓練

8月 … 月案 ＊ 保育園

🪑 環 境 構 成	😊 予想される子どもの姿	👕 保育者の援助
●室温や換気に気を付け、風通しをよくして午睡時に心地よい保育室の環境をつくる。 ●必要に応じて、水分補給や休息が取れるようにする。 ●子どもの目線に合わせて、笑顔で優しく接する保育者の姿を示す。 ●新しい活動でも、興味をもって楽しみながら取り組む保育者の姿を見せる。不安な気持ちに寄り添い、安心できるような雰囲気をつくる。	●午睡から目覚める際、まだ眠くて泣いて起きる。 ●暑さでお茶を飲みすぎ、食欲が減る。 ●食事の途中で「眠たい」と寝たがる。 ●暑さのため、元気がなく機嫌が悪い。 ●期待をもって意欲的に活動に参加する。 ●暑さもあり、戸外での活動を嫌がり、したくないことを態度で示す。 ●友達の姿を見ることで、やってみようとする。	●その日の活動量、温度や湿度、プールの際は疲れが増すことを考慮し、午睡時間を調節する。 ●調理員と連携し、食事量を調節する。食事量が減っている子には、少なめに盛り、完食できた喜びが食べる意欲へつながるようにする。 ●したくない子の気持ちを考え、その子がどうしたらやりたくなるのか、意欲のもたせ方を工夫する。 ●「先生と一緒ならできたね！」と一緒にできる喜びや満足感を感じ、安心して取り組めるようにする。
●着替えが必要だと予測できる場合は、必要な物を準備し、子どもが自分で着替えやすい環境をつくる。 ●トラブルの際は、子どもが落ち着いて話せるように、体をさすったり、手をつないだりして安心できる雰囲気をつくる。 ●「お話マイク」を準備する。 ●自分の楽しい経験を話したいと思えるような雰囲気をつくる。 ●保育者も一緒に思いきり楽しむ姿を示し、楽しそうだな、やってみたいなと思えるような雰囲気をつくる。	●新しい衣服と汚れた衣服がまざり、どれを着るのか分からなくなる。 ●一人で着脱を行い、手助けを嫌がる。 ●自分の気持ちをお互いに言い合い、口げんかになる。 ●友達とのトラブルの際、自分の思いを伝え、友達の気持ちも聞こうとする。 ●友達が話しているが、割り込んで自分も話そうとする。 ●プールサイドを走ったり、プール内で友達とふざけたりする。 ●友達と手をつないでプール内を歩くなど、プール遊びを楽しむ。	●自分でできるところは励まして見守り、自分でしようとする気持ちを大切に、じっくり待つようにする。 ●トラブルが起きた際はすぐに仲介せず様子を見守り、子ども同士の関わりを大切にする。 ●水に慣れ、活動が活発になるので、危険のないように気を付け、約束を確認する。安全に遊ぶことばかりにとらわれず、水の感触を味わい、楽しい気持ちで遊べるように、ゲームなどを取り入れ、更にプールを楽しめるようにする。

⇄ 職員との連携

- プールでは子どもたちに背を向けない位置で、水遊びが苦手な子を見る保育者、活発な子を見る保育者、滑り台の近くにいる保育者の役割分担をする。
- プール遊びは危険を伴うので、言葉をかけ合いながら個々の姿や活動に注意する。途中でトイレに行きたくなった子には必ず保育者が付き、その間のプール内の安全に、いっそう注意する。

🏠 家庭との連携

- 熱中症や、エアコンによる冷えすぎに注意してもらう。戸外に出る際は帽子をかぶる、水分補給をする、室内と外気温との差に気を付けてもらうなど、健康に過ごせるようにお願いする。
- 着替えを多めに準備してもらう。
- プールでの様子や、できるようになったこと、挑戦中のことなど、子どもの発達をとらえて伝え、成長を喜び合う。

🏷 評価・反省

- 暑さが増し、体調を崩す子が多くいた。保育者は、午睡や水分補給に気を配り、体調管理を行った。自分で体調不良を伝えられる子は少ないので、言葉での表現の仕方を伝えていく必要がある。
- 活動の中心がプール遊びとなる日が多く、プール遊びを楽しみに登園していた。毎日のくり返しの中で、衣服の着脱や交換、水着の着脱もできるようになった。

自然：自然との関わり・生命尊重　数字：数量や図形、標識や文字などへの関心・感覚　言葉：言葉による伝え合い　表現：豊かな感性と表現　を表しています。

保育園

9月
月案

CD ROM
月案（保育園） → P074-P075 9月の月案

9月の月案 ここがポイント！

運動遊びに興味をもって

　4、5歳児が園庭でリレーやなわとびを始めると、興味深そうに見ていることでしょう。自分たちもその場でまねしたり、一緒にやらせてもらったり、同じことをしている気分を味わっています。

　させられる運動ではなく、やりたくなって自ら取り組むことが子どもの成長には重要です。ルールを知らせるだけでなく、楽しいストーリーをつくって、意味ある行動として運動できるとよいでしょう。

9月月案 すみれ組

前月末の子どもの姿

●夏の疲れから体調を崩す子もいるが、「今日は何する？」など、活動に期待をもって登園する。
●夏の遊びや経験がその子なりの自信となり、興味をもったことに意欲的に取り組む。

		★ 内 容
養護	生命の保持・情緒の安定	●夏の疲れによる体調不良に留意し、健康に過ごす。 ●安定した気持ちで、いろいろな活動に取り組む。
教育	健康・人間関係・環境・言葉・表現	●汗の始末や汚れた衣服の後始末、手洗い、うがいなどを、自分でしようとする。 ●安全な遊び方のルールを守り、様々な運動用具を使って思いきり体を動かして遊ぶ。 ●友達や異年齢児と関わって活動し、4、5歳児の姿をまねしたり、簡単な決まりを守ったりする。 ●散歩に出かけ、秋の草花や虫などに触れて心を動かす。 ●クレヨンや絵の具を使い、自分のイメージを絵で表現することを楽しむ。

食 育

〈ねらい〉●食事をつくっている人へ感謝の気持ちをもつ。
〈環境構成〉●給食室で食事づくりの見学をする。
〈予想される子どもの姿〉●調理員が野菜を切る、炒めるなどしている姿を見て興味をもつ。
〈保育者の援助〉●「いただきます」を感謝の気持ちで言えるように伝える。

「幼児期の終わりまでに育ってほしい姿」の 健康：健康な心と体 自立：自立心 協同：協同性 規範：道徳性・規範意識の芽生え 社会：社会生活との関わり 思考：思考力の芽生え

◆ ねらい

●生活リズムを整えながら、安定した生活を送る。健康
●保育者や友達と一緒に、ルールを守りながら、かけっこや運動遊びなど全身を使って遊ぶことを楽しむ。協同 規範
●経験したことや感じたことを、様々な方法で表現することを楽しむ。表現

📋 月間予定

●交通安全指導　　●運動会
●ブドウ狩り　　　●誕生会
●避難訓練

🪑 環 境 構 成	👧 予想される子どもの姿	👕 保育者の援助
●室温や換気に気を付け、風通しをよくするなど気持ちよく過ごせる環境をつくる。 ●必要に応じて、水分補給をしたり休息を取れたりするようにする。 ●子どもの言葉や思いに、優しく耳を傾ける保育者の姿を示す。	●体で感じる暑さや、痛さ、気持ち悪さなどを言葉で言えず、表情やしぐさで伝える。 ●帽子をかぶらずに戸外に出る。また、戸外に出るとすぐに帽子をとる。 ●お茶を飲まない。 ●暑さから眠れず、眠る時間がずれる。 ●保育者のことを呼ぶが、言葉で思いを伝えられず、下を向き気付いてもらおうとする。 ●「○したい！」「○してもいい？」と、自分の要求をはっきりと伝える。	●個々の日ごろの様子をよく把握し、体調の変化に気付けるようにする。「おなかが痛い」「気持ち悪い」など言葉で体調を伝えられるようにする。 ●なぜ帽子をかぶるのか、どうして水分をとるのかを分かりやすく伝え、自分で健康を守る方法を伝える。 ●必要に応じて冷房をし、眠る時間がずれた際は遅めに起こすなど、その子のリズムを大切にする。 ●子どもが自分のしたいことに自信をもって取り組み、伝えることができるように、その表現を認める。
●活動の前に、着替えが必要だと予測できる場合は、新しい着替えを取り出しやすい位置に準備する。 ●走る、跳ぶ、登る、くぐるなどの運動遊びができるように、マットや巧技台、なわとびなどを用意する。 ●4、5歳児の姿に拍手をして「かっこいいね」と言うなど、あこがれの気持ちを抱けるような雰囲気をつくる。 ●散歩コースを点検し、危険な箇所、秋の植物がある場所を確認しておく。 ●観察画の場合は、全員が見える位置に観察物を用意する。	●汗をかき、保育者に「着替えてもいい？」と言葉で伝え、自分の判断で着替える。 ●巧技台からジャンプすることを怖がる。 ●「もう一回」と何度もしたがる。 ●ケンケンをする姿、ジャンプをする姿、できるようになった姿を保育者に「見て」と言う。 ●虫や植物を見付け、保育者や友達に見付けたことを知らせる。 ●隠しながら絵をかいたり、友達の絵をまねしたりする。	●自分でしようとする気持ちを受け止め「一人でできる」という自信につながるように、ゆとりをもって見守る。 ●「やったー、できるようになったね！」と頭をなでたり、抱き合ったり、スキンシップを図って喜びを表現し、子どもの嬉しい気持ちに共感する。 ●散歩の際は、「秋を探しに行こう」と期待をもてるような言葉をかける。 ●「かけない」と言ったときには無理にかかせず、輪郭や形をかいて見せるなど、保育者がじっくりと関わり表現する楽しさを味わえるようにする。

⇄ 職員との連携

●運動用具を使って遊ぶ際は、全体を見る保育者、用具のそばで見る保育者に分かれ、子どもたちに背を向けない位置にいるように配慮する。
●散歩に行く際に気になる子は、保育者と手をつなぎ、安全に散歩に出かけられるようにする。
●活動に参加しない子に配慮し、準備物がある場合は段取りをする。

🏠 家庭との連携

●活動や気温の変化に合わせて、着替えができるよう、調節しやすい衣服を準備してもらう。
●運動会への取り組みの中で、できるようになったことや、努力して取り組んでいることなどを伝え、成長を喜び合う。
●夏の疲れが出やすいこと、また、運動量も増えて疲れやすいことを伝え、体調をこまめに連絡し合う。

🏷 評価・反省

●残暑が続いたが、「のどが渇いたからお茶飲みたい」など、夏の経験を通し、自分の体調に関する要求を保育者に伝えられる子が増えた。
●運動会では、友達と一緒に取り組む楽しさが分かり、期待をもって登園する姿が見られた。努力した姿を、保育者や保護者にほめてもらい、認めてもらうことで自信につながった。

自然：自然との関わり・生命尊重　数字：数量や図形、標識や文字などへの関心・感覚　言葉：言葉による伝え合い　表現：豊かな感性と表現　を表しています。

保育園 10月 月案

CD ROM
月案（保育園） → P076-P077 10月の月案

10月の月案 ここがポイント！

ごっこ遊びの充実を

　子どもは何かになったつもりで遊ぶのが大好き。お店屋さんになって、「いらっしゃいませ」「何がほしいですか？」「ありがとうございました」と言いながら、お客さんと関わるのが楽しいのです。

　ごっこ遊びの充実には、グッズの工夫が欠かせません。品物をそれらしくつくると、見ているだけでも楽しい気分に。グッズは保育者が準備するのではなく、自分たちでつくれるようにしたいものです。

いらっしゃいませ

10月月案 すみれ組

前月末の子どもの姿

●運動会を通して、ケンケンパができるようになり、全身のバランスを取る能力など、運動機能が伸びてきている。
●身近な大人の行動や、日常生活で経験したことをごっこ遊びに取り入れるなど、観察力が発揮されている。

		★ 内 容
養護	生命の保持・情緒の安定	●気温の変化に応じて衣服を調節し、気持ちよく生活する。 ●健康に留意し、風邪予防の手洗い、うがいの習慣を身に付ける。
教育	健康・人間関係・環境・言葉・表現	●手洗い、うがいの大切さを知り、進んでしようとする。 ●友達と一緒に、身近な大人の行動や自分が体験したことを取り入れて、ごっこ遊びを楽しむ。 ●自然の変化に気付いたり、秋の自然に親しんで心を動かす。 ●絵本や紙芝居をみんなで楽しみ、友達とイメージを共有して遊ぶ。

食 育

〈ねらい〉●イモ掘りを楽しむ。
〈環境構成〉●スコップ、軍手などを人数分用意する。
〈予想される子どもの姿〉●つるを引いて出てきたイモを見て、歓声をあげる。
〈保育者の援助〉●イモが掘れた喜びに共感した後、イモのつるや葉にも気付けるようにする。

「幼児期の終わりまでに育ってほしい姿」の 健康：健康な心と体 自立：自立心 協同：協同性 規範：道徳性・規範意識の芽生え 社会：社会生活との関わり 思考：思考力の芽生え

◆ ねらい

●季節の変化に応じて衣服を調節し、快適に過ごす。 健康
●様々なイメージを、体や言葉で表現する楽しさを味わう。 言葉 表現
●散歩に出かけて秋の自然を感じ、興味や関心を広げて遊びに取り入れることを楽しむ。 自然

月間予定

●交通安全指導　　●避難訓練
●イモ掘り遠足　　●誕生会
●人形劇鑑賞会　　●保育参観

10月 月案 保育園

環境構成	予想される子どもの姿	保育者の援助
●気温に合わせて自分で衣服の調節ができるよう、取り出しやすいところに衣服を準備する。 ●保育者もうがいをしたり、指の間まで丁寧に手洗いをしたりする姿を示す。 ●せっけんの補充を確認する。 ●自分で意識して手洗い、うがいができた子どもの姿を認めて、他児のやろうという意識につなげる。	●保育者に着脱を促されるが嫌がる（「寒い」と言って脱ぎたがらない、「暑い」と言って気温に合わない格好をする）。 ●水洗いだけで、手洗いを終える。 ●ハンカチで手をふかず、濡れたままで消毒をする。 ●自分から進んで、うがいをする。	●天候に合わせてどのように衣服の調節をしたらよいのか、紙芝居や絵本などを使って伝える。薄着で過ごすことの大切さ、気温に合わない格好は風邪につながることも伝え、衣服の調節をする習慣が身に付くようにする。 ●水洗いだけでは、ばい菌をやっつけられないことが視覚的に分かるような紙芝居を準備し、「ばい菌さん、いなくなったね」と、清潔にすることの心地よさが分かるように言葉をかける。
●手洗い、うがいの手順ややり方を写真や図で示し、子どもの目の高さにはる。 ●子どものイメージが広がるような道具を準備し、ままごとコーナーの環境を整える（レストランのメニュー、エプロン、お医者さんセットなど）。 ●秋の自然を感じられるような散歩コースを下見する。 ●秋の自然物がのっている図鑑や絵本を準備する。 ●子どもが楽しむ様子を見守る保育者の姿を示し、子どもがイメージを表現しやすい雰囲気をつくる。	●手順表を見て、手を洗う。 ●自分が意識して行っていることを「見て」と保育者に伝える。 ●子ども同士で役割を決め、役になりきって遊ぶ。 ●「いらっしゃいませ」と、見たことのある人物のものまねをしたり、動作で役になりきったりする。 ●クリ、落ち葉、ドングリ、マツボックリなどの自然物を見付けて集める。 ●興味をもって図鑑に目を向け、見付けた自然物と比べる。 ●絵本の中のせりふをまねて言う。	●指の間、手の甲などもきちんと洗えている子には、「指の間まで気を付けてできたね」と具体的に認める。 ●「○ちゃん、○○屋さんみたい！」となりきる姿をかわいいなという視線で見つめ、満足感が得られるようにし、そのイメージが更に広がるような言葉をかけ、ごっこ遊びの楽しさを十分に味わえるようにする。 ●「触るとどんな感じがした？」「どんなにおいがした？」と、子どもの発見や気付きを引き出すような言葉をかける。

⇄ 職員との連携

●子ども同士の関わり方や人間関係の変化など、新たに発見したことや成長が見られた際には、そのつど報告し合い、把握する。
●活動が早く終わる子、時間がかかる子、興味がない子など、すべての子に十分に目を向けることができるよう、活動ごとに個々の特徴や予想される姿を話し合う。

🏠 家庭との連携

●季節の変化に伴い、調節しやすい衣服の準備をお願いする。
●保育参観で伝えたいこと、見てもらいたいところなど、事前に保護者用の日案を配布し、視点を絞って子どもの成長を感じてもらえるようにする。
●気温に応じて、午睡用の布団やパジャマの調節をお願いする。

🏷 評価・反省

●朝と夕の気温差があった。気温の変化を感じて言葉で表す子もいるが、気温に合わせた衣服の調節をするのは難しかった。くり返し伝えていこうと思う。
●イモ掘りや散歩を通して、秋の自然に触れた。食べたり遊んだりしながら秋の自然への関心が高まった。
●子どもたちのごっこ遊びが広がるような材料や道具をそろえ、保育者も一緒に楽しみ、遊びが広がるよう促した。

自然：自然との関わり・生命尊重　数・字：数量や図形、標識や文字などへの関心・感覚　言葉：言葉による伝え合い　表現：豊かな感性と表現　を表しています。

11月
月 案

CD ROM
月案（保育園） → P078-P079 11月の月案

11月の月案 ここがポイント！

劇遊びで、自分たちの表現を楽しもう

　ごっこ遊びでいろいろな役割を楽しんだら、次は好きなお話の役になって演じるおもしろさを、劇遊びで満喫できるようにします。お面を付けて子ブタなどになったつもりで自由にしゃべり、保育者も役になった存在として話しかけましょう。

　毎日の劇遊びで、おもしろかった部分をつなぎ、子どもたちとやりたいことを相談しながら、発表会での表現を形づくっていけるとよいでしょう。

キャー

11月月案 すみれ組

前月末の子どもの姿

●身近な環境に興味をもち、戸外遊びでは落ち葉、ドングリ拾いを楽しみ、自然物に積極的に関わる姿が見られる。
●想像力が豊かになり、目的をもってつくったりかいたり、自分のイメージを劇遊びで表現したりする。

		★ 内 容
養 護	生命の保持・情緒の安定	●優しく受容され、自信をもって楽しく遊ぶ。 ●気温の変化に留意し、快適に過ごす。 
教 育	健康・人間関係・環境・言葉・表現	●室内外、体調、活動に合わせて衣服を調節し、正しい着方で着る。 ●落ち葉や木の実を集めて、いろいろな物をつくったり、ごっこ遊びに取り入れたりして遊ぶ。 ●生活や遊びの中で、物の数や、量、形に興味をもつ。 ●絵本を見たり、話を聞いたりしてイメージを膨らませ、言葉や体でのびのびと表現して楽しむ。 ●音の鳴る楽器に触れ、簡単なリズムに合わせて音を鳴らす。

食 育

〈ねらい〉●クッキングで食材の特性を知る。
〈環境構成〉●子ども用の包丁を用意し、机の高さを確認する。
〈予想される子どもの姿〉●包丁を持ちたがる子どもがいる。
〈保育者の援助〉●野菜を切るコーナーには保育者が付き、順番に切れるよう安全に配慮する。

「幼児期の終わりまでに育ってほしい姿」の 健康：健康な心と体 自立：自立心 協同：協同性 規範：道徳性・規範意識の芽生え 社会：社会生活との関わり 思考：思考力の芽生え

◆ ねらい

●保育者との信頼関係のもと、自分の気持ちを安心して表現する。 言葉 表現
●友達と一緒に一つの遊びをする楽しさや、やり遂げる満足感を味わう。 協同 自立
●生活に見通しをもち、身の回りのことをその意味を理解して自ら行う。 健康 自立

📋 月間予定

●身体測定　　　　●誕生会
●おにぎり遠足　　●避難訓練
●生活発表会

11月・・・・・月案 ＊ 保育園

🪑 環 境 構 成	😊 予想される子どもの姿	👕 保育者の援助
●子ども同士の関わりを温かい眼差しで見つめ、目線を合わせて子どもが安心して話しかけられるような雰囲気をつくる。 ●気温や湿度に気を配り、快適な室温にする。	●保育者の耳に口もとを当て、小さな声で自分の気持ちを伝えようとする。 ●自分の思いを伝えられず、視線やしぐさで訴える。 ●保育者を呼ぶが、保育者が来ると言葉に詰まる。 ●「寒い」「暖かい」など、気温を感じて言葉で伝える。	●余裕をもって「なあに？」と耳を傾け、自発的に保育者に思いを伝えようとする姿を受け止める。言葉で言えない場合は、その子の前後の行動の様子や状態、表情から何を伝えたいのかを予測し、気持ちに寄り添うように言葉をかけ、言葉を引き出すようにする。 ●自信をもって物事を行えるように働きかけ、その中でよいこと、悪いことを考えられるように伝える。 ●寒い、暖かい、涼しいなど肌で感じた感覚を言葉で伝えることができるように知らせる。
●自分で衣服を取り出しやすいように、引き出しの中を整理する。 ●種類ごとに木の実を入れる容器を準備する。また、どれくらい集まったのかが見えるように、透明な容器を準備する。 ●子どもの興味や関心に応じた紙芝居や絵本を準備する。 ●3拍子でリズム打ちをする保育者の姿を示す。 ●カスタネット、タンバリン、鈴などを人数分準備する。	●少しの汚れだが、着替える。 ●室内でも、厚手の衣服を着たがる。 ●落ち葉のにおいをかぎ、自分の感じたにおいを言葉で伝える。 ●絵本の言葉をまねして、一緒に言う。 ●友達と手をつなぎ、関わりがあることで踊ることができる。 ●保育者のリズムに合わせて、3拍子をたたく。 ●リズムに合わせてたたけないため、みんなの前ですることを嫌がる。 ●カスタネットで物をはさんだり、乱暴な使い方をしたりする。	●どんなに小さな汚れでも、自分で判断して着替えることができた姿を成長として見守る。 ●製作に使う物は一緒に準備し、落ち葉や木の実に触れたり拾ったりしながら、においや色、形の気付きに共感し、秋の自然に関心がもてるようにする。 ●絵本を読むときは、子どもたちに目を向けながら、間をおいたり声のトーン、読むテンポを変えたりして読む。 ●手をたたき、3拍子のリズムを伝える。3文字の言葉や名前を使い、一人ずつリズム打ちをする機会を設ける。

⇄ 職員との連携

●楽器の使い方や衣服の調節の度合いなど、保育者間で細かく確認し、一貫した対応を取る。
●全体を進める保育者と、じっとしていられない子、やりたい気持ちがふざけになってしまうなど配慮が必要な子どもに付く保育者に分かれる。その際、保育者はさり気なく付き、楽しい気持ちを大切にして正しい態度を伝える。

🏠 家庭との連携

●季節の変わり目で体調を崩しやすいので、家庭でも手洗いとうがいの大切さを伝え、習慣づけてもらう。
●発表会を迎えるまでの取り組みをクラスだよりで伝え、成長を喜び合う。その話題を家庭でも取り上げ、子どもの自信となるようにお願いする。

🏷 評価・反省

●薄着になることで、体調を崩す子も少なく健康に過ごすことができた。
●発表会に向け、子どもたちの意見を取り入れ劇遊びを楽しんだ。友達と一緒に表現することが楽しく感じられるようになり、みんなでステージに立てたことで、仲間意識や達成感を得ていた。その自信が身の回りのことを自分でしようとする姿につながるように働きかけたい。

自然：自然との関わり・生命尊重　数字：数量や図形、標識や文字などへの関心・感覚　言葉：言葉による伝え合い　表現：豊かな感性と表現　を表しています。

保育園 12月 月案

CD ROM 月案（保育園） → P080-P081 12月の月案

12月の月案 ここがポイント！

年末の雰囲気を楽しんで

　寒くなり、コートが欠かせない季節です。コートの着脱や始末も自分でできるように見守りましょう。また、風邪も流行し始めます。咳をする際のエチケットや鼻のかみ方も、丁寧に知らせましょう。

　更に、年の瀬の雰囲気になり、園でも、もちつきなどの行事があることでしょう。事前の活動も含めて行事を楽しみながら、新しい年を迎える準備を知り、世界を広げていけるようにしたいものです。

12月月案 すみれ組

前月末の子どもの姿

- トラブルも増えるが、自分の気持ちを抑えたり、我慢したりできるようになった子もいる。
- 生活発表会までの過程の中で、体で表現する楽しさ、人に見てもらう喜びを感じ、仲間意識が見られる。

		★ 内容
養護	生命の保持・情緒の安定	●冬期に応じた生活を、健康で安全、快適に過ごす。 ●体の異常に気付き、自ら訴えることができる。 
教育	健康・人間関係・環境・言葉・表現	●冬の生活の仕方を知り、鼻かみ、うがい、手洗い、衣服の調節など、健康を意識して生活する。 ●寒い中でも、戸外に出たり様々な用具を使ったりして、健康的に体を動かして遊ぶ。 ●異年齢児と関わり、思いやりの気持ちや、あこがれの気持ちをもつ。 ●季節の行事に興味をもち、期待感をもって楽しんで参加する。 ●人の言葉や話をよく聞き、自分の経験したことや考えたことを聞いてもらうのを喜ぶ。

食育

〈ねらい〉●箸を正しく使う。
〈環境構成〉●持ちやすい長さの箸をそろえる。
〈予想される子どもの姿〉●箸がうまく使えないとイライラする子どもがいる。
〈保育者の援助〉●正しい箸の持ち方を教えるとともに、無理強いしないようにする。食べる意欲がなくならないように気を付ける。

「幼児期の終わりまでに育ってほしい姿」の 健康：健康な心と体 自立：自立心 協同：協同性 規範：道徳性・規範意識の芽生え 社会：社会生活との関わり 思考：思考力の芽生え

◆ ねらい

- 冬期の健康や安全に気を付け、快適に生活する。 健康
- 自分の気持ちや考えを安心して表す。 言葉 表現
- 行事に参加する中で、様々な人や異年齢児との触れ合いを楽しむ。 協同 社会

月間予定

- 身体測定
- 避難訓練
- 誕生会
- もちつき会
- クリスマス会

環境構成	予想される子どもの姿	保育者の援助
●外気温との差に気を付け、暖房する。適度に換気を行い、乾燥を防ぐため、濡れたタオルを室内にかける。 ●取り出しやすい場所に体温計を置く。	●元気がなく、ぐったりしている。 ●機嫌が悪く、ささいなことで泣いたり怒ったりする。 ●室内でも厚手のコートを着たがる。 ●換気の際に「寒い」と言う。 ●「頭痛い」「おなか痛い」など不快な状態を言葉で伝える。 ●ささいなことですねて、頭を伏せて眠りだす。 ●「お熱、測って」と言う。 ●涙目になったり、保育者の顔をじっと見つめたりする。	●一人一人のふだんの様子をよく観察し、体の異常による機嫌の悪さ、情緒の不安定に対応する。 ●「かわいいコート、嬉しいね。でも、部屋で着ると暑くて汗をかくよ。外に行くときに着ようね」とコートは外で着る衣服だということを伝える。 ●なぜ窓を開けて空気の入れかえをするのか、分かりやすく伝える。 ●「どんなふうに頭が痛い？」など具体的に言えるように優しく問いかける。 ●熱がないと分かっていても子どもの要求に優しくこたえ、情緒の安定を図る。
●風邪やインフルエンザの状況を把握し、感染を予防する環境をつくる。 ●全身を使って遊べるよう、平均台や巧技台、マットを用意する。 ●0、1、2歳児に優しく接する友達の姿を示したり、4、5歳児に優しく接してもらったりしたことに喜びの気持ちを感じられるような雰囲気をつくる。 ●クリスマスツリーを飾ったり、壁面を子どもと一緒につくったりし、楽しい雰囲気をつくる。 ●子どもの話に優しく耳を傾け、話したくなるような雰囲気をつくる。	●鼻水が出ていることを友達に指摘され、怒る。 ●早くやりたい気持ちから、押したり、順番を抜かしたりする。 ●他児の姿をよく見ている。 ●ゆっくりと慎重に平均台を渡る。 ●1、2歳児の手をつなぎ、一緒に遊ぼうとする。 ●行事を楽しみに登園する。 ●感じたこと、発見したこと、楽しい気持ちを友達と共有する。 ●自分の経験したことを、保育者だけでなく友達にも話す。	●片方の鼻を押さえながら鼻水を出すという、鼻の正しいかみ方を伝える。 ●感染症に関連づけて手洗い、うがいの大切さを再度、伝える。 ●戸外遊びや遊戯室でのサーキット遊びなど、思いきり全身を使って遊ぶ時間を設ける。 ●1、2歳児とも触れ合う機会をもち、お兄さん、お姉さんの意識で優しく接することができるようにする。 ●クリスマスやお正月などの飾り付けを一緒に行い、子どもたちと楽しみに待つ。

⇄ 職員との連携

- 平均台やマットなど、個々の苦手な運動遊びを把握し、その子が挑戦する際は、他児にせかされたり、危険な動作になったりしないように必ず保育者が付く。
- 体調不良により戸外に出られない子がいた場合、保育者が一人は保育室に残る。
- 行事では、全体の子どもを見る保育者と、集団に入るのが苦手な子どもに付く保育者に分かれることを話し合う。

🏠 家庭との連携

- 防寒具の着脱において、家庭でも着方を知らせてもらい、自分でしようとする意識をもてるように働きかけてもらう。また、自分で着脱しやすい防寒具やコートを準備してもらう。
- 様々な活動、異年齢児との活動を通しての姿を伝え、成長を喜び合う。
- 保健だよりを発行し、玄関にボードをかけ、感染症予防に留意してもらう。

🏷 評価・反省

- 気温に応じた環境を設定し、子どもたちの体調管理に気を配った。この時期ならではの行事を楽しみに登園する子もおり、その期待感に結び付けて、健康で過ごすことの嬉しさや大切さを伝えた。
- 以前は異年齢児との活動に緊張する子どももいたが、朝の体操や日ごろの遊びの中で積極的に関わる機会を設けたことで、様々な人との関わりを楽しめるようになった。

自然：自然との関わり・生命尊重 数字：数量や図形、標識や文字などへの関心・感覚 言葉：言葉による伝え合い 表現：豊かな感性と表現 を表しています。

保育園 1月 月案

CD ROM 月案（保育園） → P082-P083 1月の月案

1月の月案 ここがポイント！

友達とつながる嬉しさを

　気の合う友達と一緒に遊ぶ姿も、見られるようになります。会話も増えてきたことでしょう。かるたやこま回しでも、「○○ちゃんと△△ちゃんは2枚ずつ取ったね」「○○くんは回すのが上手だから、教えてもらうといいよ」と、友達とつながれるような援助を心がけましょう。顔を見てニコッとほほえみ合えたら、心がつながったしるし。会話がつながるような橋渡しもできるとよいでしょう。

1月月案 すみれ組

前月末の子どもの姿

●ブロックで遊ぶ際、友達と共通のイメージをもち、目的をもってつくる。平行遊びから集団遊びになり、友達と一緒につくることが楽しいようだ。一方、相手の思いを受け止められず、トラブルも増える。

		★ 内 容
養護	生命の保持・情緒の安定	●冬の健康的な生活を進んで行う。 ●安心できる環境で、友達と一緒に遊ぶ。
教育	健康・人間関係・環境・言葉・表現	●防寒具などの着脱の仕方が分かり、自分で着ようとする。 ●寒さに負けず、戸外で元気に遊ぶ。 ●トラブルを通して相手の気持ちに気付き、自分の思いや要求を主張しながらも、我慢する大切さを知る。 ●文字や数字に興味をもち、友達や保育者と伝統的な正月遊びをする。 ●保育者や友達の姿に目を向け、手伝うことで、親切にすること、されることの喜びを知る。

食 育

〈ねらい〉●手洗い、うがいの大切さを知る。
〈環境構成〉●手洗い場やコップが清潔になっているかを確認する。
〈予想される子どもの姿〉●手洗いをしない子、うがいがうまくできない子がいる。
〈保育者の援助〉●手洗い、うがいが風邪予防になることを話す。

「幼児期の終わりまでに育ってほしい姿」の 健康：健康な心と体 自立：自立心 協同：協同性 規範：道徳性・規範意識の芽生え 社会：社会生活との関わり 思考：思考力の芽生え

◆ ねらい

- 冬の健康管理に留意し、快適に過ごす。 健康
- 自分から身の回りのことや保育者の手伝いをしようとする。 健康 規範
- 冬の自然に親しみ、元気に体を動かして遊ぶ。 自然
- 正月遊びや伝承遊びを楽しみ、文字や数字への関心を深める。 社会 数字

📋 月間予定

- 新年お楽しみ会
- 避難訓練
- 交通安全指導
- 誕生会

🪑 環 境 構 成	👧 予想される子どもの姿	👕 保育者の援助
●温度計は、子どもから常に見える場所に設置する。 ●室温に応じた衣服で快適に過ごすことができるように、衣服の準備をする。 ●子どもの気持ちを優しい眼差しで受け止める保育者の姿を示し、自分の気持ちを安心して伝えられるような雰囲気をつくる。	●換気の際、窓を開けると「寒いから閉めて」と言う。 ●「どうして窓を開けるの?」と不思議がる。 ●保育者を呼び、保育者の耳もとで小さな声で要求を伝える。 ●目線やしぐさで、保育者にアピールして気付いてもらおうとする。 ●友達の体調の変化に気付き、保育者に伝える。 ●製作時に色や柄など自分の好きな用紙を選ぶ際、友達の用紙までも決めようとする。	●外気との気温差に気を配り、エアコンで暖房する。「部屋の中にいるばい菌が、外に逃げていくように、窓を開けて空気の入れかえをするのよ」と、健康で過ごすための習慣を分かりやすく伝える。 ●子どもの目線に合わせて、子どもの言葉に優しく耳を傾ける。 ●友達の様子に気付けるようになった姿を成長と受け止めるとともに、その内容を今度はその子が自分で伝えられるように待ち、自己表現の大切さを伝える。
●自分でハンガーに衣服をかけられるよう、ロッカーの整理整頓をする。 ●スコップやバケツなどを準備する。 ●子どもたちに背を向けない位置に立ち、一緒に雪の中を走ったり寝転んだりして楽しい雰囲気をつくる。 ●相手の気持ちを考えて行動した姿をみんなに伝え、優しい気持ちが広がるよう、つなげていく。 ●かるた、こま、羽根つきなど様々な正月遊びを用意する。 ●保育者間でも手伝いを頼み、笑顔で感謝の気持ちを表す姿を示す。	●自分で着替えられず、友達の姿を見たり、保育者の援助を待ったりする。 ●ハンガーに衣服をかけようとする。 ●雪の中を歩くことができず、立ち止まったり保育者を呼んだりする。 ●雪を食べてみようとする。 ●玩具の取り合いになり、口げんかやたたき合いになる。 ●「○ちゃんが〜すればいいんじゃない?」と解決策を考える。 ●かるたが取れなかったり、友達に負けたりすると泣く。 ●保育者の手伝いをしたがる。	●「上着を着て雪遊びしよう」など、自分で着られるように援助する。 ●楽しく安心して雪遊びができるような援助を心がけ、不安な子には保育者が手をつないだり、そばに付いたりして、工夫する。 ●その瞬間の様子だけではなく、前後のやり取りにも目を向け、泣いている泣いていないに関係なく、冷静な立場で仲介をする。 ●保育者と同じことをしてみたいという子どもの気持ちを受け止め、子どもにできる手伝いを頼む。

⇄ 職員との連携

- 戸外に出る際は、全体を見る保育者、戸外が苦手な子に付く保育者に分かれ、安全に戸外遊びを楽しめるように配慮する。
- 個々の子どもの文字の理解力や、正月遊びの経験などを伝え合い、苦手とする子、いつも負けて悔しい思いをする子なども楽しく遊べるように、個々に応じた援助を話し合う。

🏠 家庭との連携

- 冬に流行しやすい感染症の予防のために手洗い、うがいをし、生活のリズムを整える大切さを伝える。
- 雪遊びが楽しめるよう、自分で着脱しやすい防寒具を用意してもらう。
- 正月遊びや伝承遊びを家庭でも楽しんでもらい、園と家庭で共通の経験ができるようにする。

🏷 評価・反省

- 寒さから、手洗い、うがいをしない姿が見られた。紙芝居や絵本などを使って、手洗い、うがいの大切さを伝えた。
- 雪遊びの着脱の際、自分で着られるようにと急ぐ保育者の思いから、子どもたちの「自分でしよう」という気持ちを損なわせてしまった。保育者がゆとりをもって援助をしていくべきだった。また、かるたやすごろくで友達との遊びを楽しんだ。

自然：自然との関わり・生命尊重　数字：数量や図形、標識や文字などへの関心・感覚　言葉：言葉による伝え合い　表現：豊かな感性と表現　を表しています。

1月 月案 ＊保育園

保育園

2月

月案

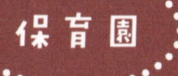

月案
（保育園）
→
P084~P085
2月の月案

2月の
月案

ここが
ポイント！

みんなで力を合わせる楽しさを

　一人ではできないことも、みんなで力を合わせるとできる、ということを感じ取ってほしいものです。節分の鬼も、みんなの力で退散させられたはず。絵や立体作品も、みんなで力を合わせると、すてきな芸術作品になったはずです。「○○ちゃんと△△ちゃんが力を合わせたんだね」「○○組さんが力を合わせたら、こんなにすばらしい作品ができて嬉しいね」と、言葉に出して知らせていきましょう。

2月月案 すみれ組

前月末の子どもの姿

●手洗い、うがい、排泄など基本的な生活習慣が身に付きつつあるが、まだ促しが必要である。正月遊びを通して、文字への関心を深め、友達と関わって遊ぶ楽しさを感じている。

		★ 内 容
養護	生命の保持・情緒の安定	●感染症の予防に努める。 ●様々な欲求を受け止めてもらうことで、自信をもって自分の気持ちを伝え、安心して過ごす。
教育	健康・人間関係・環境・言葉・表現	●つらら、雪、氷など、冬の自然を見たり触れたりして、驚きや関心をもって遊ぶ。 ●危険な行動が分かり、安全に遊ぼうとする。 ●共用の物を友達と一緒に使ったり、少しずつ譲り合ったりして使おうとする。 ●身近な素材を使って、切ったりはったりしてつくり、それを使って飾ったり遊んだりすることを喜ぶ。 ●友達と一緒に季節の歌を歌ったり、リズムに合わせて簡単な楽器を鳴らしたりして遊ぶ。

食 育

〈ねらい〉●節分に関心をもつ。
〈環境構成〉●節分に関する絵本を読む。
〈予想される子どもの姿〉●鬼に豆をぶつけることを楽しむ。
〈保育者の援助〉●豆が大豆であることや、年の数だけ食べることを伝える。

「幼児期の終わりまでに育ってほしい姿」の 健康：健康な心と体　自立：自立心　協同：協同性　規範：道徳性・規範意識の芽生え　社会：社会生活との関わり　思考：思考力の芽生え

◆ ねらい

- 様々な欲求を丁寧に受け止められ、安心して生活する。健康
- 友達と関わり、一緒に遊ぶことを楽しむ。協同
- 雪や氷などに興味をもち、冬ならではの遊びを楽しみながら冷たさや溶けることについて考える。自然 思考
- 自分のイメージを、言葉、行動、造形遊びなどで自由に表現する。言葉 表現

📋 月間予定

- 交通安全指導
- 誕生会
- 豆まき
- 作品展
- 英語教室
- 個別懇談会
- 避難訓練

🪑 環境構成	👧 予想される子どもの姿	👕 保育者の援助
●感染症予防のために、大切なことやインフルエンザにかかるとどのような症状になるのかを分かりやすく図示し、自分で健康を意識できるような雰囲気をつくる。 ●子どもたちの言葉に笑顔で返答し、言葉に詰まったときは背中をさするなど、安心して自分の気持ちを伝えられるような雰囲気をつくる。	●熱を測ると、38度以上の高熱が出ている。 ●「頭が痛い」「おなかが痛い」と体調の不良を訴える。 ●戸外から戻った後、手洗い、うがいをする。 ●保育者の質問に対して自分の考えを答えるが、他児に否定されて涙ぐむ。 ●保育者にほめられ、自信をもつ。	●子どものふだんの様子を把握し、すぐに異変に気付けるようにする。また、38度以上の熱があるような場合は病後児室へ移動し、他児への感染を防ぐ。 ●勇気を出して考えたことを発表した姿を認め、「○ちゃん、よく考えたね！」「先生も思いつかなかったよ！」と、伝えてよかったと思えるように、個々に認める言葉をかける。
●寒い日には、前もって様々な容器に色水を入れたり花びらや毛糸などを入れて水を張ったりし、戸外に置いておく。 ●人数分の玩具がないことを、子どもの前で並べたり数えたりして見せる。 ●はさみを使う際は、子どもに背を向けず、安全を確認できる位置に立つ。 ●子どもに親しみのある冬の歌を用意する（おにのパンツ、豆まき、ゆきのぺんきやさんなど）。 ●保育者も楽しそうに歌う姿を示し、歌いたくなるような雰囲気をつくる。	●氷づくり用の容器の中に、様々な物を入れたがる。 ●氷ができ上がっていることを楽しみに登園する。 ●水たまりが凍っていたり、つららがあったりしたことを知らせる。 ●保育室内を走らないこと、安全なはさみの使い方など、ルールを守って行動する。 ●物の取り合いをする。 ●はさみの連続切りができず、1回で紙を切る。 ●体を揺らし、リズムに合わせて楽しく歌う。 ●リズムに関係なく、楽器をたたく。	●氷ができている、できていないを目にすることで、「今朝はとても寒かったからだね」などと言葉をかけ、冬の自然事象や気温に興味がもてるようにする。 ●危険かどうか判断できない子には、なぜその行動が危険なのかを分かりやすく伝える。危ない行動は注意し、けがをして痛い思いをさせたくないという、保育者の思いを伝える。 ●歌詞を実際の情景や様子と照らし合わせながら伝え、イメージして歌うことを楽しめるようにする。

⇄ 職員との連携

- 製作を行う際は、配慮が必要な子をどの保育者が援助するかを話し合っておく。
- 個別懇談会の前に、個々の成長や課題などを職員間で話し合い、共通理解を図る。
- 保育者同士が物の貸し借りをする際は「貸してください」「ありがとう」などを笑顔で言い合い、モデルとなるようにする。

🏠 家庭との連携

- 感染症を予防するために、家庭でも手洗い、うがいを徹底してもらう。
- 作品展に向けて製作を楽しむ中で、子どもたちが努力したところや工夫したところなど、保護者が作品を見るときに成長を感じてもらえるよう、連絡帳や口頭で子どもたちの様子を伝える。
- 個別懇談会では、できていることや、進級する際の課題などを話し合う。

🏷 評価・反省

- 作品展では、一人一人の子どもらしさを表現し、個性を発揮することができるよう働きかけた。製作する中で、認めたり工夫していることを具体的に言葉で伝えたりすることが、意欲を更に高めて次につながることを実感した。
- 個別懇談会を通して、ふだんはあまり話ができない保護者と共に成長を喜び合い、今後の課題を話すことができた。

2月 月案 ＊ 保育園

自然：自然との関わり・生命尊重　数字：数量や図形、標識や文字などへの関心・感覚　言葉：言葉による伝え合い　表現：豊かな感性と表現　を表しています。

保育園

3月
月 案

CD ROM 月案（保育園） → P086-P087 3月の月案

3月の月案 ここがポイント！

一年の成長に気付けるように

日に日に寒さがゆるみ、春の訪れを感じるころです。散歩の際に、木の芽が膨らんでいたり、モモやウメが咲いたりしていたら、観察してみましょう。

ひな祭りも春の祭りです。4月からいろいろな経験をしながら、たくましく成長してきた子どもたちの姿を語り、自分の成長に気付けるようにしましょう。そして、更にこれからの健やかな成長を祈って、ひな人形をつくったり飾ったりしたいものです。

3月月案 すみれ組

前月末の子どもの姿

●保育者に共感してもらったり励ましてもらった経験により、子ども同士で問題を解決しようとする姿が見られる。
●注意力や観察力が身に付き、身の回りの人の行動を遊びの中に取り入れ、想像力を発揮しながらごっこ遊びを楽しむ。

		★ 内 容
養 護	生命の保持・情緒の安定	●衣服の調節に留意しながら、健康に生活する。 ●満足感や達成感を味わいながら、自信をもって楽しく生活する。
教 育	健康・人間関係・環境・言葉・表現	●生活の見通しをもち、生活に必要な習慣を身に付け、自分で行動する。 ●ルールのある遊びをする中で、約束を守りながら、友達を意識して遊ぶ。 ●友達と一緒に遊びの場をつくったり探したりし、それぞれのイメージを出し合って遊ぶ。 ●戸外に出かけ、様々な春の動植物に親しみ、発見を友達に伝える。 ●5歳児を送る意味が分かり、プレゼントをつくったり歌を歌ったりして卒園を祝い、進級に期待をもつ。

食 育

〈ねらい〉●完食できた喜びを味わう。
〈環境構成〉●器の大きさが適切かどうか確認する。
〈予想される子どもの姿〉●「○○が苦手だから」などと保育者に言いにくる。
〈保育者の援助〉●苦手な物は少なく盛るなどして、完食できた経験をつくるようにする。

「幼児期の終わりまでに育ってほしい姿」の 健康：健康な心と体 自立：自立心 協同：協同性 規範：道徳性・規範意識の芽生え 社会：社会生活との関わり 思考：思考力の芽生え

◆ ねらい

●成長を認められ、満足感や達成感を得ながら生活する。[自立]
●基本的な生活習慣や健康、安全に必要な習慣の自立に向けて行動し、進級に対する期待をもって生活する。[健康][自立]
●戸外遊びや散歩を通して自然に親しみ、植物などの変化や春の訪れを感じる。[自然]

📋 月間予定

●ひな祭り会　　●保育参観
●誕生会　　　　●お別れ会
●避難訓練　　　●卒園式

🪑 環 境 構 成	👧 予想される子どもの姿	👕 保育者の援助
●着脱しやすい衣服を用意してもらい、子どもが自分で取り出しやすいようにする。 ●コートかけは、廊下に置いておく。 ●子どもの成長や努力をクラス全体の前で伝え、満足感や達成感を味わえるような雰囲気をつくる。 ●修了証を、一人分ずつ準備する。	●「今日は晴れだから暖かいね」と、天気に応じた気温を感じている。 ●戸外に出て、体を動かして遊ぶ。 ●微熱で登園し、食欲や元気がない。 ●友達の前で返事ができなかった子が、大きな声で返事をする。 ●友達同士で認め合ったり、ほめ合ったりする。 ●「次は何をすればいいの?」と保育者に問う。	●「本当だね、おひさまが出ているもんね」と子どもの気付きに共感し、季節の移り変わりを感じることができるようにする。 ●体調が悪いまま登園する子には、水分を多めにとったり、戸外遊びを控えたりするなどの対応を取る。 ●できるようになった姿を認めつつ、そこに注目されることで恥ずかしくならないように注意して言葉をかける。
●身の回りのことがしやすいように整理かごや用具を設置し、汚れ物入れ袋などを補充し、子どもが自分でできるような環境をつくる。 ●遊びのルールを図示し、並ぶ線をテープではっておく。 ●子どものイメージが膨らむような玩具やコーナーを準備する。 ●遊びの場を設定できるように、ござや、ついたてを準備しておく。 ●春の自然物が見られる散歩コースを下見する。	●「自分でするから見ててね」と、保育者に見てもらうことで安心して身の回りのことをする。 ●鬼にタッチされると泣いて、鬼になることを嫌がる。 ●「やりたくない」と言い、ゲームに参加しない。 ●戸外へ出ると「暖かいね」と、冬との気温の違いを感じて言う。 ●「お花咲いてた!」と、友達や保育者に嬉しそうに知らせる。 ●5歳児にプレゼントを渡す際に、黙って手渡す。	●進級に期待をもちながらも不安もあることを理解し、時には、できるけどやってもらいたい、という甘えを受け入れ、子どもが愛されていると感じられるような態度で接する。 ●やりたくない子の表情やしぐさに変化が見られたら「一緒にしてみる?」と、楽しさが感じられるようにする。 ●風の暖かさや、草木の芽生えなど、子どもと気付きや発見を共有する。 ●お別れ会や卒園式では、卒園児に対して「ありがとう」という気持ちをもてるようにする。

⇄ 職員との連携

●集団行動では、遅れがちな子を把握し、個別に次の行動をくり返し伝えて、援助しながら集団で行動できるようにする。
●クラス活動や遊びでは、全体を見る保育者、配慮が必要な子を見る保育者に分かれ、子どもたちが満足して活動できるようにする。
●遊戯室での集会の際は、一人の保育者が先に遊戯室へ椅子を運んでおく。

🏠 家庭との連携

●保育参観の全体懇談会では、保護者同士が話をできるような時間を設けて、一年の成長を伝え、保護者同士や保育者と成長を喜び合う。
●季節の変わり目で体調を崩しやすいことを伝え、体調管理に配慮してもらう。
●進級に対して不安な気持ちがある子もいるので、自信をもたせながら内面に寄り添うことを大切にしてもらう。

🏷 評価・反省

●異年齢児と関わる中で進級への期待が出てきている。また2歳児クラスとの交流では、優しく手を引いたり、教えてあげたりする姿に、日ごろ年上の子どもたちから優しく接してもらっていることを感じた。
●お別れ会では、4歳児クラスの手伝いをするような形で、子どもたちが主体となって、プレゼントづくり、飾り付けの活動を行うことができた。

3月 月案 ＊ 保育園

[自然]:自然との関わり・生命尊重　[数字]:数量や図形、標識や文字などへの関心・感覚　[言葉]:言葉による伝え合い　[表現]:豊かな感性と表現　を表しています。

4月 月案

幼稚園 認定こども園

CD ROM　月案（幼稚園・こども園）→ P088-P089 4月の月案

4月の月案 ここがポイント！

子どもとも保護者とも、信頼関係を

子どもはもちろん、保護者も新しい生活にドキドキしています。園は安心できるところだと認識できるよう、保育者は明るい笑顔で一人一人に優しく声をかけましょう。そして、「困ったことがあったら、この先生が助けてくれる」と安心できるよう、信頼関係を築いていきます。保護者も保育者から個別に話しかけられると嬉しいものです。保護者を安心させることが、子どもの安定にもつながります。

4月月案 うさぎ組

👧 今月初めの子どもの姿

- ●初めての園生活を楽しみにしている反面、新しい環境に不安や緊張感を抱いている。
- ●身の回りの始末の仕方に、個人差がある。

	第1週
◆週のねらい	●導入保育や入園式に参加し、園生活を楽しみにする。 ●自分のマークや生活の場、クラス、保育者を知る。
★内容	●親子で導入保育、入園式に参加する。 ●保育者と一緒に、手遊びや歌を楽しむ。 ●保育者やクラスの名前を知る。 ●自分のマークやロッカーの場所を知る。
環境構成	●ロッカーや靴箱、持ち物にマークを付けたり記名したりする。 ●保育室が楽しい雰囲気になるよう、壁面装飾をする。 ●保育室、園庭の清掃と安全点検をする。
保育者の援助	●子どもが安心できるよう、笑顔で迎える。 ●パペットや人形を使い、楽しく分かりやすい雰囲気の中で話をする。 ●園内を子どもと一緒に歩き、トイレや手洗い場などの場所を伝える。

🍚 食育

- ●お弁当では、みんなで食べる楽しい雰囲気を感じられるよう、配慮する。
- ●食べられたことに喜びを感じられるような言葉をかける。
- ●保護者と連携し、食べられたことに達成感を得られるよう、初めは好きな物を入れてもらうように話す。

「幼児期の終わりまでに育ってほしい姿」の　健康：健康な心と体　自立：自立心　協同：協同性　規範：道徳性・規範意識の芽生え　社会：社会生活との関わり　思考：思考力の芽生え

◆ 月のねらい

- 保育者に親しみをもち、好きな遊びをして、安心して過ごす。健康
- 保育者と一緒に生活の場や流れを知り、自分で持ち物の始末を行う。自立 規範
- 園生活の流れを知る。健康

📋 月間予定

- 導入保育
- 入園式
- 懇談会
- 身体測定
- 個人面談
- 避難訓練

第2週	第3週	第4週
●保育者と触れ合い、親しみを感じる。 ●好きな遊びを見付けて楽しむ。	●身の回りのことを自分で行う。 ●園生活の流れを感じながら、生活の仕方を知る。	●みんなでお弁当を食べる楽しさを知る。 ●保育者や友達と戸外の気持ちよさを感じ、自然や生き物に親しむ。
●保育者と持ち物の始末をする。 ●保育者と触れ合い、一緒に遊ぶ。 ●自分の興味のある遊びを探す。 ●保育者と共に排泄や手洗いを行う。	●リズムにのって体を動かすことを楽しむ。 ●歌や絵本、クラスの集まりなどを、友達と一緒に楽しむ。	●5歳児に生活の歌を歌ってもらったり、お弁当の支度を手伝ってもらったりして交流する。 ●ダンゴムシやタンポポを見付ける。
●気持ちが安定するよう、感触遊びの素材や、ふだん家庭で経験している玩具を十分に用意する。 ●生き物や植物に関心が向くよう、身近な場所に置く。 ●思わず遊びたくなるように、玩具を配置する。	●小麦粉粘土や絵の具のスタンピング、リズム遊びなど、感覚や感触を楽しめる遊びを用意する。 ●絵本や手遊びなどは、くり返しがある分かりやすいものを選び、みんなで楽しめるようにする。	●こいのぼりに興味をもち、つくって遊べるよう、コーナーに紙やクレヨンを用意する。 ●お弁当の支度は、絵や写真を使って分かりやすいように表示する。 ●虫を入れるケースや、草花を持ってかえるための袋を用意する。
●一人一人の名前を呼び、スキンシップを心がけ、安心できるようにする。 ●保護者と離れられない子は、無理に離さず、保育室まで保護者に付き添ってもらうなど、個々に対応する。 ●排泄や手洗い、身の回りの始末などは、一人一人の様子に応じて手伝ったり見守ったりする。	●リズム遊びは保育者自身が豊かな表現をして、楽しい雰囲気をつくる。 ●一人一人の気持ちを受け止めながら、安定して没頭できる遊びに誘う。 ●排泄は個人差が大きいので、時間を見て全体に促したり、個別に声をかけたりして一緒に行う。	●一人一人の呼びかけに応じるとともに、クラスの集まりで名前を呼んで紹介したり、遊びを通して友達と関わりがもてるように配慮する。 ●お弁当では、楽しい雰囲気を心がけ、食べられたことを認める。 ●避難訓練では、怖がらないで行えるよう、配慮する。

⇄ 職員との連携

- 子どもの不安な気持ちを十分に受け止められるよう、担任以外の職員間でも連携を図る。
- 大きい子を頼って、5歳児クラスに行く子には、保育者間で連絡を取り合い、状況を受け入れる。
- 懇談会や個人面談での情報を共有し、保育に生かす。

🏠 家庭との連携

- 懇談会や個人面談を通して、家での様子や性格、好きな遊びや家庭での気になることを聞いておく。
- 母子分離ができない子や、不安が大きい子どもの保護者に、園での様子や状況を知らせる。

🏷 評価・反省

- 不安な子の気持ちを受け止めてスキンシップを図り、興味をもてるようなものを遊びに取り入れたことで、不安がやわらいだ。
- 園生活の仕方は、個別に声をかけながらくり返し知らせていく必要がある。
- 遊びの幅が少しずつ広がってきたので、物の取り合いなどが増えた。友達との関わり方を知る大切な経験ととらえ、丁寧に関わっていきたい。

4月 ...... 月案 ** 幼稚園 認定こども園

自然 ：自然との関わり・生命尊重 数字 ：数量や図形、標識や文字などへの関心・感覚 言葉 ：言葉による伝え合い 表現 ：豊かな感性と表現 を表しています。

幼稚園 認定こども園 5月 月案

CD ROM　月案（幼稚園・こども園）→ P090-P091 5月の月案

5月の月案 ここがポイント！

連休明けは、一から始める気持ちで

　ようやく園に慣れてきてホッとしていたのに、5月の連休明けには逆戻りで、がっかりしてしまうかもしれません。これも自然な姿です。肯定的にとらえながら、一人一人と丁寧に関わりましょう。園生活の流れは理解しているので、「あら、もうちゃんと分かっているのね」とびっくりした顔をすると、得意げにしゃべりだすこともあります。自信をもたせながら、楽しい遊びに誘っていきたいものです。

5月月案 うさぎ組

前月末の子どもの姿

● 自分の気持ちを言葉で伝えられず、トラブルになる。
● 緊張と疲れから、体調を崩す子もいる。
● 園生活の流れが少しずつ分かり、持ち物の始末を自分でしようとする。まだ言葉かけや援助が必要な子もいる。

	第1週
週のねらい	● 興味のある遊びを見付け、友達と楽しむ。 ● こどもの日に関心をもつ。 ● こいのぼりに興味をもつ。
内容	● 好きな遊具を見付けて遊ぶ。 ● こどもの日の集いに参加する。 ● こいのぼりを見たり、触ったりしながら、親しみを抱く。
環境構成	● 園庭にこいのぼりを飾り、風に泳ぐダイナミックさを感じられるようにする。 ● 好きな遊びを十分に楽しめるよう、コーナーごとに置く（ままごと、粘土、乗り物など）。 ● 砂場で裸足になって遊ぶ際は、足を洗うたらいや足ふきマットを用意しておく。靴は保育者と一緒に靴箱にしまう。
保育者の援助	● 全体で行う集会が楽しいと感じられるように、内容や時間を3歳児中心に考え、配慮する。 ● 遊びの中では、保育者が遊びの仲介者になり、個々が満足すると同時に、周りにいる友達の存在に少しずつ気付けるようにする。

食育

● 園でお弁当を食べられたことを認める言葉をかけ、達成感を得られるようにする。
● 立ち歩かずに食べることを伝え、みんなで食べる楽しさを感じさせる。
● 食べる前には手洗いや身の回りの整頓をし、気持ちよさを感じられるような言葉をかける。

「幼児期の終わりまでに育ってほしい姿」の 健康：健康な心と体　自立：自立心　協同：協同性　規範：道徳性・規範意識の芽生え　社会：社会生活との関わり　思考：思考力の芽生え

◆ 月のねらい

- 園生活の過ごし方に慣れ、安心して過ごす。 健康
- 興味のある遊びを見付け、没頭して楽しむ。 健康
- 保育者や友達と一緒に、いろいろな活動に参加する。 協同

🗐 月間予定

- 歓迎会
- こどもの日の集い
- 親子遠足
- 誕生会
- 内科検診

第2週	第3週	第4週
●砂や泥の感触を楽しむ。 ●クレヨンの扱い方を知り、自由にかくことを楽しむ。 ●母の日があることを知る。	●自然と触れて楽しく遊ぶ。 ●はさみの安全な使い方を知り、1回切ることを楽しむ。 ●誕生会に楽しんで参加する。	●内科検診に参加し、自分の体に興味をもつ。 ●色水遊びを楽しみ、水の感触や色の変化に興味をもつ。
●クレヨンでかくことを楽しむ。 ●保護者へプレゼントすることを楽しむ。 ●砂、泥の感触を楽しみながら遊ぶ。 ●草花のにおいをかいだり触ったりして、五感で感じる。	●保護者と一緒に遠足へ行き、自然の中で体を動かして遊ぶ。 ●はさみやのりを使って製作する。 ●誕生会に参加して、友達を祝う。	●5歳児に手伝ってもらいながら、衣服の着脱をし、内科検診を受ける。 ●持ち物の始末、排泄、手洗いなどを自分でしようとする。
●連休明けは不安になりやすいので、4月から親しんだり楽しんだりしていた遊びを用意する。 ●リズム遊びは、タイミングを見て外でもすぐ楽しめるよう、曲を用意して、保育者が楽しそうに踊る。 ●園庭では、春に咲く草花などを栽培する。	●遠足の際に踊った曲やゲームが遠足後もできるよう、用意する。 ●虫や草花が入れられるように、カップやビニール袋を用意する。 ●はさみを使って1回切ることで遊べるよう、画用紙を1センチ幅の帯状に切る。 ●誕生会の会場の壁面を、楽しく飾る。	●一人一人が満足して遊べるよう、ペットボトルは十分に用意する。 ●自分たちで色水を洗えるよう、たらいに水をためる。 ●着替えの衣服がたたみやすいよう、机を出す。 ●水遊び用のスモックは、子どもの手の届くところに用意する。
●連休明けで不安になったり、新たに泣きだしたりする子には、気持ちを受け止めてスキンシップを図りながら関わり、個々の状態に合わせて好きな遊びを見付け、安心して過ごせるようにする。	●物の取り合いからトラブルが起きたら、保育者がそれぞれの思いを代弁して伝える。 ●遊んだ後の片付けを保育者と行い、できたことを認める。 ●はさみの使用には十分に注意する。	●子どもの緊張をやわらげるため、前日に内科検診の内容を伝える。 ●自分でできたことを認めながら、他児への刺激となるようにする。 ●子どもの発見に共感しながら、色水遊びに興味がわくよう声をかける。

⇄ 職員との連携

- 遠足では、事前に下見に行き、行動範囲や時間配分などの見通しを立てる。
- 危機管理についても事前に計画する。
- 異年齢児との交流では、子どもたちの様子で感じたことなどを情報交換しておく。
- 泣いている子の様子などを職員間で共有し、子どもの気持ちを読み取り、対応を話し合う。

🏠 家庭との連携

- 連休明けで不安になるなど、家での様子を聞いたり園での様子を知らせたりしながら、保護者と一緒に対応を考える。
- 疲れが出るころなので、一人一人の状態に合わせて休息を取るよう、クラス便りなどで発信する。

🏷 評価・反省

- 連休明けで、急に泣きだした子がいた。4月から親しんでいる遊びに没頭する子もいた。遊びに夢中になると、情緒が安定するようだ。
- 友達と同じ場所を使い、同じ遊びをすることが楽しいようだ。十分に満足して遊べる環境をつくりたい。
- 活動の切りかえが難しく、なかなか保育室へ入れない子もいるので配慮する。

5月 ・・・・・ 月案 ** 幼稚園 認定こども園

自然：自然との関わり・生命尊重　数字：数量や図形、標識や文字などへの関心・感覚　言葉：言葉による伝え合い　表現：豊かな感性と表現　を表しています。

幼稚園
認定こども園

6月

月案

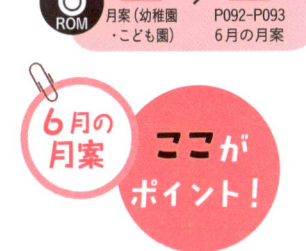

月案（幼稚園・こども園） → P092-P093 6月の月案

6月の月案

ここがポイント！

視覚的教材を利用して、楽しく

　子どもをみんな集めて話をしたつもりでも、耳を素通りして心に残っていないことも多いものです。ペープサートやパペットなどを利用して、子どもの興味を引き、楽しい思いと同時に伝えたい内容を届けるようにしましょう。また、一方的な話ではなく、子どもに問いかけたり、言ったことをくり返してコールしたり、手拍子やポーズをしたりと、子どもが体を通して参加できるようにするとよいでしょう。

6月月案 うさぎ組

前月末の子どもの姿

●園に来ることが楽しみになり、気に入った遊びをくり返している。
●身支度や片付けを、自分でしようとしている。

第1週
週のねらい ●興味のある遊びを自分で見付けて、十分に楽しむ。 ●怖がらずに歯科検診を受ける。 ●親子で触れ合い、親子プレイデーを楽しむ。
★内容 ●5歳児と手をつなぎ、エスコートされて歯科検診を受ける。 ●解放感のある遊びを楽しむ。 ●保護者と一緒に園で遊ぶ。
環境構成 ●砂や水で遊ぶためのバケツやじょうろを用意する。 ●保護者と一緒に遊べるようなコーナーを用意する。 ●触れ合い遊びやリズム遊びの曲を用意する。 ●新しいことに見通しがもてるよう、実物や絵を用いる。
保育者の援助 ●前日に歯科検診があることを伝え、パペットなどを用いて分かりやすく説明する。 ●友達にも思いがあることに少しずつ気付けるよう、声をかける。 ●保育者も率先して裸足になり、心を解放して共に遊び、楽しむ。

食育

●自分で掘ったジャガイモを使ってクッキングをし、つくった物をみんなで食べることで食への関心がもてるようにする。
●苦手な物が食べられた際には、みんなの前で認めるなどして、自信がもてるようにする。

「幼児期の終わりまでに育ってほしい姿」の 健康：健康な心と体　自立：自立心　協同：協同性　規範：道徳性・規範意識の芽生え　社会：社会生活との関わり　思考：思考力の芽生え

◆ 月のねらい

- 梅雨の自然に興味をもち、身近な動植物に触れて楽しむ。 [自然]
- 水や土の感触を味わい、のびのびと遊びを楽しむ。 [自然]
- 家族の愛情に気付く。 [社会]

📋 月間予定

- 歯科検診
- 親子プレイデー
- プール開き
- ジャガイモ掘り
- 自由参観

第2週	第3週	第4週
●父の日があることを知り、プレゼントづくりを楽しむ。 ●水の感触を知り、プール遊びを楽しむ。	●身近な生き物に興味をもち、飼育を楽しむ。 ●絵の具の感触を味わいながら、フィンガースタンプを楽しむ。	●絵の具を使い、色水遊びを楽しむ。 ●土の感触を味わいながら、ジャガイモの収穫を喜ぶ。
●お父さんへのプレゼントを楽しんでつくる（ひも通し）。 ●保育者や友達と一緒にプール遊びを楽しむ。	●保育者とカイコの世話をする。 ●フィンガースタンプを楽しむ。 ●雨をイメージし、スタンプを用いた製作を楽しむ。	●水に触れたり、色の変化に気付いたりする。 ●異年齢児と一緒にジャガイモを掘る。 ●ジャガイモを調理して食べる。
●父の日のプレゼントづくりで行った活動は、自由遊びの際にもつくって遊べるように用意する。 ●水で遊ぶことへの興味がもてるよう、プールで遊ぶ玩具を用意する。 ●水への抵抗を感じる子には、小さめのビニールプールや玩具を用意し、落ち着いて遊べるようにする。	●カイコが食べるクワの葉は、子どもが取れるように踏み台を置く。 ●雨の日は、新聞紙遊びやサーキット遊びなど、体を動かし、気持ちを解放して遊べるようにする。 ●アジサイやカタツムリなどを一緒に見て、製作が楽しめるように材料を用意する。	●庭にテーブル、バケツ、たらい、ペットボトルを用意し、水で遊べるように設定する。 ●色水に使うペットボトルは、各家庭で記名して用意してもらい、全員が使えるようにする。 ●ジャガイモが出てくる絵本を読み、興味がもてるようにする。
●手伝ったりコツを教えたりしながら、安心して着替えられるようにする。 ●お父さんをイメージしながらプレゼントをつくることに喜びが感じられるよう、お父さんの話を引き出す。 ●プールで遊ぶときの約束事を、分かりやすく伝える。	●カイコの成長に気付けるよう、脱皮した皮やフンなどを記録する。 ●遊びに入りたいときは「入れて」「いいよ」というやり取りがあることを伝え、実際に一緒に言う。 ●衣服の着脱は、できたところややろうとした意欲をほめ、自信につなげる。	●暑い日、肌寒い日などがあり、体調を崩しやすいので、健康観察をしっかり行う。 ●水遊びなどで衣服が汚れている子は、片付けの際に他児より早めに声をかけ、余裕をもって着替えができるようにする。

⇄ 職員との連携

- 縦割りの活動では、事前に子どもの様子や行程などを細かく情報交換する。また、当日の様子や感じたことを伝え合う。
- 水遊びの着替えなど、保育者の人数が必要なときは、事前に募る。

🏠 家庭との連携

- 家でも衣服の着脱などに自分で取り組む機会をつくってもらうよう、おたよりなどで伝える。
- 自由参観では、保育のねらいや活動の流れなどを週案などを通して知らせる。
- 体調を崩しやすい時期なので、家庭での十分な休息を呼びかける。

🏷 評価・反省

- 雨の日はエネルギーを持て余しがちなので、気持ちを発散させたり没頭できる遊びを用意したりしたことで、室内でもゆったりと楽しむことができた。
- 自由参観を通して、園生活の流れや子どもの様子を保護者に知ってもらえた。
- 同じ遊びがきっかけになり、友達と関わって遊ぶ姿が見られた。更に関係が深められるような援助をしたい。

[自然]：自然との関わり・生命尊重　[数・字]：数量や図形、標識や文字などへの関心・感覚　[言葉]：言葉による伝え合い　[表現]：豊かな感性と表現　を表しています。

6月 …… 月案 ＊＊ 幼稚園 認定こども園

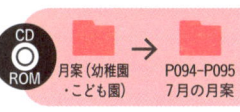

7月月案
うさぎ組

CD ROM　月案（幼稚園・こども園）→ P094-P095 7月の月案

7月の月案　ここがポイント！

七夕の情緒を十分に味わって

　園生活のよさの一つは、伝統行事に触れる機会があることでしょう。生活の場に、大きな笹飾りがあることは驚きです。自分の願いを書いてもらった短冊やつくった飾りをつるしたり、星に関するお話を聞いたりして、七夕の雰囲気を味わいましょう。

　また、存分に水遊びができる心地よさを味わい、園に来ることが楽しみになるようにします。そこで人との関わりも経験できるように導きましょう。

前月末の子どもの姿

●友達と同じ場所にいたり、同じことをしたりすることを喜ぶ姿が見られた。反面、自分の気持ちをうまく伝えられず、ぶつかり合うこともあった。
●いろいろな素材や遊具に興味を示すが、持続はしない。

	第1週
週のねらい	●異年齢児と関わりながら、コーナー遊びを選んで楽しむ。 ●七夕に興味をもち、七夕集会に参加する。 ●友達や保育者と好きな遊びを楽しむ。
内容	●コーナー遊びを異年齢児と楽しむ。 ●七夕の話を聞いたり、折り紙で飾りをつくったりする。 ●園庭で、気の合う友達と遊びを楽しむ。
環境構成	●園の玄関に笹の葉を用意し、その近くにいつでも飾り付けができるよう、折り紙やのりなどのコーナーを設置する。 ●一人一人の個性が出るよう、飾りづくりではいろいろな形や色の材料を用意し、選べるようにする。 ●クラス解体の活動を設定し、異年齢児との交流を図る。
保育者の援助	●七夕に興味がもてるよう、ペープサートや絵本を使って話をする。 ●異年齢児から刺激を受け、遊びの幅を広げられるようにする。 ●子ども同士でやり取りをしている際は、必要以上に仲介せず、見守る。

食育

●食べられたことを「背が大きくなるね」「元気になるね」などと具体的にほめ、意欲につなげる。
●暑さのため、食欲がない子には無理強いせず、体調を見ていく。

「幼児期の終わりまでに育ってほしい姿」の 健康：健康な心と体 自立：自立心 協同：協同性 規範：道徳性・規範意識の芽生え 社会：社会生活との関わり 思考：思考力の芽生え

◆ 月のねらい

●行事や遊びを通して、夏ならではの楽しみを味わう。自然
●異年齢児と関わり、刺激を受けたり安心して遊んだりする楽しさを感じる。協同 規範

月間予定

●七夕集会
●みんなで遊ぼう（縦割りの活動）
●懇談会
●終業式
●誕生会
●大掃除

7月
月案
＊幼稚園
＊認定こども園

第2週	第3週	第4週
●水遊びや盆踊りなど、夏ならではの遊びを楽しむ。 ●夏祭りがあることを知り、夏飾りやうちわをつくって楽しむ。	●夏休みがあることを知り、身の回りをきれいにし、気持ちよさを知る。 ●盆踊りやごっこ遊びなどを通して、夏祭りを楽しみにする。	〈夏休み〉
●6、7月生まれの誕生児を祝い、誕生会を楽しむ。 ●マーカーがにじむ様子を味わいながら、にじみ絵で魚づくりをする。	●ロッカーや靴箱を掃除する。 ●1学期が終わることを知り、終業式に参加する。 ●盆踊りや夏祭りごっこを楽しむ。	
●いろいろな水遊びを用意し、気持ちを解放して遊べるように工夫する。 ●暑さ対策のため、テントなどで日陰をつくる。 ●うちわづくりができるコーナーを設置し、盆踊りの曲を流しながら、夏祭りの雰囲気を感じられるようにする。	●空き容器や牛乳パックなど、子どもが扱いやすい物を用意して、テープでつなぐなどの製作を楽しめるようにする。 ●終業式では落ち着いて話が聞けるよう、椅子を用意する。 ●大掃除ではぞうきん（布きれ）を用意し、大切に扱えるようにする。	●遊具の点検や掃除をする。 ●1学期の子どもの様子などを記録にまとめる。 ●子どもに手づくりの暑中見舞いのはがきを出す。 ●1学期の反省会を園全体と学年ごとで行う。 ●2学期に向けて保育室の環境設定を行う。
●水遊びの際は、脱いだ服を自分でたたむコツを手を添えて知らせ、自分でできるように援助する。 ●夏ならではの遊びを紹介しながら、一緒に夏祭りごっこを楽しめるようにする。	●夏休みが終わったら会えることを楽しみにしていると、子どもに伝える。 ●1学期に使った身の回りの物の掃除の仕方を、分かりやすく伝える。 ●熱中症にならないよう、水分補給や休息を取るように声をかける。	

⇄ 職員との連携

●暑さで体調を崩しやすいので、職員全体で安全に過ごせるように配慮する。
●異年齢児が関わる縦割りの活動では、事前にクラスの様子や興味があることを話し合い、内容を決める。終わった後は、様子や関わり方などを伝え合う。

🏠 家庭との連携

●懇談会では1学期の子どもの成長や様子を伝えるとともに、家庭で感じたことなどを保護者から聞く。
●夏休みの過ごし方について、おたよりで知らせる。
●十分に休息を取るように伝え、体調管理に留意してもらう。

🏷 評価・反省

●年上の友達を頼ったり、遊びをまねしたりしながら安心して遊びを楽しんでいた。
●夏休みのイメージがわかないようだったが、保育室の片付けをしたり、個人の物を持ちかえったりしたことで、学期末を感じ取っていたようだ。

自然：自然との関わり・生命尊重　数字：数量や図形、標識や文字などへの関心・感覚　言葉：言葉による伝え合い　表現：豊かな感性と表現　を表しています。

幼稚園 認定こども園 8月

月案

CD ROM　月案（幼稚園・こども園）　→　P096-P097 8月の月案

8月の月案 ここがポイント！

夏休みの経験が、生かされるように

　幼稚園では夏休みに入りますが、プール開放などで子どもが園にやってくる期間や、夏祭りなどの行事を夜まで浴衣で楽しむイベントが計画されているかもしれません。久しぶりに登園する園は、子どもにとっても新鮮です。「待っていたよ、会えて嬉しいな」という雰囲気をかもしだして、豊かな経験ができるような環境を準備しましょう。子どもの休み中の話を、たっぷりと聞く時間も取りたいものです。

8月月案 うさぎ組

前月末の子どもの姿

- 友達への関心が高まり、自ら遊びに加わる。
- 身近な素材でヒーローごっこの道具や動物をつくり、見立てて遊ぶ。

	第1週
◆ 週のねらい	●夏期保育で友達と会い、楽しく遊ぶ。 ●安全にプールで遊ぶ。
★ 内容	●夏休み中に家族で経験したことを話す。 ●約束を守りながら順番にプール遊びをする。 ●水の感触を楽しみ、心地よさを感じる。
環境構成	●水に入る前に約束事を話し、プールサイドには必ず保育者がいるようにする。 ●水分補給やタオルなど、子どもが戸惑わないように準備する。 ●怖がらずに水に入れるよう、浮く玩具などを浮かべる。 ●水に入ることができない子どもには、室内で色水遊びができるように準備する。
保育者の援助	●水着への着替えは、自分でできるように余裕のある時間配分をして見守る。 ●プール遊びでは、個々のペースに合わせて楽しめるようにする。 ●水が苦手な子どもも周りの子を見ることで、興味がもてるようにする。

食育

- スイカを持った重さ、割った際のにおい、食べた際の味など、五感を通して感じられるようにする。
- 他学年が育てているトマトやキュウリなどの収穫を見て、興味をもてるようにする。

「幼児期の終わりまでに育ってほしい姿」の　健康：健康な心と体　自立：自立心　協同：協同性　規範：道徳性・規範意識の芽生え　社会：社会生活との関わり　思考：思考力の芽生え

◆ 月のねらい

- 夏の自然物や遊びに興味をもつ。 自然
- 園生活の流れを思い出しながら、好きな遊びを楽しむ。 健康

📋 月間予定

- 夏期保育（スイカ割り、プール遊び）
- 夏祭り

第2週	第3週	第4週
〈夏休み〉	●夏ならではの遊びを楽しむ。 ●夏祭りに参加し、保護者や友達と一緒に楽しむ。	〈夏休み〉
	●スイカ割りをし、みんなでスイカを食べる。 ●盆踊りや夏祭りのお店を、保護者や友達と楽しむ。	
	●1学期に親しんだ遊具や素材で遊べるよう用意する。 ●夏休み中に経験したことを伝えられるように、一対一で話しかける機会をもつ。 ●スイカ割りの棒は、子どもの身長に合った長さのものを用意する。目隠しは、希望者だけにする。	
	●事前に5歳児や保育者がスイカ割りをする場面を見る機会を設け、興味がもてるようにする。 ●久しぶりの登園で緊張している子には寄り添い、一緒に遊ぶなどのコミュニケーションを図る。 ●夏休み中に経験したことを聞き、成長したことを伝え、喜び合う。	

⇄ 職員との連携

- 夏祭りの内容を事前に細かく話し合う。
- 登園を嫌がる子など、気になる子の様子を伝え合い、援助の仕方を話し合っておく。

🏠 家庭との連携

- 泣いて登園する子については、園での様子や家での様子を保護者と知らせ合う。
- 夏祭りで、ふだんと違う様子に戸惑う子には、保護者に付き添ってもらうなどして、楽しく過ごせるように伝える。
- 夏休み明けに泣くこともあるが、1学期の経験があるので、しだいに安定することを伝え、見通しをもってもらう。

🏷 評価・反省

- 1学期に楽しんだ遊びを用意しておくと、安心して遊びはじめた。
- 園生活のリズムを取り戻すには、身支度などに十分な時間と言葉をかけることが必要だった。
- スイカ割りでは、目隠しをすると緊張して怖がる子もいた。安心して楽しむことに重点を置くことが大切だと感じた。

自然 ：自然との関わり・生命尊重　数字 ：数量や図形、標識や文字などへの関心・感覚　言葉 ：言葉による伝え合い　表現 ：豊かな感性と表現　を表しています。

幼稚園 認定こども園 9月 月案

CD-ROM　月案（幼稚園・こども園）→ P098-P099 9月の月案

9月の月案 ここがポイント！

運動遊びをたっぷり楽しんで

　体操やリズムダンスなど、体を動かして遊ぶと気持ちがよいことをたっぷり味わわせたいものです。運動会の経験のない子どもたちは、運動会の話を聞いてもイメージすることができません。まして、何度も同じ練習をさせられたり、長時間、待たされたりすることは苦痛です。楽しく運動遊びをしながら、子どもの興味を読み取り、それが当日につながるように計画したいものです。

9月月案 うさぎ組

😊 前月末の子どもの姿

●暑さのため、食欲が落ちたり、体調を崩したりする子どもがいる。
●友達との関わりが増えてくるが、トラブルも多くなった。

	第1週
◆ 週のねらい	●1学期を思い起こし、園生活のリズムを取り戻す。 ●好きな遊びを見付けて、友達や保育者と遊ぶ楽しさを感じる。
★ 内容	●1学期に慣れ親しんだ遊びを楽しみながら、安心感をもつ。 ●夏休み中に経験したことを、保育者や友達に自分なりの言葉で話す。
🪑 環境構成	●1学期に慣れ親しんだ玩具を用意し、みんなで行った遊びを再現して、安心できるようにする。 ●水遊びやプールなど、解放感のある遊びが十分にできるよう、整えておく。 ●園生活のリズムが取り戻せるように、ゆったりとしたペースで活動を考える。
👕 保育者の援助	●夏休み中に経験した楽しかったことを、保育者や友達に話したいという気持ちを十分に受け止めて、ゆったりと関わる。 ●スキンシップを図ったり、笑顔で迎えたりして安心できるようにする。 ●夏休み中にできるようになったことが増えているので、受容すると同時に一人一人が自己を発揮できる場を考える。

🍚 食育

●子どもに十五夜の行事を伝え、興味をもって白玉団子づくりができるようにする。
●4、5歳児が収穫した野菜を分けてもらい、植物の生長に気付けるような言葉をかける。

「幼児期の終わりまでに育ってほしい姿」の 健康：健康な心と体　自立：自立心　協同：協同性　規範：道徳性・規範意識の芽生え　社会：社会生活との関わり　思考：思考力の芽生え

◆ 月のねらい

- ●園生活のリズムを取り戻し、自分から好きな遊びを見付けて楽しむ。健康
- ●遊びや生活の中で、自分の思いを言葉で表現する。言葉
- ●体を動かして遊ぶ楽しさを味わう。健康

🗒 月間予定

- ●始業式
- ●敬老の日
- ●身体測定
- ●十五夜
- ●避難訓練
- ●誕生会

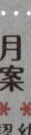

9月 ‥‥ 月案 ✳✳ 幼稚園 認定こども園

第2週	第3週	第4週
●保育者や友達と、戸外で体を動かして楽しく遊ぶ。 ●いつも優しくしてもらっている祖父母を思い、プレゼントを製作する。	●十五夜があることを知り、お団子づくりを楽しんで、友達と味わう。 ●運動遊びに興味をもち、友達や保育者と取り組む。	●自分の思いを、様々な方法で表現する。 ●運動会があることを知り、楽しみにする。
●リズム遊びや、かけっこを楽しむ。 ●敬老の日があることを知り、祖父母とのエピソードを生かしてプレゼントをつくる。	●粉の変化を見ながら、白玉団子づくりを手伝う。 ●玉入れや綱引きなどに興味をもって楽しむ。	●友達とヒーローごっこや、ままごとなど、ごっこ遊びを楽しむ。 ●かけっこやダンス、玉入れなどに参加する。
●体を動かしたり、リズムにのったりして遊ぶ楽しさを感じられるよう、子どもの好きな曲を用意して、タイミングよく踊る機会を設ける。 ●かけっこの際は、一緒にラインを引くなどの準備をして、興味がもてるようにする。	●自由遊びの中で、異年齢児と一緒に玉入れや綱引きが楽しめるよう、用意しておく。 ●子どもから要望があったら、すぐにこたえられるよう、ダンスの音楽をセットしておく。	●表現遊びは、子どもたちがイメージしやすい動物や乗り物を取り入れ、静と動、緩急がはっきりした動きを楽しめるようにする。 ●運動会が楽しくイメージできる旗やプログラムなどを一緒につくり、準備する。
●できるようになったことなど、心と体の育ちを具体的に認め、自信につなげる。 ●体を動かして遊ぶことに興味がもてるよう、保育者自身も楽しんでいる姿を見せる。	●友達と一緒に遊ぶ中で、自分の思いが通らなかったり、気持ちが伝わらなかったりしてトラブルになったら、保育者が介入して気持ちを代弁する。 ●自由遊びの中で、運動遊びに誘い、一人一人を認めて自信につながるよう援助する。	●「見て見て！」と言う子どもの主張を受け止め、認めることで、満足感や自信につなげる。 ●異年齢児の活動を見て、やりたがることには手を貸しながら、一緒に実現できるようにする。

⇄ 職員との連携

- ●自由遊びの中で、玉入れや綱引きなどの運動遊びができるよう、約束事などを確認し合う。
- ●登園をしぶる子など、気になる子の様子を伝え、話し合って、全員で気にかける。
- ●他学年から刺激を受け、行動範囲が広がる時期なので、異年齢児と遊ぶ様子から目を離さないで情報交換する。

🏠 家庭との連携

- ●久しぶりの登園で、不安がっている子の家庭と連携し、少しずつペースを取り戻せるようにする。
- ●日ごろの運動遊びの様子などを伝えるおたよりを配布する。
- ●運動遊びをやりたがらない子の保護者には、成長している姿などを具体的に丁寧に伝える。

◆ 評価・反省

- ●異年齢児が競い合ってゲームをする様子を見て、自然と玉入れやかけっこに興味をもつことができた。
- ●1学期に親しんでいた遊びを用意し、子どもたちの意見を取り入れながら遊んだことで、徐々に生活のリズムが戻った。

自然：自然との関わり・生命尊重　数字：数量や図形、標識や文字などへの関心・感覚　言葉：言葉による伝え合い　表現：豊かな感性と表現　を表しています。

幼稚園・認定こども園 10月 月案

10月月案 うさぎ組

前月末の子どもの姿

● 他学年の遊びに興味をもち、まねしようとする。
● 生活習慣がしっかりと身に付いてくる。
● 気に入った友達と関わろうとする姿が見られる。

	第1週
◆ 週のねらい	● 簡単なルールのある遊びを、みんなで一緒に楽しむ。 ● 運動会を楽しみにしながら、喜んで活動に参加する。
★ 内容	● 万国旗や未就園児用の旗をつくる。 ● ダンスや玉入れ、かけっこなどを楽しむ。 ● 他学年を応援したり、自分たちの種目を見てもらったりすることを喜ぶ。
環境構成	● 子どもの要望にすぐに応じられるよう、玉入れの用具や音楽などを用意する。 ● 応援やダンスに使えるよう、旗やポンポンなどをつくるコーナーを設置する。 ● 自然物やままごと道具を豊富にそろえ、思い思いに工夫して遊べるようにする。
保育者の援助	● 保育者も一緒になって遊びながら、体を使って遊ぶ楽しさを共に感じる。 ● 異年齢児が楽しく競技に取り組む様子を見て、自分たちも楽しい気持ちになれるよう、配慮する。

食育

● 戸外に出てみんなで一緒にお弁当を味わい、その楽しさを共有できるようにする。
● クッキングを通して、食材の特徴を発見できるようにする。

CD ROM　月案（幼稚園・こども園）→ P100-P101 10月の月案

10月の月案　ここがポイント！

さわやかな秋を満喫して

遠足やサツマイモ掘りを楽しみにできるようなお話や活動も、上手に取り入れていきましょう。

秋の虫を見たり、鳴き声をまねしたりするのも、おもしろい活動です。ホッとできる時間や空間をつくりながら、子どもが自己を発揮できるように支えていきたいものです。

また、異年齢児との関わりも増えるので、刺激を受けて子どもたちの生活が豊かになるよう導きましょう。

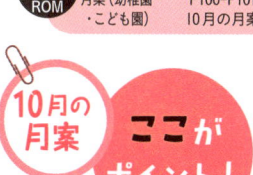

「幼児期の終わりまでに育ってほしい姿」の 健康：健康な心と体 自立：自立心 協同：協同性 規範：道徳性・規範意識の芽生え 社会：社会生活との関わり 思考：思考力の芽生え

◆ 月のねらい

●秋の自然に親しんで遊ぶ。自然
●簡単なルールのあるゲームや遊びを、みんなで楽しむ。協同 規範
●友達と一緒に、体を十分に動かして遊ぶ喜びを感じる。協同

📋 月間予定

●運動会　　●サツマイモ掘り
●遠足
●誕生会

10月 月案 ＊＊幼稚園 認定こども園

第2週	第3週	第4週
●運動会で、見てもらうことの喜びを感じる。 ●体をのびのびと動かして友達と遊ぶ。	●運動会で体験したことを思い出し、友達と一緒に楽しく遊ぶ。 ●秋の自然を感じながら、友達と一緒に遠足を楽しむ。	●土の感触を味わいながら、サツマイモの収穫を喜ぶ。 ●秋の自然に興味をもち、草花や実を集めて遊ぶ。
●見てもらう喜びを感じながら、運動会に参加する。 ●他学年の競技を応援し、刺激を受ける。 ●友達と一緒に、体を動かして遊ぶ。	●運動会ごっこを楽しむ。 ●遠足に行き、いろいろな秋の自然に触れて、友達と一緒に過ごす。	●異年齢児と一緒に、サツマイモ掘りを楽しむ。 ●秋の自然に親しんで、遊びに取り入れる。 ●ドングリなどがある公園で遊ぶ。
●運動会のダンスで付けるリストバンドをつくり、運動会に期待できるようにする。 ●運動会では、自分たちの出番が分かるように表をつくる。	●運動会の余韻が楽しめるように、玉入れやバトン、曲などを子どもの要求に応じていつでも使えるように用意する。 ●秋の自然物を使って遊べるよう、容器や袋などを用意する。	●サツマイモの絵本や図鑑などを子どもがすぐに見られるように用意する。 ●落ち葉や実を拾って集められるよう、袋や空き箱を用意する。 ●落ち葉や実で製作遊びができるよう、廃材や道具などをそろえる。
●運動会当日は、おおぜいの人たちに圧倒され、落ち着かない様子になることを配慮し、一人一人をよく見ながら安心して楽しく参加できるようにする。 ●できるようになったことをクラスの中で認めながら、一緒に体を使って遊びを楽しむ。	●ルールのある遊びでは、単純なルールを設け、分かりやすく伝える。 ●ルールを守って遊ぶことを、全員が楽しいと感じられるようにする。 ●他のクラスや異年齢児との交流が図れるような活動を考えて取り入れる。	●遊びの中で他児への関心が高まっているので、子ども同士がつながれるよう、保育者が声をかけたり、よいアイデアを取り上げたりして、橋渡しをする。 ●子どもが秋の自然に触れ、発見したり驚いたりすることに共感し、みんなで共有できるようにする。

⇄ 職員との連携

●運動会の実施要領を打ち合わせ、他学年の行動の流れや職員の動きなどを把握しておく。
●他学年に刺激を受けて遊ぶ機会が増えることを職員間で理解し、遊びに取り入れたり、子どもの様子を情報交換したりする。

🏠 家庭との連携

●運動会に不安を抱いている子どもの家庭には、当日までの過程を伝え、何に不安を感じているのかを共に考え、当日に向けて対応を共有する。
●運動会後の子どもたちの様子を、クラスだよりで知らせる。
●クッキングをする際は、使う食材を知らせ、爪を切ることを伝える。

🏷 評価・反省

●運動会ごっこを通して、異年齢児と関わり、競技を応援することで刺激を受け、運動会を楽しむことができた。
●運動会を経験し、おおぜいでの楽しい雰囲気を十分に感じた。クラスの友達とのつながりも深まっているようだ。
●秋の自然に興味が出てきたので、引き続き遊びに取り入れていきたい。

自然：自然との関わり・生命尊重　数字：数量や図形、標識や文字などへの関心・感覚　言葉：言葉による伝え合い　表現：豊かな感性と表現　を表しています。

101

幼稚園 認定こども園 11月 月案

CD-ROM
月案（幼稚園・こども園） → P102-P103 11月の月案

11月の月案 ここがポイント！

自然物を上手に遊びに取り入れて

　秋ならではの木の実や葉っぱなどで、園は森の中のような香りに包まれていることでしょう。美しい自然の恵みを味わい、遊びに取り入れていきたいものです。ドングリごまやマラカスづくりなど、どうすればできるのか、具体的に子どもに示しましょう。つくるだけでなく、つくった物で更に遊べるような環境づくりも大切です。友達を見て、まねをしながら自分の世界を広げていけるように支えましょう。

11月月案 うさぎ組

👧 前月末の子どもの姿

●秋の自然物を拾ったり集めたりして遊ぶ。友達がマラカスづくりをしているのをまねてつくり、音楽をかけると数名が楽しそうに一緒に踊っていた。
●共通のイメージをもって、友達との遊びを楽しむ。

	第1週
◆週のねらい	●収穫したサツマイモを使ってクッキングを楽しむ。 ●みんなで掘ったサツマイモの形に興味をもち、スタンプ遊びを楽しむ。
★内容	●サツマイモを調理し、みんなで食べる。 ●サツマイモでスタンプ遊びを楽しむ。 ●うがいの仕方を確認して、自分でやろうとする。
環境構成	●自らうがいができるよう、自分のコップを出すスペースを用意する。 ●拾ってきた自然物を分類できるように、入れ物を用意しておく。 ●ごっこ遊びで、仲間意識が感じられるよう、同じ衣装が自由に使えるようにそろえておく。
保育者の援助	●うがいの大切さを伝え、一緒に練習したり、様子を見守ったりしながら冬に備え、よい健康習慣が身に付くように配慮する。 ●それぞれが楽しんでいる遊びを保育者が紹介し、友達の遊びに興味がもてるようにする。

🍴 食育

●給食を楽しみにする気持ちや友達と同じ物を食べる喜びを食欲につなげる。
●みんなで同じ物を「おいしいね」と共感し合いながら食べる楽しさが感じられるようにする。
●つくってくれた人に感謝し、「いただきます」「ごちそうさまでした」とあいさつすることの大切さを伝える。

「幼児期の終わりまでに育ってほしい姿」の 健康：健康な心と体 自立：自立心 協同：協同性 規範：道徳性・規範意識の芽生え 社会：社会生活との関わり 思考：思考力の芽生え

◆ 月のねらい

- ●秋の自然に親しみ、季節の移り変わりを感じる。 自然
- ●経験したことを自分なりに表現して遊ぶ。 表現
- ●自分の思いを出しながら、気の合う友達と遊ぶことを楽しむ。 協同 表現

📋 月間予定

- ●給食開始
- ●勤労感謝の集い
- ●七五三
- ●自由参観

第2週	第3週	第4週
●七五三があることを知り、大きくなったことを喜ぶ。 ●秋の自然物を使って、楽器づくりを楽しむ。	●当番活動を楽しみにし、みんなの役に立って認められる喜びを感じる。 ●みんなでお話の世界を楽しむ。	●友達と同じお話の世界を楽しみ、共有する。 ●友達とお話の世界を共有しながら、役になりきり、歌や踊りを楽しむ。
●七五三の千歳飴の袋づくりを楽しむ。 ●給食の準備や片付けの仕方を知る。 ●楽器づくりや演奏ごっこを、友達と一緒に楽しむ。	●自分の順番を楽しみに、当番活動を行う。 ●勤労感謝の集いを通して、身近で働いている人の存在や仕事を知る。	●大好きな話を友達と劇遊びで再現することを楽しむ。 ●好きな役になりきって、友達と一緒に劇遊びをする。
●子どもがリズムに合わせて演奏ごっこが楽しめるようなスペースをつくり、楽器遊びを更に発展できる環境を整える。 ●楽器の音を聞き分けて、音に興味がもてるように、いろいろな素材を用意する。	●親しみやすい話や、リズム感のある話など、子どもがイメージを広げやすい絵本や昔話を用意する。 ●当番が昼食前に机をふけるよう、子どもでも扱いやすい、小さめのサイズのふきんを用意しておく。	●絵本はくり返し楽しめるものやストーリーが分かりやすいものを選び、いろいろな役になって劇遊びが楽しめるようにする。 ●お面やペープサートをつくることで、互いの役を認識し、更に劇遊びが楽しめるようにする。
●音から感じる子どもの表現を大切にし、共感する。 ●苦手な食べ物は無理強いせず、食事の楽しさを優先する。 ●子どもの楽器に合わせてピアノを弾くなどして、共に音を楽しむことで遊びが充実するようにする。	●子どもの「もう1回」にこたえて、絵本をくり返し読み聞かせる。 ●話し合いでは思いを言葉にし、認めてもらう喜びを味わえるようにする。 ●話し合いの中で、順番に当番を行う必要性を子どもが感じられる環境になっているかを検証する。	●簡単なせりふや表現を子どもが自発的にできる場面をつくりながら、読み聞かせをする。 ●友達との遊びが楽しくなり、朝の支度がおろそかになりやすいので、言葉をかけて促す。

11月 月案 幼稚園 認定こども園

⇄ 職員との連携

- ●運動会後、自信が付いた子どもたちは遊びの幅や活動範囲が広がり、他学年の保育室とも行き来するので、その様子などを互いに知らせるようにする。
- ●遊びに夢中になり、片付けなどが全体的におろそかになりやすいので、職員全員で声をかけることを心がける。

🏠 家庭との連携

- ●給食の様子を知らせたり、献立表を各家庭に配布したりして、親子で給食を楽しみにできるように声をかけてもらう。
- ●季節の変化に伴って体調を崩しやすいので、手洗い、うがいをすることや、休息を取ることをお願いする。

🏷 評価・反省

- ●他児を意識し「順番」が分かるようになってきたので、当番活動を取り入れた。喜んで、意欲的に行う姿が見られた。
- ●劇遊びが単調になって飽きないように、お面やペープサートをつくったり、音楽を取り入れたりするなど、毎回工夫することが必要だと感じた。

自然：自然との関わり・生命尊重　数字：数量や図形、標識や文字などへの関心・感覚　言葉：言葉による伝え合い　表現：豊かな感性と表現　を表しています。

幼稚園 認定こども園 12月 月案

CD ROM 月案(幼稚園・こども園) → P104-P105 12月の月案

12月の月案 ここがポイント！

ステージで発表する経験を自信にして

日ごろみんなで楽しんできた劇遊びやダンスを、たくさんのお客さんが見ているステージで発表するというのは、子どもにとって未知の活動です。いつもと違う雰囲気に戸惑ったり、当日に気分がのらなくなるのも自然なこと。過度にプレッシャーを与えず、いつも楽しんでいる活動をありのままに見せる姿勢で臨みましょう。人前で発表し、ほめられた経験は、必ずその子の自信となるはずです。

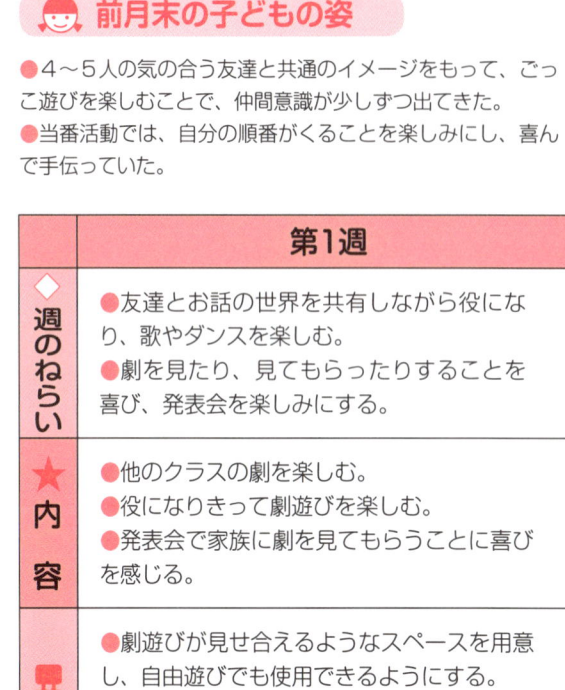

12月月案 うさぎ組

前月末の子どもの姿

●4〜5人の気の合う友達と共通のイメージをもって、ごっこ遊びを楽しむことで、仲間意識が少しずつ出てきた。
●当番活動では、自分の順番がくることを楽しみにし、喜んで手伝っていた。

	第1週
◆ 週のねらい	●友達とお話の世界を共有しながら役になり、歌やダンスを楽しむ。 ●劇を見たり、見てもらったりすることを喜び、発表会を楽しみにする。
★ 内容	●他のクラスの劇を楽しむ。 ●役になりきって劇遊びを楽しむ。 ●発表会で家族に劇を見てもらうことに喜びを感じる。
環境構成	●劇遊びが見せ合えるようなスペースを用意し、自由遊びでも使用できるようにする。 ●劇に必要な小道具をみんなでつくれるよう、材料や道具を用意する。 ●鉄棒、なわとび、フープなど、戸外遊びが楽しめるような用具を、遊びの中に取り入れる。
保育者の援助	●一人一人の表現や行動を認め、劇遊びがより楽しくなるようにする。 ●自己表現をセーブする子もいるので、保育者自身がなりきって表現し、お話の世界に引き込まれる雰囲気をつくる。 ●歌ったり役になりきったりする楽しさを共有し、仲間意識が深まるようにする。

食育

●もち米からもちになる様子を実際に見て、食材の変化に気付けるような言葉をかける。

◆ 月のねらい

●寒さに負けず、戸外で体を動かして遊ぶ。健康 自然
●発表会への意欲をもち、のびのびと自分を表現する楽しさを感じる。健康 表現
●友達と心を通じ合わせる心地よさを感じる。協同

🗒 月間予定

●発表会　　　　　●クリスマス会
●もちつき　　　　●終業式
●避難訓練

第2週	第3週	第4週
●発表会の余韻に浸りながら、発表会ごっこを楽しむ。 ●クリスマスを楽しみにしたり、もちつきに参加したりする。	●クリスマス会に参加し、歌や演奏を聞いて楽しい雰囲気を感じる。 ●冬休みのことを知り、生活の場をきれいにする気持ちよさを感じる。	〈冬休み〉
●役を交代しながら劇遊びを楽しむ。 ●いろいろな素材を使って、クリスマス製作を楽しむ。 ●材料に使う素材の違いに興味をもつ。	●クリスマス会に参加し、高校生の合唱や吹奏楽を楽しむ。 ●戸外で体を動かして元気に遊ぶ。 ●片付けや大掃除をみんなで行う。	
●友達と一緒にやりたいという要望にこたえられるよう、曲や舞台のスペースなどを用意する。 ●クリスマス飾りをつくる材料を十分に用意し、工夫してつくる楽しさを感じられるようにする。 ●もちつきでは、5歳児や大人が真剣につく様子を見る場を設ける。	●クリスマスの曲をかけたり、歌ったりしながら、クリスマスの雰囲気を楽しめるようにする。 ●大掃除をしやすいように、バケツや人数分の小さめのサイズのぞうきんを用意する。	●遊具や玩具の点検や、保育室などの掃除をする。 ●2学期の子どもの様子を、記録にまとめる。 ●2学期の反省会を園全体と学年ごとで行う。 ●子どもへ手づくりの年賀状を用意する。
●上着の着脱では、脱いだ際に袖の裏返しを直すこと、ボタンを留めることなどを丁寧に伝え、自分でできるように援助する。 ●外から帰ってきたら、手洗い、うがいをするように声をかける。また、自らできた子をほめる。	●体を動かすと温かくなることを伝え、保育者も鬼ごっこなどの遊びを一緒に楽しむ。 ●ぞうきんの絞り方や扱い方を保育者がやって見せ、自分でできるように援助する。	

⇄ 職員との連携

●各クラスの発表会の劇を職員同士で鑑賞し合いながら、子どもの様子を共有しアドバイスなどを伝え合う。
●行事があると気忙しくなるので、活動にメリハリを付け、時間に余裕をもって取り組めるよう、職員同士で工夫する。

🏠 家庭との連携

●引き続き、体調管理をしてもらうよう、お願いする。
●発表会に向けての準備を進めながら、子どもたちの成長について、おたよりで知らせる。
●発表会のために用意してもらう物の、協力をお願いする。

◆ 評価・反省

●初めての発表会では、いつもと違う雰囲気に緊張する子や張り切る子など、ふだんとは違う姿が見られた。最後までやり遂げたことを受け止めるようにした。発表会が終わっても劇遊びを楽しむ姿が見られ、楽しかったことが感じとれた。
●集団で遊ぶことが多くなったが、その中で、思いのぶつかり合いも多く見られた。

自然：自然との関わり・生命尊重　数字：数量や図形、標識や文字などへの関心・感覚　言葉：言葉による伝え合い　表現：豊かな感性と表現　を表しています。

幼稚園 認定こども園

1月

月案

CD ROM　月案（幼稚園・こども園）　→　P106-P107 1月の月案

1月の月案 ここがポイント！

お正月の遊びを充実させて

　新しい年がやってきました。子どもたちは家庭でお正月を経験し、たくさん話をしてくれることでしょう。園でもお正月らしい飾りで雰囲気をかもしだし、凧あげ、こま回し、すごろくなど、お正月ならではの遊びをたっぷり準備しましょう。

　かるたでは友達と読み手の声に耳を傾け、勝ったり負けたりする経験を重ねていきます。ルールを守りながら友達と遊ぶ楽しさを味わえるでしょう。

1月月案 うさぎ組

前月末の子どもの姿

● 友達が困っていたら助けようとしたり、トラブルになったときは自分たちで解決しようとしたりする。
● ごっこ遊びや見立て遊びなど、会話を楽しみながらなりきって遊ぶ。

	第1週
◆ 週のねらい	● 正月遊びに興味をもち、友達と一緒に楽しむ。 ● 友達との再会を喜び、冬休みの出来事を話したり、好きな遊びを楽しんだりする。
★ 内容	● かるた、こま回し、羽根つき、凧あげなどの正月遊びを楽しむ。 ● 冬休みの出来事を話したり、始業式に参加したりする。
環境構成	● 自由遊びの中で正月遊びに親しめるように、子どもの手の届くところに正月遊びを用意しておく。 ● 冬休み前に親しんでいた遊びを用意するとともに、休み中に遊んだと思われる正月遊びを用意する。 ● 冬休みの出来事を聞いたり、みんなの前で話したりする場を設ける。
保育者の援助	● 羽根つき、こま回しなど感覚を刺激する正月遊びを楽しめるように工夫する。 ● 園生活のリズムを無理なく取り戻せるように、時間にゆとりのある活動を考える。 ● 子どもが冬休みの出来事を伝える際は、友達にも分かるように言葉を補う。また、話したいという意欲を十分に認め、内容に共感して満足感へとつなげる。

食育

● 父親参加のみんなであそぼう会では、季節の野菜を使った豚汁をお父さんと一緒につくりながら、親子の会話が楽しめるように心がける。
● 豚汁で今まで食べられなかった野菜が食べられた子には、一緒に喜びを感じ、自信がもてるようにする。

「幼児期の終わりまでに育ってほしい姿」の　健康：健康な心と体　自立：自立心　協同：協同性　規範：道徳性・規範意識の芽生え　社会：社会生活との関わり　思考：思考力の芽生え

◆ 月のねらい

- 正月遊びや生活に必要な決まりや、約束を守ろうとする。 規範 社会
- 友達と一緒に遊びを工夫し、イメージを膨らませながら遊ぶ。 協同 思考
- 寒さに負けず、戸外で元気に遊ぶ。 健康 自然

📋 月間予定

- 始業式
- 避難訓練
- 誕生会
- みんなであそぼう会
- 小学校交流

第2週	第3週	第4週
●簡単なルールのある遊びを友達と一緒に、自分なりに工夫して楽しむ。 ●みんなであそぼう会では父親たちとダイナミックに遊ぶことを楽しむ。	●楽器に興味をもち、触ったり鳴らしたりすることを楽しむ。 ●小学生との交流を楽しむ。	●自分で考えたり工夫したりして、製作を楽しむ。 ●雪や氷など冬の自然事象に触れ、興味をもつ。
●鬼ごっこや椅子取りゲームなど、ルールのある遊びを友達と楽しむ。 ●父親たちと一緒に、好きな遊びを楽しむ。	●いろいろな楽器を、曲に合わせて鳴らしてみる。 ●小学生とゲームを行ったり、歌を歌ったりして、交流を楽しむ。	●廃材を利用して、自分のつくりたい物をつくる。 ●戸外で体を使って遊び、冬の自然事象に気付く。
●毛糸など、季節に合った素材で製作遊びができるよう、コーナーに用意しておく。 ●みんなであそぼう会で、父親たちと触れ合える遊びを用意し、大人の力を借りてダイナミックに遊べるようにする。	●楽器の扱い方を確認し、自由遊びでも自分たちで丁寧に楽器を使い、楽しめるようにする。 ●舞台を出したり、スペースを設けたりして、音楽隊になった気分を味わえるようにする。 ●小学生と触れ合って楽しめる遊びを用意する。	●いろいろなごっこ遊びを楽しむ中で、子どもがイメージした物を形にできるよう、廃材などの材料を用意しておく。 ●寒い日に氷が張るようになったら、水を入れて氷づくりができるように、空き容器や場所を用意する。
●今まであまり遊んでいなかった友達との関わりで、言葉で伝え合う楽しさや喜びなどに共感する。 ●かるた遊びでは、文字への興味に個人差があるので、文字のない簡単な絵かるたも用意し、みんなで楽しめるように工夫する。	●楽器をどのように使ったらいいか、保育者が見本を示す。 ●楽器によって音色の違いがあることに気付けるようにする。 ●子ども全員が小学生と関われるように配慮する。	●思いどおりにできたことを喜べるよう、道具を工夫して援助する。 ●子どものつくりたい気持ちを受け入れながらも、保育者がすぐ思いどおりの物を準備するのではなく、自分で考える姿を見守る。 ●霜柱や氷に一緒に触れて、興味をもてるようにする。

⇄ 職員との連携

- ふだん子どもたちがどんな遊びに興味をもっているかを話し合いながら、コーナー遊びや交流を考える。
- 他のクラスの友達や保育者と、自ら関わろうとする姿が増えてきたので、その内容や様子などを伝え合う。

🏠 家庭との連携

- 廃材遊びが充実してきたので、月に2回程度の廃材回収をお願いする。
- 再び始まった園生活の様子や友達を意識し、考える姿勢が育ってきたことを丁寧に伝え、安心してもらえるようにする。

🏷 評価・反省

- 廃材を使っての製作で、手先が器用になってきた。また、自分のイメージを形にしようとする姿も見られる。子ども自身で考えたり工夫したりできるようになってきたと思う。
- 冬休みの出来事をみんなの前で話す喜びは感じられたが、待っている間に飽きてしまう子もいた。時間配分や質問の仕方にも工夫が必要だった。

自然：自然との関わり・生命尊重　数字：数量や図形、標識や文字などへの関心・感覚　言葉：言葉による伝え合い　表現：豊かな感性と表現　を表しています。

1月 …… 月案 ** 幼稚園 認定こども園

幼稚園 認定こども園 2月 月案

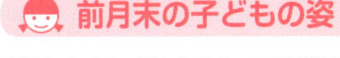

2月月案 うさぎ組

前月末の子どもの姿

- 個々のイメージを伝え合って遊ぶ姿が見られる。
- 自信の高まりとともに、自分でしようとする姿が増えた。
- 遊びの中で思いを伝え合うようになり、遊びが持続する。

CD ROM 月案（幼稚園・こども園） → P108-P109 2月の月案

2月の月案 ここがポイント！

年中行事では、導入を大切に

　子どもが節分などの行事の当日をどのような気持ちで迎え、楽しむかは導入にかかっています。「こんな行事があるから、鬼のお面をつくりましょう」というのでは、子どもの主体的な活動とは言えません。昔話をたくさん読んで、つくりたくなる気持ちを自らもてるようにしたいものです。また、つくるだけでなく、自らがなりきって演じたり、昔の言葉を楽しんだりして、その世界を満喫しましょう。

	第1週
週のねらい	●自分で考えたり工夫したりしながら、製作を楽しむ。 ●節分に興味をもち、豆まきをする。
内容	●5歳児のお店屋さんごっこに参加し、買い物へ行き、やり取りを楽しむ。 ●お店屋さんに必要な物を考えてつくる。 ●自分で升をつくり、豆まきを体験する。
環境構成	●つくりたい物のイメージを膨らませ、自ら素材を選んで実現できるよう、コーナーごとに様々な素材を用意する。 ●升づくりでは、一人一人が思いえがいたイメージの飾り付けができるよう、材料をそろえる。
保育者の援助	●5歳児のお店屋さんごっこに参加する経験を通して、お店屋さんに興味をもてるようにする。その後、自分たちでイメージを実現できるような素材を用意する。 ●節分の由来や豆を食べることを分かりやすく伝える。鬼が怖いという感情も豊かな情緒の一つとしてとらえ、保育者や友達がいるから鬼が来ても大丈夫、という絆づくりをする。

食 育

●学年を解体して異年齢児と昼食を食べる機会を設け、いつもと違う顔ぶれでの食事を楽しめるようにする。

「幼児期の終わりまでに育ってほしい姿」の　健康：健康な心と体　自立：自立心　協同：協同性　規範：道徳性・規範意識の芽生え　社会：社会生活との関わり　思考：思考力の芽生え

◆ 月のねらい

- 友達とイメージを伝え合い、共感しながら遊ぶことを楽しむ。協同
- 自分のイメージしたことが実現する喜びを感じる。思考 表現
- 冬ならではの自然に触れながら、戸外で元気に遊ぶ。自然
- お店屋さんごっこを通して、数に親しむ。数・字

🗒 月間予定

- 豆まき
- 作品展
- お店屋さんごっこ

2月 月案 ＊＊ 幼稚園 認定こども園

第2週	第3週	第4週
●お店屋さんごっこの雰囲気を楽しみながら、売り手や買い手を体験する。 ●体験したことや楽しかったことを、遊びに取り入れる。	●リズムに合わせて楽器を鳴らすことを楽しむ。 ●友達と一緒に、好きな遊びをくり返し楽しむ。	●ひな祭りに興味をもち、ひな人形づくりを楽しむ。 ●歌やリズムに合わせて、楽器を鳴らす楽しさを味わう。
●売ったり買ったりして、お店屋さんごっこを楽しむ。 ●保護者と一緒に作品展を訪れ、自分や友達の作品を鑑賞する。	●好きな楽器を選んで、音に合わせてリズム打ちを楽しむ。 ●円形ドッジボールやなわとびなどに興味をもち、体を動かして遊ぶ。	●本物のひな人形を見て、ひな祭りが近づいたことを知り、ひな人形をつくる。 ●友達と一緒に、楽器遊びを楽しむ。
●子どもたちと、お店屋さんごっこに必要な物を話し合い、3歳児でも実現できるように段ボールや廃材を用意し、必要に応じて加工する。 ●作品展では、作品を親子で見られるよう配置を工夫し、実際につくって遊べるコーナーを設置する。	●楽器をいつでも使えるように準備し、曲に合わせて自由に鳴らせるようにCDも用意する。 ●寒くて室内にこもりがちになるので、外で遊ぶ機会をつくり、氷や霜柱を見付けたり、触ったりできるようにする。	●つくったひな人形をみんなが通る玄関前に飾り、一緒に見たり、人形の違いを話し合ったりする。 ●他のクラスの合奏を聞く機会をもち、お互いに刺激を受け、見てもらう喜びを感じられるようにする。
●お店屋さんでは、「いらっしゃいませ」など大きな声で一緒に声をかけ、お店屋さんごっこを盛り上げる。 ●自分たちで考えて行動する場面を大切にし、保育者が仕切りすぎないように配慮する。	●楽器の扱い方についてクラスで話し合い、共通理解できるようにする。 ●子どもの言葉を取り上げ、みんなで考えたり、次の活動へのきっかけにしたりする。	●ひな人形の製作では、絵本などを用いて由来を分かりやすく話し、つくりたいひな人形のイメージをもって材料や色を選べるようにする。 ●折り紙製作の際には、指先を使ってしっかり折り目が付けられるように伝える。

⇄ 職員との連携

- 作品展では配置などをよく話し合い、共通理解しておく。
- お店屋さんごっこでは、慣れない活動で見通しが立たず不安そうな子に、職員が連携して援助できるよう、事前の打ち合わせを密にする。

🏠 家庭との連携

- インフルエンザなど感染症による欠席者が出たら、おたよりを配布して知らせる。
- 作品展では、子どもの気持ちや取り組みのプロセスを保護者と共に大事にしていけるよう、どんな様子で取り組んでいたのかなど事前にエピソードをおたよりで知らせる。

✎ 評価・反省

- 戸外に積極的に誘ったり遊びのきっかけをつくったりしたことで、寒い中でも戸外に出て遊ぶ子が増えた。
- 製作の一つ一つに自己表現が見られる。一人一人の表現を認め、自信がもてるようにしていきたい。

自然：自然との関わり・生命尊重　数・字：数量や図形、標識や文字などへの関心・感覚　言葉：言葉による伝え合い　表現：豊かな感性と表現　を表しています。

幼稚園 認定こども園

3月
月 案

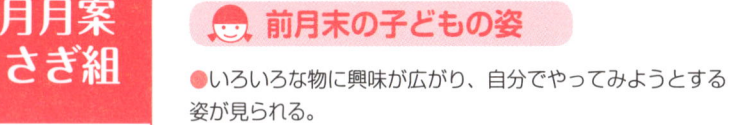

3月月案 うさぎ組

👧 前月末の子どもの姿

●いろいろな物に興味が広がり、自分でやってみようとする姿が見られる。
●今までの経験を生かしながら、自分たちでイメージして物をつくったり、遊びを広げたりする。

CD-ROM 月案（幼稚園・こども園）→ PII0-PIII 3月の月案

3月の月案 ここがポイント！

子どもの成長を、言葉に出して伝えよう

　4月には保護者と離れられずに泣いていた子も、プールが怖くて後ずさりしていた子も、たくましく成長し、いろいろなことが自分でできるようになりました。その成長に気付けるよう、積極的にその子が成長したことを言葉に出して伝えましょう。

　自信をもって生活し、その延長線上に4歳児クラスへの進級が見えてきて、楽しみになるように計画していきたいものです。

	第1週
◆ 週のねらい	●ひな祭りの行事に興味をもち、歌や出し物を楽しみながら集会に参加する。 ●家族に歌や合奏を見てもらうことを喜ぶ。
★ 内容	●ひな祭りの話を聞いたり、歌を歌ったりする。 ●音楽会で見てもらうことを楽しみに、張り切って歌や合奏に取り組む。
環境構成	●自分たちがつくったひな人形をホールに飾り、ひな祭りの雰囲気を味わえるようにする。 ●懇談会では、親子で一緒に昼食を食べたり、一緒にデザートをつくったりできるように用意しておく。 ●音楽会では、一人一人が見えやすいように舞台を設置する。
保育者の援助	●友達と楽器を演奏する際、音が合ったときの喜びが感じられるように配慮する。 ●音を止めるタイミングに気を付けながら、演奏を指揮する。

🍴 食 育

●自信がついている時期なので、少し苦手な物もすすめてみる。食べられた際にはみんなの前で認め、次も食べてみようという意欲をもたせる。

◆ 月のねらい

- 自分でできることに自信をもち、いろいろなことをやってみようとする。[自立]
- 大きくなったことを喜び、進級に期待をもつ。[自立]
- 身近な自然の様子から、春の訪れを感じる。[自然]

🗒 月間予定

- 誕生会
- ひな祭り
- 音楽会
- 懇談会
- お別れ会
- 修了式

第2週	第3週	第4週
●5歳児に感謝の気持ちを抱き、プレゼントづくりをする。 ●お別れ会に参加し、歌やプレゼントを贈り、5歳児と楽しく過ごす。	●大きくなったことを喜び、進級に期待をもつ。 ●一年間過ごした保育室や、身の回りをきれいにし、進級の準備をする。	〈春休み〉
●お別れ会に参加する。 ●5歳児へのプレゼントをつくり、感謝の気持ちを込めて渡す。 ●庭の木の芽を探し、春を待つ。	●クラスの友達とイメージを広げながら遊ぶことを楽しむ。 ●進級することを知り、期待する。 ●保育室や身の回りの掃除をする。	
●お別れ会は自分たちで準備し、飾り付けや椅子運びをしよう、という意識をもてるようにする。 ●製作では、はさみやのりを使う活動を行い、丁寧に使うことを再確認する。	●集まりの際に、みんなで楽しめるようなゲームや活動を取り入れる。 ●4歳児と遊んだり、4歳児の保育室に行ってお弁当を食べたりして交流しながら、室内に慣れるようにする。 ●新しいクラス帽を渡して大きくなったことを祝い、進級を心待ちにして春休みに入れるように配慮する。	●遊具や玩具の点検をし、保育室の美化整備を行う。 ●一年間の子どもの様子をまとめ、指導要録を書く。 ●新学期の環境設定を行う。 ●保育用品などをそろえる。
●5歳児の卒園を祝う気持ちや感謝の気持ちが伝えられるよう、みんなで話し合いの場を設ける。 ●一年を振り返り、一人一人の具体的な成長をみんなの前で認めながら、成長を喜ぶ。	●自分の体や心が大きくなったことを知り、自信がもてるように話す。 ●進級を楽しみにできるような言葉を心がける。 ●クラス替えが不安な子には、保護者の不安が影響することもあるので、様子を見ながら受容する。	

3月 月案 幼稚園 認定こども園

⇄ 職員との連携

- お別れ会では、今まで一緒に過ごしてきた5歳児と楽しい時間が過ごせるよう、どんなゲームや手遊びに興味があるかなどの情報交換をする。
- 4歳児の保育室に行ったり、遊んだりできるよう、交流の方法を考える。

🏠 家庭との連携

- 懇談会では、クラスとしての成長の様子や3歳児修了に向けて心がけていることなどを具体的に知らせる。
- 進級に向けて、不安を感じる子もいるので、保護者にゆったりと受け入れ、見守ってもらうように伝える。
- 4歳児の4～5月の様子を伝え、保護者が見通しをもって子どもの育ちを迎えられるようにする。

✎ 評価・反省

- 一人一人の努力を認めたことで自信につながり、自分で考えたり行動したりする姿が多くなった。
- 一つ一つの行事に期待をもち、楽しく参加していた。行事の意味を分かりやすく丁寧に説明することが大切だと思った。

[自然]：自然との関わり・生命尊重　[数・字]：数量や図形、標識や文字などへの関心・感覚　[言葉]：言葉による伝え合い　[表現]：豊かな感性と表現　を表しています。

 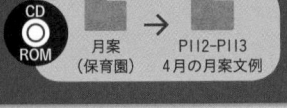

4月 月案 文例

乳児クラスから幼児クラスへと進級をした子どもたちの新しい生活が始まります。
子どもの戸惑いを受け止め、新しい環境に順応できるように見守りましょう。

CD ROM 月案〈保育園〉 → PII2-PII3 4月の月案文例

 今月初めの子どもの姿

●クラスが変わり、初めての環境や経験から不安になり、泣いたり戸惑ったりする姿が見られる。特に朝の受け入れの際、保護者から離れられずに泣く。
●食事や衣服の着脱、排泄など、手助けを受けながら身の回りのことを行うが、保育者の援助が必要な場合が多い。

◆ ねらい

●気持ちや行動を受け止めてもらい、保育者との信頼関係を育み、安心して過ごす。[健康]
●新しいクラスや保育者に親しみをもち、安心して過ごす。[健康]
●自分でできることは自分でしようとする。[自立]
●「おはよう」と言葉を交わすことを楽しむ。[言葉]
●友達と一緒に様々な活動に参加し、のびのびと園生活を楽しむ。[協同]

★ 内 容

【養 護】
●新しいクラスでの生活の仕方を知り、園生活のリズムに慣れる。
●明るく清潔な環境の中で、安全で快適に過ごす。
●保育者に親しみをもつ。
【教 育】
●ロッカーや机などの自分のマークを覚え、保育者と一緒に持ち物の始末をする。
●排泄、手洗い、衣服の着脱など、保育者と一緒に身の回りのことをする。
●春の自然を感じながら、戸外で体を動かして遊ぶ。
●自分のしたいこと、困ったことなどを、保育者に言葉や身振りで伝える。
●リズムに合わせて、踊ったり体を動かしたりして遊ぶ。

 環境構成

【養 護】
●温かい笑顔や目線を合わせて話しかける保育者の優しい姿を示し、安心できるような雰囲気をつくる。
●玩具の消毒や、整理整頓を行い、衛生的で使いやすい環境を整える。
●保育者は、子どもに背を向けない位置に付く。
【教 育】
●一人一人が十分に体を動かすことができる、安全で広々とした環境を整える。
●物がどこにあるのかが分かりやすいように整える。必要に応じて、前年度に慣れ親しんでいた玩具を準備する。
●子どもたち一人一人を「かわいいな」という眼差しで見守る保育者の姿を示す。

 予想される子どもの姿

【養 護】
●保育者に抱っこやおんぶをせがむ子もいれば、保育者の抱っこを拒み、他児の姿をじっと見つめている子もいる。
●体調の不良を言葉でなかなか訴えられず、泣いたり怒ったりする。
【教 育】
●手洗いをするが、水遊びのようになる。
●保育者から離れられず、友達が遊んでいる様子を遠くから見ている。
●遊びの中で「貸して」「いいよ」が言えず、玩具の取り合いになる。
●ブロックで遊びながら、「先生、こんなのつくったよ」とイメージをもってつくった物を保育者に見せる。
●自分のマークを見付け、持ち物の始末をしたり、自分の場所に座ったりする。場所が分からない子に教えてあげる子もいる。

112 「幼児期の終わりまでに育ってほしい姿」の [健康]：健康な心と体 [自立]：自立心 [協同]：協同性 [規範]：道徳性・規範意識の芽生え [社会]：社会生活との関わり [思考]：思考力の芽生え

保育者の援助

【養　護】
●家庭での呼び名で話しかけたり、手をつないだりして一緒に遊ぶことを楽しみ、保育者に親しみを感じられるようにする。
●新入園児に目を配るとともに、保育者間で連携を図り、継続児にも十分に関わるようにする。

【教　育】
●遊びを交え、楽しく友達の名前を紹介する機会を設ける。また、家庭での呼び名を把握し、名前を呼ばれることで親しみの気持ちを抱けるようにする。
●無理に遊びに誘わず、保育者がそばに付いたり、一緒に友達の様子を見たりしながらゆったりと接し、遊びが見付けられるようにする。
●トラブルの際は、「貸してって言えたかな?」「貸してほしいときは、どうしたらいいかな?」と子どもに問い、一緒に考える。

 ## 食　育

【ねらい】
●新しい環境の中での食事に慣れ、友達と楽しく食事をする。

【環境構成】
●保育者のもと、安心して食事ができる環境を整える。
●アレルギーの子の給食には名札を付け、トレーの色を変える。

【予想される子どもの姿】
●新しい環境への不安と緊張で、思うように食が進まない。
●アレルギー食の子が食べられる、除去食のおかわりを食べる。

【保育者の援助】
●食が進みにくい子には、そばに付いて優しく声をかけたり、一緒に食べたりし、安心して少しずつ口にできるように援助する。
●アレルギーの子の誤食を防ぐため、トレーを区別し、アレルギーの内容をだれが見ても分かるようにしておく。

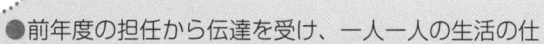 ## 職員との連携

●前年度の担任から伝達を受け、一人一人の生活の仕方や癖を把握しておく。
●一人一人を優しい笑顔で温かく受け入れ、どの子も安心感をもって過ごせるようにする。
●自分の気持ちを表現したときには、しっかりと受け止める。

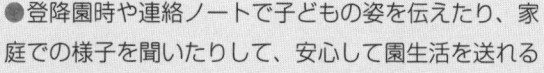 ## 家庭との連携

●登降園時や連絡ノートで子どもの姿を伝えたり、家庭での様子を聞いたりして、安心して園生活を送れるようにする。
●生活の変化で心身共に疲れやすくなっているので、安定した生活を保てるように、降園後は休息を取るなどして健康管理に配慮してもらう。
●子どもを初めて集団生活に入れる保護者の思いや気持ちを受け止め、子育ての大変さや喜びなどに共感し、信頼関係を築く。

 ## 評価・反省

●新入園児も加えての生活が始まり、継続児も朝は泣いて登園する子が多かった。職員間で連携を図り、個々の姿に十分に目を向けて丁寧に関わったことで、少しずつ園での生活に慣れ、好きな遊びを見付けて遊びを楽しめるようになった。
●持ち物の始末や衣服の着脱などを保育者と一緒に行うことで、やり方や自分の場所が少しずつ分かり、自分でやってみようとしている。子どもたちのやってみたいという意欲を大切にし、次月は個人差に配慮しながら少しずつ自分でできた喜びを感じられるように関わりたい。
●「貸して」などのやり取りがないために、トラブルになることが多くあった。次月は好きな遊びを楽しむ中で「貸して」「もう少し待っててね」などと友達との関わりがもてるようにしたい。また、遊びに必要な言葉を使う機会が増えるように、保育者がモデルとなり知らせていきたい。

自然:自然との関わり・生命尊重　数字:数量や図形、標識や文字などへの関心・感覚　言葉:言葉による伝え合い　表現:豊かな感性と表現　を表しています。

113

5月 月案 文例

動きがだんだん活発になり、けがが増えたり、連休明けで体調を崩したりしやすい時期です。安全に過ごせるように配慮し、健康観察をしっかり行いましょう。

月案（保育園） → P114-P115 5月の月案文例

前月末の子どもの姿

●新入園児は少しずつ園生活に慣れ、好きな遊びを見付けて楽しむ姿が見られる。
●友達の名前を呼んで遊びに誘ったり、一緒に関わったりして遊ぶ。
●友達の遊びを見ている子もいるが、「～して遊ぼう」と声をかけると、遊びを楽しめる子が増えている。
●保育室にも慣れてきて、少しずつ自分の身の回りのことができるようになる。
●衣服の着脱、排泄、片付けなど、一人一人の違いが大きい。保育者の手助けが必要な子どもも見られる。

ねらい

●保健的で安全な環境の中で、安定した生活を送る。 健康
●保育者に見守られながら、簡単な身の回りのことを自分でしようとする。 健康
●カメやウサギなどの小動物と触れ合い、親しみをもつ。 自然

内容

【養護】
●安全な環境の中で遊ぶ。
●保育者や友達と少しずつ関わり、安心して過ごせるようになる。
【教育】
●保育者の援助を受けながら、排泄の後始末を自分でする。
●安全な遊具の使い方を知り、様々な遊具で遊ぶ。
●自分の持ち物や玩具の場所が分かり、遊んだ後は片付ける。
●絵本や紙芝居を読んでもらうことを喜ぶ。
●「貸して」「いいよ」「ありがとう」など、生活に必要な言葉を使って遊ぶ。

環境構成

【養護】
●保育者がゆったりとした気持ちで子どもの要求を受け止め、子どもが話しやすい雰囲気をつくる。
●保育者は、子どもの目線に合わせて腰を下ろし、視線を合わせて優しく話を聞く。
【教育】
●園庭で活動する際は、保育者間で連携しながら子どもの行動や表情を把握できる位置に付く（危険な場所には、優先的に配置する）。
●保育者も丁寧に指の間まで手を洗う姿を示し、子どもたちの意識につながるような人的環境となる。
●手の洗い方を図示した手順表を、子どもたちの見やすい場所にはっておく。
●様々な遊びや道具を準備しておき、選ぶことができる環境を整える。
●片付けの場所が分かるように図示しておく。
●春の自然に触れることができる安全な散歩コースを下見しておく。

予想される子どもの姿

【養護】
●なかなか自分を表現できず、保育者が話しかけるのを待つ。
●保育者が子どもの気持ちを言葉にして尋ねてみると、言葉やうなずき、身振りで伝えようとする。
【教育】
●生き物や植物を見付けて、気付いたことを保育者に言葉で伝える。
●花をつんだり、生き物を踏んだりする。
●「〇ちゃんがおもちゃ、貸してくれない」と、困ったことを保育者に伝える。
●名前を呼ばれたら元気よく返事をする子もいれば、恥ずかしくて下を向く子もいる。

「幼児期の終わりまでに育ってほしい姿」の 健康：健康な心と体 自立：自立心 協同：協同性 規範：道徳性・規範意識の芽生え 社会：社会生活との関わり 思考：思考力の芽生え

保育者の援助

【養　護】
●子どもが安心して自分の思いを出せるように、「いつでも気持ちを聞くよ」という笑顔で見守る。
●悲しいときには、背中をさすったり、寄り添ったりしてスキンシップを図り、安心できるようにする。

【教　育】
●トイレには必ず保育者が付き、トイレットペーパーの適量や、使用後は水を流すことなどを一人一人の状態に応じて丁寧に知らせる。また、失敗しやすい子には声をかけ、トイレに誘うように促す。
●季節の歌を取り入れ、保育者が楽しそうに歌うことで、子どもも歌ってみたいという気持ちにする。
●絵本を読む際は、内容が楽しめるように絵を指差して注目させたり、声のトーンや強弱に変化をつけたりなどの工夫をする。

食　育

【ねらい】
●食器の持ち方や、箸の持ち方を知る。
●子どもたち自身がアレルギーの子の食事について理解し、みんなで楽しく食事をする。

【環境構成】
●正しい食器の持ち方や、箸の持ち方の絵などを、まねしやすい位置にはる。
●アレルギーの子も普通食の子も、みんなが楽しく会話をしながら、食事ができる机の配置を整える。

【予想される子どもの姿】
●食器や箸をうまく持てない子がいる。
●「食べられる子」「食べられない子」という区別をする子がいる。

【保育者の援助】
●保育者自身が子どもの手本となるよう、正しい食器の持ち方、箸の持ち方で食事し、できていない子には声をかけるだけでなく、手を添えるなどする。
●アレルギーについて子どもに分かりやすい言葉や絵で説明し、みんなでおいしい食事ができる雰囲気づくりや仲間づくりをする。

職員との連携

●一人一人を優しい笑顔で温かく受け入れ、どの子も安心感をもてるように心がける。また、表情やしぐさなどの小さなサインも見逃さず、安心して過ごせるようにする。
●一人一人の体調を把握し、健康状態を共有する。

家庭との連携

●連休明けは疲れが出やすいので、ゆっくりと休息を取ってもらう。
●保護者に安心してもらえるよう、子どもの楽しそうな姿や努力している姿を連絡帳で伝える。

評価・反省

●入園から2か月が経過したが、まだ新しい環境になじめず情緒の不安定な子がいる。そのような子には、朝の受け入れを丁寧にし、保育者との一対一の関わりを大切にした。保護者に好きな玩具や遊びを聞き、遊びたくなるような玩具を準備することで、遊ぶことができ、少しずつなじめるようになった。
●緊張や不安からか、排泄の失敗が増える。失敗したことがプレッシャーとならないように保育者は優しく言葉をかけ、緊張を和らげるように働きかけた。今後も失敗しやすい子には目を配り、様子を見ながら声をかけたい。
●制服をたたむなどの身の回りのことを保育者に甘える子が多くいる。甘えを受け入れながら、最後の仕上げは自分でできるように援助するなどの工夫をした。「自分でできた！」という満足感を味わい、それが次につながるように働きかけることを職員間で話し合い、個々が自分に自信をもてるように丁寧に関わることができた。
●「○ちゃん、一緒に遊ぼう」などと少しずつ、友達を誘って遊ぶ姿が見られる。まだまだ平行遊びであるが、友達の姿に目を向けられるような言葉をかけて見守り、人間関係を育んでいきたい。

自然：自然との関わり・生命尊重　数字：数量や図形、標識や文字などへの関心・感覚　言葉：言葉による伝え合い　表現：豊かな感性と表現　を表しています。

 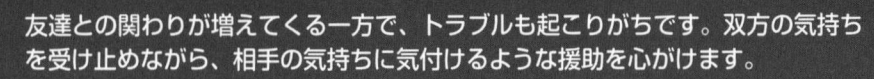 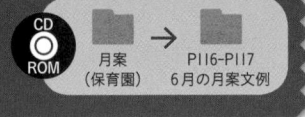

友達との関わりが増えてくる一方で、トラブルも起こりがちです。双方の気持ち
を受け止めながら、相手の気持ちに気付けるような援助を心がけます。

月案
（保育園）
→
P116-P117
6月の月案文例

前月末の子どもの姿

●生活の流れが分かるようになり、身の回りのことを自分でしようとしたり、できないことを「手伝って」と言いにきたりする。
●友達の遊びを観察し、遊びを模倣したりまねて遊んだりする。
●友達との関わりを自らもとうとする。その中で順番を守れず、衝動的に手が出てトラブルが起こる。
●生活リズムが整ってきて、友達と関わりながら遊びを楽しんでいる。

◆ ねらい

●梅雨期の保健衛生に留意し、快適に過ごす。 健康
●安定した生活を送る。 健康
●保育者や友達と過ごす中で、自分の好きな遊びを十分に楽しむ。 協同
●梅雨の時期に現れる生き物を見て触れるなどして、興味や関心を広げる。 自然

★ 内 容

【養 護】
●保育者との信頼関係を深める。
●保育者に気持ちを受け止められ、落ち着いて園生活を送る。
【教 育】
●手洗い、うがいのやり方を知り、自分でやってみる。
●生活や遊びの中で「貸して」「入れて」などの言葉を使い、待つことや交代することを知る。
●あいさつや返事など、遊びに必要な言葉を使う。
●雨の降り方や雨上がりの様子に興味をもち、梅雨期の自然や動植物に親しむ。
●季節感のある歌を歌ったり、リズムに合わせて体を動かしたりして遊ぶ。

環境構成

【養 護】
●子どもが飲みたいときに水分補給ができるように、水筒を準備してもらう。また、水筒は自分で取り扱える物にする。
●園庭の遊具で遊ぶ際は、雨上がりの後の水滴や、朝露をふき取ることができるように、ぞうきんを準備しておく。
【教 育】
●手洗いの歌を楽しそうに歌いながら手を洗う保育者の姿を示し、自分もやってみたいと思えるような雰囲気をつくる。
●低いついたてや、ござ、じゅうたんを準備し、子どもたちの遊びの空間を確保できるような環境を整える。また、取り出しやすいように準備する。
●裸足になれるよう、石や危険物が落ちていないかなど、園庭の安全点検を行う。

予想される子どもの姿

【養 護】
●保育者に「手伝って」と援助を求めてくる。
●午睡からの目覚めが悪く、泣いたり怒ったり、抱っこを求めたりする。
【教 育】
●水が心地よくなり、手洗いから水遊びのようになる。
●着脱の際、「やって」と甘えたり、自分で着ようとしたりするが、うまくいかずに怒る。
●友達に「貸して」と言うが「だめよ」と返され、怒ったり泣いたりする。
●生き物（オタマジャクシやカエル、カタツムリなど）の様子をじっと観察し、気付いたことを言葉で保育者に伝える。
●「あっち行って」など、相手が不快になるような言葉を使う。

116 「幼児期の終わりまでに育ってほしい姿」の 健康：健康な心と体 自立：自立心 協同：協同性 規範：道徳性・規範意識の芽生え 社会：社会生活との関わり 思考：思考力の芽生え

 保育者の援助

【養　護】
●雨で濡れたり、汗をかいたりした衣服をこまめに着替えさせ、清潔を保ち、快適に過ごせるようにする。
●個々の健康状態をよく観察し、異常があった場合はすぐに対応する。
●自分の気持ちを安心して言葉で伝えられるように、温かい雰囲気をつくる。

【教　育】
●自分でしようとする姿を見守り、一人一人が工夫しているところや考えていることを具体的な言葉でほめ、無理なく習慣づけられるようにする。
●順番を守ることの大切さを子どもと考える機会を設け、子どもが理解、納得したうえで自主的に「待とう」という気持ちがもてるようにする。
●梅雨期の自然物に興味がもてるよう、雨上がりの園庭に出て、生き物を観察する機会を設ける。
●気付きや発見、つぶやきに耳を傾けて共感する。

 食　育

【ねらい】
●保育者や友達と話しながら、食べる楽しさを味わう。
●むし歯について学び、食後の歯磨きの大切さを知り、習慣を身に付ける。

【環境構成】
●一人一人の食事スペースを確保し、友達や保育者と食事や会話のしやすい環境を整える。
●歯の磨き方の写真や絵を、子どもの目線で見やすいところに設置する。

【予想される子どもの姿】
●友達の食器とぶつかり、食べにくそうにする。
●歯を磨くのを嫌がる子や、磨き始めてもすぐに終えてしまう子がいる。

【保育者の援助】
●一人一人が食事をしやすいよう、机から椅子との距離や、食器の位置などを整える。
●子どもが歯磨きへの理解を深め行動に移したくなるよう、紙芝居や絵本の読み方を工夫する。

職員との連携

●暑さを考慮して適度な水分補給と、休息を十分に取れるように配慮する。
●食中毒が発生しやすい時期なので、手洗いや消毒を徹底をする。

家庭との連携

●疲れが出やすい時期であることを話し、子どもの体調を注意して見てもらうように伝える。
●汗をかく時期なので、通気性や肌触りのよい衣服の準備をしてもらう。また、午睡用のかけ布団やパジャマは気候を見ながら薄手の物や半袖にしてもらうように連絡帳で伝える。

評価・反省

●手洗い、うがいの仕方が少しずつ身に付く。子どもたち一人一人の姿を具体的にほめることで今後も自信をもって取り組めるように働きかけたい。
●着脱に関しては「汚れたから着替える」という認識のある子は少なく、保育者の促しが必要である。衣服をたたむこと、服の前後に気を付けて正しく着脱することなどを個々に応じて知らせ、次月のプール遊びにつなげたい。
●コーナーを設定することで、子どもたちが4～5人のグループで遊ぶようになる。遊びに応じて、位置、玩具の数なども調整し、それにふさわしい環境を整えたい。友達との関わりが増えるとトラブルも増えるが、トラブルを経験しながら相手の思いに気付くこと、我慢することなど、様々なことを学べるように仲介していきたい。
●雨上がりの園庭を歩いたり、散歩に出かけたりして自然物に親しんだ。「カエルさんは、雨が好きなんだよね」「ジャンプが上手だね」など、絵本で知った知識を実際に目で見ることで、より自然物への興味や関心が高まり、探究心につながる。そこから、製作や表現遊びへと発展し、様々な面からこの季節ならではの自然を味わい、楽しく活動することができた。

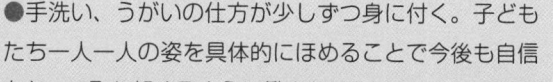

自然：自然との関わり・生命尊重　　数字：数量や図形、標識や文字などへの関心・感覚　　言葉：言葉による伝え合い　　表現：豊かな感性と表現　を表しています。

6月　月案文例＊保育園

 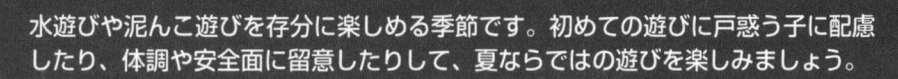 

水遊びや泥んこ遊びを存分に楽しめる季節です。初めての遊びに戸惑う子に配慮したり、体調や安全面に留意したりして、夏ならではの遊びを楽しみましょう。

月案（保育園） → PII8-PII9 7月の月案文例

前月末の子どもの姿

●「貸して」「入れて」などの言葉を使って友達と関わる姿が見られる一方、自分の気持ちを言葉で表せず、「いやだ」「あっち行って」など、相手が不快に感じる言葉を使うことでトラブルになる。
●色水遊びやシャボン玉、泥んこ遊びなどを通して水や泥に触れ、活発に遊ぶ。中には、手が汚れることを嫌がったり、初めての遊びに戸惑ったりする子どもがいる。

ねらい

●保育者に自分の気持ちを安心して伝える。 言葉 表現
●一日の流れが分かり、簡単な身の回りのことを自分でしようとする。 自立
●友達や保育者と一緒に、夏ならではの解放的な遊びを思いきり楽しむ。 協同 自然
●トラブルを経験しながら、友達と関わって遊ぶことを楽しむ。 協同 規範

内容

【養護】
●安定した生活を送る。
●水遊びを楽しむ。
●感染症に気を付け、健康に過ごす。
●水分補給を行いながら、夏の遊びを楽しむ。
【教育】
●衣服の裏返しを直したり、前後、左右を意識したりしながら、正しく衣服を着る。
●フィンガーペインティングで絵の具の感触を楽しみながら、自由に表現する。
●友達と一緒に、簡単な集団遊びをする。
●夏祭りや誕生会、七夕集会など、園の行事に喜んで参加する。

環境構成

【養護】
●風通しのよい涼しい環境を整える。また、冷房を使用する際は、外気温との差が5度以上にならないように配慮する。
●自分で着脱しやすいように一人一人のかごを準備し、着替えの確認をする。
【教育】
●水遊び、プール遊びの方法や約束事などを、視覚で分かるように図示して手順を示す。
●自分でやろうとする友達の姿をほめる保育者の姿を示し、できたことに満足感を味わえるような雰囲気をつくる。
●水遊びが苦手な子も遊びたいと思えるよう、フープやボールなどの様々な玩具を準備する。

予想される子どもの姿

【養護】
●保育者に自分の気持ちを言葉で伝えられず、しぐさや動作で伝える。
●小さな声で、自分の気持ちを伝える。
●鼻水が出ているが、そのままにして遊ぶ。
【教育】
●衣服をたたまずに、着替え袋の中に入れる。
●衣服が汚れたり濡れたりしても、着替えずに過ごす。
●汗や水気のため衣服や水着の着脱が難しく、保育者に援助を求める。
●他児の話に割り込んで、自分の話をしようとする。
●おおぜいの人の前に立つと恥ずかしく、泣いたりしゃがみ込んだりする。
●七夕集会など、夏の行事への参加を楽しみに登園する。
●プールに入ることを怖がり、抱っこを求める。
●プールで水をかけ合って、ふざける。

118 「幼児期の終わりまでに育ってほしい姿」の 健康：健康な心と体 自立：自立心 協同：協同性 規範：道徳性・規範意識の芽生え 社会：社会生活との関わり 思考：思考力の芽生え

保育者の援助

【養護】
●一人一人の健康観察をしっかりと行い、鼻水、咳などの症状がある場合は水遊びを控えたり、早めに切り上げたりなどの配慮をする。
●活動と休息のバランスに気を付け、意欲をもって元気よく過ごせるようにする。

【教育】
●清潔にすることの意味を知らせ、必要に応じて衣服の着脱を促す。また、できるだけ自分でできるよう励まし、自分でできたと思えるような援助を心がける。
●強い口調や、相手が嫌な気持ちになる言葉を使う子には、優しく伝えることや、自分の立場に置きかえて考えられるように働きかけ、物の言い方、伝え方を学べるようにする。
●七夕の由来が分かるような紙芝居やお話を準備し、歌を歌いながら七夕に親しむ。

 ## 食育

【ねらい】
●野菜スタンプで、食材の名前や色、形や触感を知る。
●食材のもつ働きや健康な体の大切さを知り、食べる意欲をもつ。

【環境構成】
●テーブルを班ごとにつくり、十分に活動に取り組める環境を整える。
●赤、黄、緑の野菜がもつ働きについて、目に付きやすい位置に表示する。

【予想される子どもの姿】
●野菜を見て「これは○○だね」「この野菜、長いね」など、見たり触ったりしたときの感想を言う。また、スタンプの形を見て思ったことを言う。
●野菜の色分けで、「この野菜は○色のグループだね」などと言い合う。

【保育者の援助】
●様々な形や触感の野菜を、多めに用意しておく。
●子どもの発見を大切にし、共感し合うことで、野菜のおもしろさや不思議さについて興味がもてるようにする。

 ## 職員との連携

●暑い日が多くなるので、帽子の着用や子どもの水筒の中身を確認しながら、十分な水分補給と休息を取れるようにする。
●プールへ行く際は、しっかりと人数を把握し、安全に楽しく活動できるようにする。

 ## 家庭との連携

●汗をかくので、着脱しやすい衣服の準備をお願いし、夏の健康に気を付けてもらう。
●泥遊びやプール遊びが始まることを伝え、タオルや水着などの準備をお願いする。
●一人一人の体調について密に連絡を取り合い、無理なく活動に参加できるようにする。
●おたよりでプール遊びの内容を伝えて、持ち物をそろえてもらう。
●プールカードに参加か不参加か、朝の体温などの必要事項を記入してもらう。
●あらかじめ休む時期が分かるようであれば、担任に伝えてもらう。

 ## 評価・反省

●晴れている日には裸足になり、泥んこ遊びの衣服に着替え、異年齢児と共にシャボン玉、色水、砂、泥など夏ならではの解放的な遊びを思いきり楽しんだ。異年齢児と遊ぶことを楽しむ子もいるが、中には緊張したり戸惑ったり、自分で遊びを見付けられない子もいた。そのような子への配慮が欠けていた。子ども全員が満足感をもって遊ぶために、活動する際の保育者の役割分担や、個々への配慮などを再確認した。
●プールに対する楽しみな気持ちが、「自分でしよう」という意識につながり、難しい水着の着脱を自分でする子が多かった。その中で、友達と手伝い合う姿には、「○ちゃん、△ちゃんがお手伝いしてくれて嬉しかったね」「△ちゃん、優しかったね」と、優しさや心地よさを感じられるように言葉をかけ、友達とのよりよい関係が育まれるように見守った。

自然：自然との関わり・生命尊重　数字：数量や図形、標識や文字などへの関心・感覚　言葉：言葉による伝え合い　表現：豊かな感性と表現　を表しています。

8月 月案 文例

水遊びでは友達と楽しむだけでなく、準備や片付け、着替えの仕方を覚える機会にもなります。スムーズに取り組めるような環境づくりを心がけましょう。

前月末の子どもの姿

●不安定な天候が続き、体調を崩す子が多い。
●水遊びの際の手順が分かり、衣服の着脱や脱いだ衣服をたたむことなどを自分でやってみようとする。
●行事を通して人前に立ち、表現することに自信をもつ。見てもらい、ほめられた経験が満足感となり、様々な活動への意欲につながっている。

◆ ねらい

●十分な休息を取り、水分補給を行い、暑い夏を快適に過ごす。[健康]
●生活や遊びの流れに見通しをもち、自分でやってみようとする。[健康][自立]
●様々な遊びを通して、跳ぶ、投げる、バランス能力などの運動機能を高める。[健康]
●友達や保育者と一緒に、プール遊びを楽しむ。[協同][自然]

★ 内 容

【養 護】
●できたことに自信や満足感を得る。
●自分の健康状態に合わせて、適宜水分をとり快適に過ごす。
【教 育】
●友達との関わりの中で、自分の気持ちを言葉で伝えたり、相手の言葉を聞こうとしたりする。
●自分の物と、人の物との区別を知り、また、順番を守って共用の物を使う。
●植物や生き物など、夏の自然物に興味をもち、触れたり飼育したりする。
●様々な素材に触れ、感触を楽しみながら夏の遊びをのびのびと楽しむ。
●友達と一緒に、音楽に合わせて体を動かすことを楽しむ。

環境構成

【養 護】
●室温や換気に気を付け、時間を決めて冷房を使用したり、窓を開けて自然の風を取り入れたりして、午睡時の心地よい環境を整える。
●保育者は子どもに背を向けず、常に全体を見渡せる位置に付く。
【教 育】
●異年齢の友達と一緒に活動したり、触れ合ったりできる場所や機会を確保する。
●プールで滑り台を使用する際は、上下など、必要な場所に必ず保育者が付く。

予想される子どもの姿

【養 護】
●疲れているのに午睡時に眠ることができず、帰りの時間に眠くなる。
●「自分で」と言い、保育者の援助を拒むが、自分でできずに腹を立てて怒る。
●「暑いからお茶を飲みたい」と、自分の要求を言葉で伝える。
●できたことを「見て！」と自信をもって保育者に見せにくる。
【教 育】
●「どっちが前？」「合ってる？」と保育者に聞き、正しい着用の仕方を身に付けようとする。
●排便後、自分でふくがうまくふき取れず、保育者を呼ぶ。
●片付けをしないで、次の遊びに移る。
●遊びが次から次へと変わり、なかなか一つの遊びに集中しない。
●「入れて」に対し「だめよ」と言い、トラブルになる。
●夏の野菜や植物を見て「この野菜は○○ね」などと、自分の知っていることを友達や保育者に伝える。

120 「幼児期の終わりまでに育ってほしい姿」の [健康]：健康な心と体 [自立]：自立心 [協同]：協同性 [規範]：道徳性・規範意識の芽生え [社会]：社会生活との関わり [思考]：思考力の芽生え

保育者の援助

【養　護】
●体調が悪いが自分で伝えられない子に対し、優しい口調でどこが痛いか問いかけ、体調が悪い際の伝え方を知らせる。また、状態に応じて病後児室を利用したり、早急に保護者に電話連絡を入れたりするなどの対応をする。

【教　育】
●生き物にも大切な命があることを伝え、優しく見たり触れたりする気持ちがもてるようにする。
●異年齢児と活動を共にする中で、あこがれの気持ちに共感し、自分の力以上のことに取り組もうとする意欲を見守り、援助する。
●製作遊びでは、工夫しているところを認め、自分の表現に自信や満足感がもてるように関わる。
●家族で過ごした夏の思い出を聞く機会を設け、会話を楽しむ。そして、経験したことを自分なりに表現するきっかけにする。

 食　育

【ねらい】
●食事に必要なマナー（姿勢、食器の持ち方など）や態度を身に付ける。
●暑さに負けず、自分から進んで様々な食品を食べようとする。

【環境構成】
●食事前後にすること（手洗い、あいさつ、歯磨き）の流れが分かるように、絵や写真を掲示する。
●食べられたことをみんなでほめ合い、苦手な物も自ら食べてみようと思える雰囲気をつくる。

【予想される子どもの姿】
●食事前後の習慣を忘れてしまう子がいる。
●姿勢よく食べる子もいるが、背中が曲がったり、ひじをついたりする子もいる。
●食べこぼしの多い子がいる。

【保育者の援助】
●保育者自身が子どもの正しい手本となるような食事のマナーを心がける。

 職員との連携

●手洗い、うがいをする保育者の姿を示し、子どもが自主的に手洗い、うがいをしようと思える環境をつくり、感染症予防に努める。
●暑さのために食欲が落ちるので、調理員とも連携を図り、子どもが少しでも多くの食材をおいしく食べられるようにする。

 家庭との連携

●夏の生活について、栄養バランスのよい食事や十分な睡眠などの大切さを伝える。
●汗をかくことが増えるので、多めの着替えを準備してもらう。また必要に応じて、シャワーを浴びることを伝え、体ふき用のタオルも準備してもらう。
●夏に流行しやすい感染症について知らせ、共に感染症予防に努める。

評価・反省

●暑い日が続き、プール遊びや水遊びなどを思いきり楽しむことができた。回数を重ねるごとに、プールの準備や遊び方、後始末の方法が身に付き、成長が感じられた。個々の姿をほめることで、一人一人が自分に自信をもちはじめている。
●野菜スタンプで遊んだり、カブトムシやバッタなどの生き物を育てたりすることで、今まで以上に自然の中で育つものに対する興味や関心が高まってきた。子どもたちの気付きや発見に耳を傾けて共感し、クラスで共有することができた。
●プール遊びでは、水に抵抗を示す子も保育者がそばに付き、ゆったりと関わることで、少しずつ水に慣れた。「気持ちいいね」「プール楽しいね」と、言葉にして伝えたことで、水への抵抗感もなくなってきたように感じる。
●プール遊びに使用する玩具を子どもたちと一緒につくった。その際、はさみを使用したが、使い方に不慣れで危険な姿も見られたので、はさみを安全に使う経験を取り入れていきたい。

自然：自然との関わり・生命尊重　数字：数量や図形、標識や文字などへの関心・感覚　言葉：言葉による伝え合い　表現：豊かな感性と表現　を表しています。

 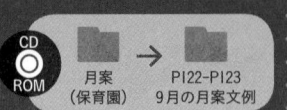

保育園　9月　月案　文例

夏の疲れや気温の変化で体調を崩しやすくなります。保育者が体調に目を配るとともに、子ども自身も衣服の調節や水分補給を意識できるようにしましょう。

CD ROM　月案（保育園）→ PI22-PI23 9月の月案文例

前月末の子どもの姿

●プールでのできた経験が自信となり、新しい活動にも意欲をもって取り組もうとする。
●「のどが渇いた」「汗をかいたから着替える」などと言葉で伝えたり、清潔の意識をもって自ら着脱しようとしたりする。
●身の回りの人に目を向け、困ったり泣いたりする友達に声をかける思いやりが見られる。
●プール遊びの際には、衣服の着脱からプールへの移動までの一連の流れを理解し、自分から進んで行う姿が見られる。
●室内遊びでは、パズルで一人で遊ぶ子や友達とごっこ遊びをする子など、自分の好きな遊びをしている。

◆ ねらい

●夏の疲れをいやし、十分な休息を取ったり、水分補給をしながら、心身共に安定した生活を送る。 健康
●散歩や戸外遊びを通して秋の自然に親しみ、興味や関心をもつ。 自然
●友達や保育者と、全身を使って遊ぶことを楽しむ。 協同

★ 内 容

【養 護】
●保育者や友達に気持ちを伝えたり、相手の気持ちを聞いたりする。
●保健衛生に気を付け、健康に過ごす。
●保育者に体調の不良を言葉で伝える。
【教 育】
●活動の後の汗の始末や、手洗い、うがいを自らしようとする。
●戸外で運動用具を使って、体を動かして遊ぶ。
●用具を貸したり借りたりして順番を待ち、交代しながら遊ぶ。

環境構成

【養 護】
●子どもと目線を合わせ、うなずいたり、手を握ったりしながら、優しく子どもの言葉を聞くことで、安心して自分の気持ちを伝えられるような雰囲気をつくる。
●午睡をしない日もあるが、個々に応じて休息が取れるような場所を準備する。
【教 育】
●新しい用具を使う場合は、遊び方が視覚で分かるように図示する。
●保育者も腕や足を大きく動かして思いきり走ったり、元気に体を動かしたりする姿を示し、子どもが遊びたくなるような雰囲気をつくる。
●運動会の準備物を一緒につくることができるよう、必要な物を家庭で準備してもらい、使いやすいように出しておく。
●子どもと散歩バッグをつくり、準備しておく。

予想される子どもの姿

【養 護】
●「おなかが痛い」「眠くなった」「おなかがすいた」など、生理的欲求を言葉で伝える。
●眠いが、眠ることを嫌がり、帰りの時間に眠くなる。
●久しぶりの登園に戸惑い、別れ際に泣く。
【教 育】
●手洗いした後、ハンカチで手をふかないままで過ごす。
●「運動会、いつ？」と行事を心待ちにする。
●自分で振り付けを考え、音楽に合わせて体を動かす。
●虫を踏んだり、花壇の花をつんだりするなど、動植物を乱暴に扱う。
●「～するから見ててね！」と、できるようになったことに自信をもち、やって見せる。
●初めてのことに戸惑い、友達が行う姿を見ている。

122　「幼児期の終わりまでに育ってほしい姿」の 健康：健康な心と体 自立：自立心 協同：協同性 規範：道徳性・規範意識の芽生え 社会：社会生活との関わり 思考：思考力の芽生え

保育者の援助

【養護】
●午睡がなくなったことで見られる生活の変化を把握し、個々に応じて休息を取るなど、適切に対応する。
●用具や遊具の安全点検をそのつど行い、安全に遊べるようにする。

【教育】
●ルールを伝える際は、やりたい意欲が損なわれないよう、端的で分かりやすい言葉を使って伝える。
●友達と一緒に活動するから楽しい、協力したからできたなど、友達の存在を意識して関われるように働きかける。
●簡単な交通ルールを、紙芝居や保育者の行動などで視覚を通して伝える。散歩時に再確認し、安全な道の歩き方が身に付くようにする。

食 育

【ねらい】
●慣れない食べ物や苦手な食べ物にも挑戦する。
●食事の準備や片付けの仕方を知る。

【環境構成】
●苦手な物を少しでも食べてみようと思えるような、楽しい環境を整える。
●食事の準備や片付けの手順を示した写真や絵を提示する。

【予想される子どもの姿】
●友達や保育者が、苦手な食材をおいしそうに食べているのを見て、食べてみようとする。
●苦手な物は、かたくなに食べようとしない。
●食器を置く位置が正しくない子がいる。
●準備や片付けの仕方が少しずつ身に付いている。

【保育者の援助】
●苦手な食材を無理強いするのではなく、子どもの気持ちを尊重しつつ、他の子や保育者がおいしそうに食べている様子をさり気なく見せることで、食べてみようと思える雰囲気をつくる。
●食器の置き方や片付けの手順など、できているところは認めながら、楽しく身に付けられるようにする。

職員との連携

●天候や気温、子どもの汗の様子に応じて、衣服の調節を行う。
●残暑のため疲れやすく、体調を崩しやすい時期なので、一人一人の体調や意欲について把握する。

家庭との連携

●体を動かす活動が多いので、早寝の習慣が身に付くようにしてもらう。
●運動会の取り組みの様子を、連絡帳や送迎時に伝えることで、一緒に子どもの成長を喜び合う。
●まだ暑い日が続いたり、朝夕と日中の気温差が大きくなったりするので、健康状態などを伝え合う。

評価・反省

●初めての運動会を経験する子もおり、一つずつ楽しく意欲をもって取り組めるように活動を進めた。かけっこを楽しみにする中で、負けて悔しいという今までにない感情を抱く子もいた。悔しい気持ちに寄り添い、共感し、また次への意欲につながるように配慮しながら関わった。
●忍者になるというイメージのもと、跳ぶ、くぐる、つながるなど、様々な動きの運動遊びに取り組んだ。できなかったケンパにも自主的に友達と取り組み、できるようになった喜びや自信に満ちた子どもの姿が見られた。今後も、新しいことを取り入れる際には導入を工夫して、意欲的に取り組むことができるように働きかけたい。
●散歩に出かけ、様々な自然に触れた。季節を知ることはまだ難しいが、涼しくなったこと、また、秋が近付いてきたから木の葉が落ちたり、様々な木の実、クリやカキが実ったりすることを伝え、秋ならではの自然を存分に感じながら遊べた。
●午睡をしない日があることから生活のリズムが大きく変化した。夕方、眠そうな子どもの姿も見られた。家庭と連携を図って個々の状態に気を配りながら見守っていきたい。

9月 …… 月案文例＊保育園

[自然]：自然との関わり・生命尊重 [数字]：数量や図形、標識や文字などへの関心・感覚 [言葉]：言葉による伝え合い [表現]：豊かな感性と表現 を表しています。

123

保育園 # 10月 月案 文例

ドングリや落ち葉、秋の野菜や果物などに触れ、季節を感じる機会を設けましょう。自分が感じたことを友達や保育者と共有すると、喜びにもつながります。

CD ROM 月案（保育園） → PI24-PI25 10月の月案文例

前月末の子どもの姿

●運動会での達成感が自信となり「今日は何をするの?」「○○して遊びたい!」など、意欲的に取り組む。
●感じたことや考えたことを言葉で表現し、友達とやり取りを楽しむ。
●朝夕が冷え込んできたので、排尿の失敗が増える。
●友達と鬼ごっこやかけっこを楽しむ。

◆ ねらい

●朝夕の気温差に応じて衣服を調節し、健康で快適に過ごす。[健康]
●様々な秋の自然に親しみ、興味や関心を広げる。[自然]
●友達と一緒に、感じたことや想像したこと、目で見た物などを、様々な方法で表現することを楽しむ。[協同] [思考] [表現]
●美しい秋の自然事象に感動し、自然の色や形に関心をもつ。[自然]

★ 内容

【養護】
●園医の検診を受ける。
●薄着に慣れる。
●自分の気持ちや思いを言葉で伝える。
【教育】
●手洗いやうがいの意味を知り、丁寧に行う。
●自分の気持ちを言葉で友達に伝えたり、相手の思いを聞いたりする。
●用具の使い方を守って、鉄棒やマット運動をする。
●遠足や保育参観などの行事を楽しみにする。
●絵本をくり返し読んでもらうことを喜ぶ。
●経験したことを遊びの中に取り入れて遊ぶ。
●のりやはさみ、折り紙などで、指先を使って製作をする。

環境構成

【養護】
●その日の天候や気温に応じて衣服の調節ができるよう、多めに準備をしてもらい、適宜着替える。
●園医の検診を通して、自分の体に興味をもてるように視覚的な教材を準備する。
●嬉しい、悲しい、楽しいなどの様々な感情を、保育者が表情豊かに表現する。
【教育】
●季節を感じられるような壁面を構成する。
●遠足に期待がもてるよう、絵本や紙芝居、手遊びや歌を準備する。
●友達の優しい姿を他児の前で示し、自分の行動に満足感をもち、優しい気持ちがクラス全体に広がるような雰囲気をつくる。
●大きな声ではなく、落ち着いた優しい話し方で子どもと接し、声の大きさを意識できるような雰囲気をつくる。

予想される子どもの姿

【養護】
●登園時に着てきた上着を、日中も着たがる。
●自分なりの言葉で伝えるが、うまく言い表せずに、もどかしい思いをする。
【教育】
●ブクブク、ガラガラのうがいの違いを知り、意識して行う。
●手洗い時に衣服の袖が濡れるが、そのままにする。
●「ドングリの葉っぱがあった!」「赤い色だね。こっちは黄色だね」など、落ち葉の色や形に興味をもち、気付きを言葉で伝える。
●「終わったら貸してね」と、順番を待って玩具の貸し借りをする。
●ヒーローになりきり、危険な遊びをする。

---

124 「幼児期の終わりまでに育ってほしい姿」の [健康]：健康な心と体 [自立]：自立心 [協同]：協同性 [規範]：道徳性・規範意識の芽生え [社会]：社会生活との関わり [思考]：思考力の芽生え

保育者の援助

【養　護】
●園医の検診の際は保育者が手をつないだり、そばに付いたりして、安心して受けられるように配慮する。
●生活面や遊び面において、できるようになった姿を一人一人に言葉で伝え、自信をもって生活できるようにする。

【教　育】
●その日の活動や気温に応じて、衣服を1枚脱ぐなど、状況に合った衣服の調節の仕方を伝える。
●玩具の取り合いなどには丁寧に関わり、「○ちゃんと同じ物が使いたかったんだね」「他にもあるかな?」と思いを受け止め、みんなにそれぞれの思いがあり、相手の気持ちを感じる機会として大切にする。
●保育参観では、ふだんの姿や子どもの成長を感じられる機会となるように活動を設定する。
●一日の活動の流れを視覚を通して伝え、子どもが見通しをもって過ごせるようにする。

食　育

【ねらい】
●秋の果物や野菜など、季節の食材に興味や関心をもつ。
●給食をつくってくれた人へ、感謝の気持ちをもって食事を味わう。

【環境構成】
●本物の果物や野菜コーナーを保育室や廊下の一角に設置し、自分から関わりたくなるような環境を整える。

【予想される子どもの姿】
●果物や野菜を実際に手に取って触ったり、においをかいだりする子がいる。
●果物や野菜の育ち方について興味や関心をもつ。

【保育者の援助】
●子どもが発見して疑問をもてるよう、保育者も野菜や果物を手に取り、一緒に会話しながら考えることで季節の食材に興味や関心がもてるようにする。
●絵本や紙芝居などを通して、命を大切にし、感謝の気持ちをもって食事ができるようにする。

職員との連携

●散歩の経路や現地を事前に確認し、秋の自然を子どもが発見できるような準備をしておく。
●手洗い、うがいなどは保育者が手本となり、丁寧に関わりながら身に付くようにする。

家庭との連携

●朝夕の気温差があり、体調を崩しやすい時期なので、家庭での体調管理にも気を付けてもらう。
●汗をかいたときなどに自分で着替えやすい衣服を準備してもらう。
●散歩や戸外活動での様子を伝え、足に合った靴を準備してもらう。

評価・反省

●運動会の経験をごっこ遊びに取り入れ、元気に体を動かして遊ぶ姿が見られた。「○ちゃん、一緒に〜して遊ぼう!」と、友達を誘い合って遊んでいた。10月に入ってから見受けられるようになり嬉しい。
●自分の姿に自信をもちはじめた一方で、見通しをもって物事を考えられるようになった。うまくできないかもしれないという不安から、初めてのことに緊張や戸惑いが見られる。成長として受け止め、共有することで、自らやってみたい気持ちの芽生えを待つように、ゆったりと見守った。
●コースを変え、様々な場所へ散歩に行った。秋の自然を感じられるように働きかけ、子どもの発見や気付きを優しく聞き、共感することで子どもの満足感も高まる。簡単な「お散歩マップ」づくりを楽しんだ。また、保育参観では自然物を使った製作を楽しむ中で、はさみやのりの基本的な使い方を再確認し、保護者にも発達を実感してもらう機会となった。
●保育者が言葉をかけなくても、その日の活動に応じて、手洗い、うがいを行う子もいる。自分で考えて生活する姿をほめつつ、今後も視覚的な教材を使用するなどして、健康的な生活習慣が身に付くように働きかけたい。

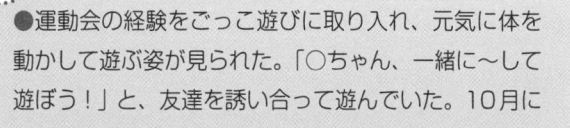

自然:自然との関わり・生命尊重　数・字:数量や図形、標識や文字などへの関心・感覚　言葉:言葉による伝え合い　表現:豊かな感性と表現　を表しています。

保育園 11月 月案 文例

イメージを共有したごっこ遊び、簡単なルールのある遊びなど、友達と関わることがより楽しくなってきます。保育者も一緒に遊びながら見守りましょう。

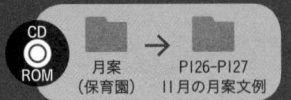

月案（保育園） → P126-P127 11月の月案文例

 前月末の子どもの姿

- 戸外で体を動かして遊ぶことを好み、友達を誘い合って鬼ごっこや、かけっこをする。
- 順番を守り、共用の物を使う。一方で衝動的に手が出たり、何も言わずに取ってしまったりする子もいる。
- 物語や童話などを楽しみ、全身を使って登場人物になりきって遊ぶ。
- 天気のよい日には戸外に出て、走る、跳ぶ、回るなど多様な動きを楽しむ。
- 自分の苦手な食材が出た際には、「少しにしてください」と自ら伝えるなど、食べられる量を調整する姿が見られる。

◆ ねらい

- 健康に生活する。 健康
- 安心して活動する。 健康
- 自分でできることを行い、満足感を味わう。 自立
- 友達とイメージを共有しながら、ごっこ遊びを楽しみ、言葉や体などで表現する。 協同 言葉 表現
- 秋の自然に触れながら、散歩をする。 自然
- 自分の言いたいことを友達に伝える。 言葉 表現

★ 内 容

【養 護】
- 薄着で過ごす。
- 衣服の調節を行い、健康に過ごす。

【教 育】
- 排泄の始末の仕方を知り、自分でやってみる。
- 友達と一緒に遊び、達成感を味わう。
- 身の回りの数字や形に興味をもつ。
- お話の中の登場人物になりきり、友達とイメージを共有しながら、ごっこ遊びをする。
- 経験したことを、クレヨンでかいて表現する。

 環境構成

【養 護】
- 気温に応じて、エアコンで暖房する。日が差しているときはエアコンを消す。使用時はこまめに換気を行い、快適な生活環境をつくる。
- 背中をさすったり、手をつないだりして、自分の気持ちを安心して伝えられるような雰囲気をつくる。

【教 育】
- 外遊び後はガラガラうがい、歯磨き後はブクブクうがいという違いを図示し、洗面所にはっておく。
- カレンダーの見方を伝えるとともに、数字カードを準備する。
- 文字や数字に興味がもてるよう、平がなや数字の磁石、それをはり付ける小さなボードを用意する。

 予想される子どもの姿

【養 護】
- 朝夕の冷え込みにより、厚着をしてくる。
- マスクをして登園するが、すぐに外す。
- 鼻水が出るが、そのままにして過ごす。友達に指摘されると怒る。
- ほめられたことを喜び、友達に伝えたり、再度同じことをしたりして保育者に見せる。

【教 育】
- 友達の遊びに興味を示すが、入れずに見ている。
- 汚れた衣服を着脱する際に、片付けずに放っておく。
- 「一緒に、入れてって言おう」と、保育者に援助を求める。
- 「○ちゃんが〜してない」「みんなと違うことしてる」と、友達の姿を保育者に伝える。
- トラブルの際に「ごめんなさい」と謝ることを嫌がる。
- 「○○して遊びたい」「○○は、したくない」など、自分の気持ちを言葉で表す。
- 物語の言葉を、まねして言う。

---

126 「幼児期の終わりまでに育ってほしい姿」の 健康：健康な心と体 自立：自立心 協同：協同性 規範：道徳性・規範意識の芽生え 社会：社会生活との関わり 思考：思考力の芽生え

保育者の援助

【養　護】
●「1枚脱いだら、外で元気に遊べるね」と、天気や活動、気温に応じて薄着で過ごせるように促す。
●一人一人が満たされるような言葉をかける。
●うまく言葉で表せない子には、子どもの気持ちに寄り添い、優しく関わる。

【教　育】
●遊びに入れない子、誘われない子もいるが、それも経験として見守る。また、保育者が仲立ちとなり一緒に遊びに加わることで、遊びに入るきっかけとなるようにする。
●ルールや約束を守らない友達の姿を保育者に指摘する子には、「優しく教えてあげてね」と自分から伝えることを促す。

食　育

【ねらい】
●食器や箸の正しい持ち方を身に付ける。
●完食する喜びを重ね、食べる意欲をもつ。

【環境構成】
●食器や箸の正しい持ち方を示した分かりやすい絵や写真をはることで、子どもが見てまねようと思える環境を整える。
●自分の努力を言葉や笑顔で認められることに喜びを感じ、意欲をもてる環境を整える。

【予想される子どもの姿】
●正しい箸の使い方を身に付けようと、努力する子がいる。
●子ども同士で、箸の持ち方を教え合う。
●自ら食べられる量を調整しにくる子もいるが、恥ずかしさから自分からは言えない子もいる。

【保育者の援助】
●子どもたちの努力する姿を認め、みんなで楽しくマナーを身に付けられるような言葉をかけたり、雰囲気をつくったりする。
●子どもの食べられる量を把握し、完食する喜びを重ねて、自ら食べたいと思えるようにする。

職員との連携

●感染症について理解し、体調の変化をすばやく発見できるように努める。
●劇遊びや、歌、合奏を通して、みんなの前で自信をもって表現できるよう、一人一人のすてきなところを十分に認める。

家庭との連携

●インフルエンザなどの感染症が流行っているので、家庭でも手洗い、うがいの習慣が身に付くように見守ってもらう。
●発表会に向けての取り組みの様子を、連絡ノートや送迎時に伝え、子どもの成長を喜び合う。
●薄着で過ごす大切さを伝え、厚着にならないよう、調節しやすい衣服を準備してもらう。

評価・反省

●体調を崩し、欠席する子が多くいた。再度、保育室内の環境を見直し、室温、湿度、換気などに留意し、感染症予防に努めたい。
●排泄では、紙の切り方、紙の長さ、ふき方を伝え、自分で始末ができるように丁寧に知らせた。仕上げは必ず保育者が行い、子どもが自分でやってみるように関わった。また、鼻水が出ていることに気付き、自分でかめる子もいれば、そのまま過ごす子もいる。鼻をかむ際は、ティッシュを半分に折り、片方ずつかむことなどを丁寧に伝えていきたい。
●友達との仲が深まり、自分の姿に自信をもちはじめた一方で、口調や伝え方が怖かったり、相手が不快に感じるような言葉を使ったり、トラブルに発展することが増えた。保育者自身も、正しい言葉づかいや伝え方を意識するとともに、子どもと一緒に考える機会を設けたい。
●なわとびを楽しんでいたら、「入れて」と言う子どもがいた。まだ跳べない子だったため、遊びが中断して、なわとび遊びはやめてしまった。こういう場面での保育者の仲介の仕方を考えていきたい。

[自然]：自然との関わり・生命尊重　[数字]：数量や図形、標識や文字などへの関心・感覚　[言葉]：言葉による伝え合い　[表現]：豊かな感性と表現　を表しています。

 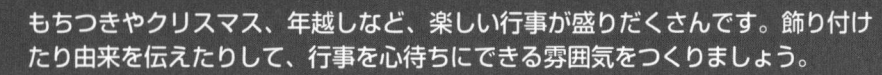 

保育園 12月 月案 文例

もちつきやクリスマス、年越しなど、楽しい行事が盛りだくさんです。飾り付けたり由来を伝えたりして、行事を心待ちにできる雰囲気をつくりましょう。

月案（保育園）→ P128-P129 12月の月案文例

 前月末の子どもの姿

●特定の好きな友達ができ、喜んで一緒に遊ぶ。
●人前で表現する楽しさや喜びを知り、誕生会などの行事に期待をもって楽しみにする。
●「～だから～したくない」という自分の気持ちを相手に伝えられず、「いや」「だめ」とだけ言ってトラブルになる。
●経験したことや感じたことを、かいたりつくったりして表現することを楽しむ。
●落ち葉や木の実を集めて、保育者に持ってくる姿が見られる。
●何日かに分けて、空き箱などでイメージした物をつくり、でき上がりに喜びを感じている。

◆ **ねらい**

●自分でできることを行い、生活習慣を身に付ける。[健康]
●様々な素材を使って製作を楽しみ、それを飾ったり遊んだりして満足感を味わう。[表現]
●思いやりやあこがれの気持ちをもち、異年齢児との関わりを楽しむ。[規範]
●手先を使った遊びを楽しむ。[表現]
●季節の行事に興味や関心をもつ。[社会][自然]

★ **内容**

【養護】
●体調不良を言葉で伝える。
●活動に意欲的に取り組む。
【教育】
●鼻水が出たらティッシュでかみ、ふき取る。
●友達の思いを聞き、自分たちでトラブルを解決しようとする。
●もちつき会やクリスマス会、お正月などの季節の行事に興味をもち、期待感をもって参加する。

 **環境構成**

【養護】
●コートかけ、ハンガーを準備する。
●加湿器を設置する。ない場合は濡れたタオルをハンガーにかけ、ほどよい湿度を保つ。
●体温計や冷却シートなど、救急箱の中身がそろっているかを確認し、使用しやすい場所に置く。
【教育】
●はさみやのりを使う遊びを準備する（広告の切り抜き、それをはる弁当箱やかご形の画用紙、のり台紙、のりが付いた手をふき取るおしぼりなど）。
●取り出しやすい場所に、ティッシュペーパーを設置する。
●子どもたちの優しさを「先生も嬉しい」と表情豊かに表現し、親切にした子もされた子も、嬉しく温かい気持ちになるような雰囲気をつくる。
●クリスマスツリーや季節の壁面を飾る。

予想される子どもの姿

【養護】
●「寒い」「暑い」などを感じて、言葉で表す。
●体調が優れないことを「頭、痛い」と言う。
●体調が優れないことを伝えられず、涙目になったり保育者のそばから離れなかったりする。
●「見ててね」と、できるようになったことに自信をもって取り組む。
【教育】
●鼻水が出ていることを、友達に指摘される。
●友達の困っている姿に気付き、「手伝ってあげようか」と優しく声をかける。
●行事の際、いつもと違う遊戯室の雰囲気に不安を感じる。
●友達のトラブルに気付き、仲介する。
●保育者の手伝いをしたがる。

128 「幼児期の終わりまでに育ってほしい姿」の [健康]：健康な心と体 [自立]：自立心 [協同]：協同性 [規範]：道徳性・規範意識の芽生え [社会]：社会生活との関わり [思考]：思考力の芽生え

保育者の援助

【養護】
●インフルエンザなどの病名を伝えながら、その病気にかかるとどのような症状になるのかを視覚的に伝える。
●手洗い、うがいの習慣が身に付くように働きかける。
【教育】
●友達との関わりを深める言葉をかける際は、一人で遊んでいる子が不快感を味わわないように気を付ける。一人遊びの子にも十分に声をかけ、さり気なく友達との関わりがもてるようにする。
●行事に応じた紙芝居やお話を準備し、由来などを伝えながら、より興味や関心がもてるようにする。
●遊びにはルールがあり、守って遊ぶと楽しくなることを知らせる。トラブルはできるだけ子ども同士で解決できるように援助する。

 ## 食育

【ねらい】
●異年齢児との交流を深めながら、おいしく楽しく会食する。
●給食室の職員と関わり、食事の時間を楽しむ。
【環境構成】
●3〜5歳児が一緒に楽しく食事ができる机の配置を考え、交流が深められるように環境を整える。
【予想される子どもの姿】
●4、5歳児との会食を喜ぶ子もいるが、緊張や不安な気持ちを抱く子もいる。
●給食室の職員に「これ何？」と食材について質問したり、張り切って食べているところを見てもらおうとしたりする。
【保育者の援助】
●いつもと違う雰囲気に不安になる子もいるので、保育者も一緒に会食に入り、会話を広げて交流を深められるようにする。
●給食室の職員が質問に答えられるようにし、子どもがより食材に興味をもち、正しいマナーでたくさん食べようと思える雰囲気をつくる。

 ## 職員との連携

●保育者同士で連携を図りながら、異年齢児クラスとの交流の場をつくり、友達との関わりを広げられるようにする。
●クリスマス会など、季節の行事を楽しめる環境づくりを工夫する。

 ## 家庭との連携

●寒さに向かっての健康管理（衣服の調整、手洗い、うがい、生活リズムを崩さないなど）の必要性と具体的な方法について伝える。
●様々な楽しい行事があることを知らせ、子どもと期待感をもって参加できるようにする。
●インフルエンザなどの感染症が出たら、おたよりや連絡帳を通して家庭に知らせる。また、家庭内で感染者が出た場合には、伝えてもらう。

 ## 評価・反省

●寒くなったことで、手洗いやうがいを忘れたり、おろそかになってしまったりする姿がある。くり返し手洗い、うがいの大切さを伝え、健康に過ごせる体づくりをしていきたい。
●「おなかが痛い？」「頭が痛い？」などと問い、体調の不良をどのような言葉で伝えればよいのか分かるように働きかけたことで、少しずつ言い表せる子が増えた。また、健康観察をかねて、朝の会では一人ずつ名前を呼び、返事をする機会を取り入れた。恥ずかしがる子もいるが、人前で自分を表現する機会とし、今後も続けていきたい。
●戸外で遊ぶ機会が減ったが、室内で簡単な集団遊びをしたり、運動用具を使ったりして体を動かして遊んだ。集団遊びでは、鬼になった子が泣いたり、追いかけられることを怖がったりする姿も見られた。みんなが楽しめるように遊び方を工夫し、「はないちもんめ」や、「だるまさんがころんだ」などの集団遊びを取り入れ、友達と一緒に遊ぶ楽しさを十分に味わえるようにした。

自然：自然との関わり・生命尊重　数字：数量や図形、標識や文字などへの関心・感覚　言葉：言葉による伝え合い　表現：豊かな感性と表現　を表しています。

保育園　1月　月案　文例

お正月ならではの遊びや食べ物を通して、伝統的な行事に親しみましょう。また、
体調を崩しやすい時期なので、健康に過ごせる環境づくりにも配慮します。

CD ROM　月案（保育園）　→　P130-P131　1月の月案文例

前月末の子どもの姿

●様々な行事を異年齢児と楽しみ、年上の友達の優しさを感じたり、年下の子に親切にしたりする喜びを感じはじめている。

●トラブルも多いが、すぐに保育者を呼ばずに自分たちで原因を考えたり、自分の意見を友達に伝えたりする姿が見られる。

●冬休みに出かけることを楽しみにし、友達と話題にする姿が見られる。

◆ ねらい

●自分でできることに喜びを感じ、健康的な生活習慣を身に付ける。 健康

●ルールを守りながら、友達や保育者と一緒に正月遊びや伝承遊びを楽しむ。 規範

●冬の自然に興味をもち、見たり触れたりして関心を深める。 自然

●はさみやのりを使った製作を楽しむ。 表現

●日本の伝統的な遊びを楽しむ。 社会

●サイコロ遊びを通して、数に親しむ。 数・字

★ 内 容

【養 護】
●寒くても積極的に戸外で遊び、健康な体をつくる。

【教 育】
●保育者の手伝いをしながら、人に親切にすることや親切にされる喜びを知る。

●雪遊びの際、衣服の着脱の仕方を知る。

●手洗いやうがい、鼻をかむ意味や、やり方が分かり、進んで行う。

●友達や保育者と一緒に、かるたやこま回しなどの伝承遊びをする。

●困っている友達に気付き、優しく接する。

環境構成

【養 護】
●時間を決め、定期的に窓を開けて空気の入れ替えを行う。

●子どもの目線に立ち、優しい笑顔で話を聞く。

【教 育】
●濡れた衣類や手袋などをかけるハンガーの場所を準備しておく。

●戸外遊びの後、濡れた場所をすぐにふき取ることができるよう、ぞうきんを準備しておく。

●寒い中でも、戸外で元気よく楽しそうに遊ぶ保育者の姿を示し、子どもが遊びたくなるような雰囲気をつくる。

●スコップやバケツ、色水など、雪遊びを存分に楽しめるような玩具を準備しておく。

●製作したもので実際に遊べるよう、取り出しやすい場所に置く。

予想される子どもの姿

【養 護】
●体調不良や病み上がりのために食欲がない。

●体調が悪いことで機嫌がすぐれず、保護者と離れられない。

●「手、洗ってるよ、見て」と、していることに自信をもって保育者に見てもらおうとする。

【教 育】
●「手が冷たい」と、寒さから手洗いを拒んだり、戸外に出ることを嫌がったりする。

●雪が降った翌日、まだだれも歩いていないきれいな雪の上を歩きたがるなど、自分ならではの雪遊びの方法を見付けて遊ぶ。

●かるたでは、負けたことが悔しくて泣く。

●「○ちゃんの○だ！」と自分の名前にある文字を、かるたの中から見付ける。

130 「幼児期の終わりまでに育ってほしい姿」の 健康：健康な心と体 自立：自立心 協同：協同性 規範：道徳性・規範意識の芽生え 社会：社会生活との関わり 思考：思考力の芽生え

 ## 保育者の援助

【養 護】

●子どもの不安の原因を理解し、内面の気持ちに寄り添う。保育者に分かってもらえたことで安心して過ごすことができるように働きかける。

●個々の健康観察をしっかりと行い、症状に応じて適切に対応する。

【教 育】

●鼻をかむこと、手洗い、うがいをなぜするのかを子どもに質問し、視覚的な教材を使ってくり返し伝え、自分から進んでできるようにする。

●かるた遊びでは、子どもの様子に応じたクラスのルールを設定する。経験の差から、たくさん取れる子、そうでない子がいるので、保育者が遊びに加わって配慮する。

●凧や節分の鬼のお面など、自分のつくった製作物で自由に遊べるようにする。乱暴に扱うと壊れることを知らせ、大切に物を扱う気持ちを育む。

●子どもの「やってみたい」という自主性を大切にし、力を存分に発揮できるようにする。

 ## 食 育

【ねらい】

●食べこぼしに気を付け、気持ちよく食事をする。

●正月の伝統的な食べ物に関心をもつ。

【環境構成】

●一人一人の体に合った机と椅子を配置する。

●もちつきの様子をしっかりと見られるよう、一人一人の座る位置を整える。

【予想される子どもの姿】

●机や椅子が体に合わず、体が傾いて、食べこぼしにつながりやすい子がいる。

●もちつきに興味を示し、じっと見入る子や、一緒にもちをつくまねをする子がいる。

●つきたてのもちを、おいしそうに食べる。

【保育者の援助】

●正月の絵本や行事で、正月の食べ物を喜んで食べてみようと思える雰囲気をつくる。

 ## 職員との連携

●一人一人の体調を把握し、体調不良の早期発見に努め、子どもが健康に過ごせるようにする。

●暖房を用いたり、空気の入れ替えを行ったりして、快適に過ごせる環境をつくる。

●正月の伝承行事や遊びに親しめるよう、保育者も楽しく参加し、遊びのコーナーを整える。

 ## 家庭との連携

●冬の遊びを楽しめるように防寒着を準備してもらう。

●手洗いやうがい、湿度の調整、十分な水分補給の大切さを知らせる。

●年末年始の休み明けは、体調を崩したり情緒不安定になったりするので、生活リズムを整えるように呼びかける。

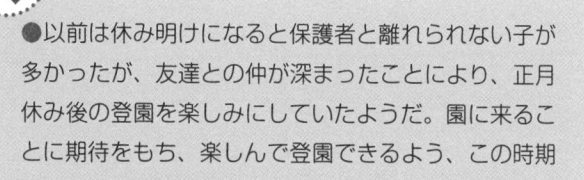 ## 評価・反省

●以前は休み明けになると保護者と離れられない子が多かったが、友達との仲が深まったことにより、正月休み後の登園を楽しみにしていたようだ。園に来ることに期待をもち、楽しんで登園できるよう、この時期ならではの活動を興味や関心に応じて取り入れた。

●新年のお楽しみ会や正月遊びでは、友達と関わって遊ぶことを楽しんだ。順番を待ったり、かるたでは負けて悔しくて泣いたりするなど、友達と関わることでトラブルも増えたが、大切な経験として丁寧に仲介するようにした。今後も友達とのトラブルを成長の通過点として、援助していきたいと思う。

●身の回りの文字や、数字に関心が向けられた。時刻を示す際は、視覚に加えて「長い針が、雪だるまの8になったら片付けようね」などと数字を意識させ、遊びに取り入れていきたい。

●天気のよい日は、雪遊びができるように時間を設定した。衣類の着脱や後始末の仕方をくり返し伝えた。初めのうちは、雪遊び用の防寒着や手袋の着脱が難しく、保育者に援助を求める子が多かったが、しだいに慣れた。

自然：自然との関わり・生命尊重　数字：数量や図形、標識や文字などへの関心・感覚　言葉：言葉による伝え合い　表現：豊かな感性と表現　を表しています。

2月 月案 文例

イメージを広げて製作を楽しむ、言葉のやり取りが盛んになるなど、成長が感じられます。子どもの興味を見逃さず、遊びが豊かになる工夫をしましょう。

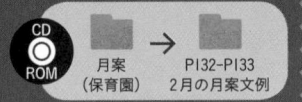

前月末の子どもの姿

●順番や交代がなぜ必要かということに気付き、保育者が仲介しなくても共用の物を仲よく使う。
●自分や友達の名前の平がなに目を向け、文字が分かる。また、1〜10の数字が読める。
●共通の経験を通して友達との会話を楽しむ。しかしまだ話したい、伝えたいという気持ちのほうが強く、友達の話を遮るように割り込んで自分の話をする子もいる。

ねらい

●生活の中の数に興味をもつ。 数・字
●友達とのつながりを深め、遊ぶことを楽しむ。 協同
●異年齢児との交流を楽しみ、思いやりやあこがれの気持ちをもつ。 協同 規範
●様々な素材や技法を使い、自分のイメージしたことを楽しんで表現する。 思考 表現

内 容

【 養 護 】
●保育者に認められ、愛されているという実感のもと、自信をもって生活する。
●異年齢児と関わる際に、思いやりや優しい気持ちをもつ。
【 教 育 】
●友達や保育者と一緒に、十分に体を動かして遊ぶ。
●雪遊び後の衣類や用具などの後始末の仕方を知り、自分でやってみようとする。
●ルールのある遊びをくり返し楽しむ。
●遊びや生活の中で、物の色や形、量や数などに興味をもつ。
●年上の友達に興味をもち、一緒に遊んだりまねたりする。

環境構成

【 養 護 】
●加湿器や空気清浄機を準備し、清潔な環境を保つ。
●手洗い、うがいの大切さを知らせる視聴覚教材を準備する。
●園庭や保育室の道具や遊具の点検を行い、安全に遊べる環境を整える。
【 教 育 】
●節分のお面やひな人形をつくったり飾ったりし、季節感を味わえる雰囲気をつくる。
●興味に応じた製作物をつくれるように材料を準備し、つくり方を図示したり見本を示したりしておく。
●次年度の進級クラスに行って遊べるように、保育者間で連携を図り、保育室の環境を整えておく。
●個々の作品に、マークをはったり名前を書いたりし、自分の物がどれか分かるようにしておく。

予想される子どもの姿

【 養 護 】
●半袖を着るなど、季節に応じない格好をする。
●保育者に言われなくてもトイレに行き、シャツの裾をズボンの中に入れ、身だしなみを整える。
●保育者に、身の回りのことをする姿をアピールする。
【 教 育 】
●友達と一緒に雪だるまをつくったり、雪合戦をしたりする。
●雪が顔や体に当たり、トラブルになる。
●片付けの時間に気付き、自ら片付けをする。
●鬼になったことを嫌がったり泣いたりし、「もう、やめた」と遊びをやめる。それに対して友達が怒る。
●保育者の援助を拒むが、自分で行っても不十分でやり残しがある。
●豆まきでは、鬼を見て走って逃げる子、怖くて泣いてしまう子、近づいてくる子がいる。

「幼児期の終わりまでに育ってほしい姿」の 健康：健康な心と体 自立：自立心 協同：協同性 規範：道徳性・規範意識の芽生え 社会：社会生活との関わり 思考：思考力の芽生え

保育者の援助

【養護】
●個々の体調に気を配り、症状に応じて看護師と連携を図りながら適切な対応をする。
●汗をかいた後の始末や、薄着で過ごすことができるよう、個々に応じて声をかける。
●まだ自信がもてない子どもの姿にもしっかりと目を向け、充実感が味わえるようにする。

【教育】
●手洗いや、うがい、衣服の着脱など、身の回りのことを自分でしようとする気持ちを大切にし、温かく見守る。
●寒くても、体を動かす心地よさを味わえる遊びを設定し、保育者も一緒に遊ぶ。
●集団遊びでは、子どもに分かりやすいルールを設定し、友達と遊ぶ楽しさや、またやってみたいという気持ちを感じられるようにする。
●ルールを守らない姿の裏にある様々な要因を理解し、その気持ちを受け止めながら、ルールを設定し直したり、くり返し伝えたりする。
●作品展では、子どもの成長を感じてもらえるように、4月と2月にかいた絵、自画像を比較して飾るなどの工夫をする。

食育

【ねらい】
●多くの種類の食べ物や料理を味わう。

【環境構成】
●おいしく楽しく食事ができるような雰囲気をつくる。
●保育者自身が、ごはん、汁物、おかずを偏りなくおいしく食べる姿を見せる。

【予想される子どもの姿】
●好きな物はたくさん食べ、おかわりもよくする。
●苦手な物が最後に残りやすい。

【保育者の援助】
●好きな物と苦手な物の食べ方が偏らないように声をかけ、様々な食材を食べてみようと思えるような関わりをする。

●食事と心身の健康には密接な関係があることを踏まえ、保育者や友達との温かな触れ合いの中で、食事ができる楽しい雰囲気をつくり、しなやかな心と体の発達を促す。

職員との連携

●雪遊びでは汗をかくので、活動後に体を冷やさないように着替えさせる。
●節分や豆まきについて分かりやすく説明し、楽しく行事に参加できるようにする。

家庭との連携

●作品展で工夫したところや、努力したところを保護者に細かく伝え、子どもの成長を共に喜び合う。
●生活チェック表を配布し、家庭と園で子どもの基本的な習慣を見直し、気になる点については個別懇談会で話し合う。

評価・反省

●室内の温度や湿度に配慮し、手洗い、うがいを丁寧に行ったことで、感染症や風邪にかかることなく、健康に過ごせる子が多くいた。晴れの日は戸外に出て、全身を使って遊ぶことが健康につながった。雪遊び用の防寒着を着る際に、手袋は最後に着用しなければファスナーを閉めにくいなど、実際に行う中で、スムーズな着脱の仕方を体得していた。
●作品展では、発表会で行った題材をもとに、身近な素材を使って動物づくりを楽しんだ。表現することが苦手な子もいたが、保育者がそばに付きながら、その子の思いを引き出してつくることができた。
●室内で遊ぶことが増えたので、新たな玩具を準備し、ごっこ遊びが盛り上がるように室内の環境を整えた。お店屋さんごっこや、お医者さんごっこ、変身ごっこなど、自分の身近な体験を再現して遊ぶなど、内容も具体的になり、言葉のやり取りが盛んに聞かれた。熱中して遊んだ満足感が、進んで片付けるという姿にもつながったと思う。

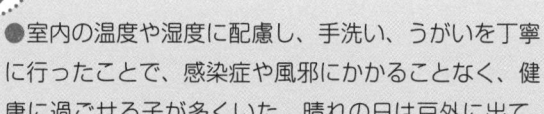

3歳児クラスでの自分たちの成長を感じられるように働きかけましょう。次の4歳児クラスに向けて、自分でできる自信や新しい生活への期待につながります。

月案（保育園） → P134-P135 3月の月案文例

前月末の子どもの姿

●食事や排泄などの基本的な生活習慣は、ほぼ自立する。一方で、見通しをもって生活できるようになったことから不安を感じたり、つらくなったりする。
●保育者の言葉だけではなく、友達の言葉に励まされ、涙を止めたり我慢したりする。また、友達のよいところに目を向け、ほめることもある。
●友達と遊ぶことを楽しむが、トラブルも多い。
●引っ越していく友達にクラスでプレゼントをつくり、みんなの前で渡した。一緒に遊べたことを喜び、そしてお別れを悲しんだ。

ねらい

●自分の力を発揮して、いきいきと生活する。 健康
●自分でできることに自信をもち、進級に期待をもって生活する。 自立
●春の訪れによる自然の変化を感じながら、戸外で元気に体を動かして遊ぶ。 自然
●自分の思いや感じたことを、豊かに表現する。 表現
●4歳児と交流し、進級することに期待をもつ。 自立

内 容

【養 護】
●自信をもって自分の気持ちを、言葉や態度で伝える。
【教 育】
●生活習慣を身に付け、自信をもって身の回りのことを行う。
●生活に見通しをもち、進んで行動する。
●友達とのつながりを感じ、一緒に遊ぶ。
●季節の移り変わりを感じ、戸外で体を動かして遊ぶ。
●進級することに期待や喜びの気持ちをもって過ごす。
●散歩を通して、草花や生き物に触れる。

環境構成

【養 護】
●手洗いや、うがい、鼻をかむなど、気付いたときに自分でできるように、コップやティッシュペーパーを取り出しやすいように設置しておく。
●見守られていることで安心し、進んでしようと思える雰囲気をつくる。
●ひな人形を飾りながら、「モモの花」「おひなさま」「おだいりさま」などを伝えていく。
【教 育】
●一日の予定を順序だてて示し、視覚的に伝えるボードを準備する。
●保育者も丁寧に手を洗い、言葉づかいに気を付け、思いやりの気持ちをもって行動するなど、好ましい姿を示す。
●異年齢の友達（2歳児）がクラスに来ても、危険のないよう保育室の環境を整える。
●活動しやすいよう、安全で広々とした環境を整える。

予想される子どもの姿

【養 護】
●できたことを保育者に知らせにくる。
●「できない、手伝って」と保育者に援助を求める。
●保育者に「抱っこしてほしい」「おんぶしてほしい」と、スキンシップを求めて甘える。
●人前で行動することが恥ずかしく、他児に見られていると萎縮する。
【教 育】
●「最初に○○するんだよね」と、活動の流れを保育者に確認する。
●ボードを見て、一日の活動の流れを確認する。
●「片付けは何時？」と時間の見通しをもつ。
●絵本を読んでもらうと、自分の経験と重ねて「〜したよね」と話す。

134 「幼児期の終わりまでに育ってほしい姿」の 健康：健康な心と体 自立：自立心 協同：協同性 規範：道徳性・規範意識の芽生え 社会：社会生活との関わり 思考：思考力の芽生え

保育者の援助

【養 護】
●子どもの成長を認め、「ジャングルジムの1番上まで行けるようになったね」「自分で考えてうがいができたね」と笑顔で具体的に認める。
●天候に応じて薄着を促し、健康的に過ごせるようにする。

【教 育】
●基本的な生活習慣が身に付きつつあるが、中には不十分だったり、忘れたりする子もいることを考慮し、一人一人の姿に十分に目を向けて関わる。できたことが自信となるよう、個々が満たされるように認める。
●年下の友達、年上の友達と過ごす機会を設け、年下の子には優しい気持ちで、年上の子にはあこがれの気持ちをもって過ごせるように働きかける。
●4月からの製作物を一緒に整理し、活動を振り返る機会を設けて、自分の姿に成長を感じられるようにする。
●雪が解け、風が暖かくなるなど、身近な自然の変化に気付けるように働きかける。子どもの気付きを大切にし、保育者は分かっていても、驚いたり一緒に考えたりして体感できるようにする。

食 育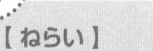

【ねらい】
●準備、あいさつ、片付けなどをしっかりと身に付け、食事のマナーを守って食べる。

【環境構成】
●子どもが準備や片付けがしやすい机の配置などを整える。
●食事のマナーを守って食べる保育者の姿勢を示す。

【予想される子どもの姿】
●自分で準備ができることを喜ぶ。
●保育者に「見て！ ○○は、ちゃんとできているよ」とアピールする。

【保育者の援助】
●難しいところはさり気なく援助して「自分でできる」自信をもち、食事のマナーが身に付くようにする。

職員との連携

●連携を図りながら異年齢児との交流を深め、進級への期待や喜びをもてるようにする。
●次年度に生活する保育室での活動も取り入れながら、進級に向けて連続した生活環境を整える。
●お別れ会や卒園式に、どのような形で3歳児が参加するのかを話し合う。

家庭との連携

●子どもの様子をクラスだよりなどで伝え、一年の成長を喜び合うことで進級への期待をもち、わが子に対する愛情を更に深めてもらう。
●保育参観などを通して、進級に向けての持ち物や4歳児クラスの生活について伝える。

評価・反省

●基本的な生活習慣はほぼ身に付き、自分でできることに喜びを感じている。身に付いていないところ（歯磨き、手洗い、排泄後の始末など）は、次年度の担任に引き継ぎを行いたい。
●「もうすぐ○組さん」という期待感が、子どもに「自分で～しよう！」という気持ちを抱かせ、意欲的に行動する姿につながっている。次年度に使用する保育室へ遊びに行ったり、給食を一緒に食べたりする機会を設けて、進級のイメージをもてない子も期待をもって楽しんで生活できるようにした。
●自由遊びの中で「鬼ごっこ」「かくれんぼ」など、子どもたちで遊びを進める姿が見られた。4、5歳児のように、共通理解が十分に図られたわけではないが、自分たちで遊びを進める楽しさを味わえたようだ。「一緒に遊んで楽しい」という喜びが、4歳児での活動につながるように期待する。
●散歩中、暖かい日差しや雪解けなどを見て自然の変化に気付き、春の訪れを感じられた。植物の芽や花のつぼみなどにも目を向け、「春になったら、このお花が咲くよ」と、自然の変化に目を向けられるように言葉をかけた。

自然：自然との関わり・生命尊重　数字：数量や図形、標識や文字などへの関心・感覚　言葉：言葉による伝え合い　表現：豊かな感性と表現　を表しています。

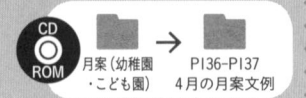

幼稚園
認定こども園

4月 月案 | 文例

不安を感じている子どもが少しでも園で楽しく過ごせるような配慮が必要です。
園での生活に少しずつ慣れるよう、一人一人に丁寧に関わりましょう。

CD ROM　月案（幼稚園・こども園）→ P136-P137　4月の月案文例

 今月初めの子どもの姿

●慣らし保育では、自分のシールノートをもらい、シールをはることを楽しみ、パペットに興味津々で、話を聞いていた。
●保育者が準備した遊びに興味をもち、保育者と一緒に遊びだす。
●登園時、保護者から離れられず泣く子や、昼食時に保護者を思い出して泣く子がいる。

月のねらい

●保育者と一緒に、好きな遊びを見付けて楽しむ。[健康]
●友達に親しみをもち、楽しく過ごす。[健康][協同]
●園は楽しいところだと感じ、好きな遊びを見付けて安心する。[健康][自立]
●園生活の流れを知り、少しずつ慣れる。[健康]
●園内のいろいろな場所を知る。[自立]
●キンギョやカメなど小動物に関心をよせる。[自然]

週のねらい

●入園式に楽しく参加する。
●朝の支度の流れを知る。
●自分のマークや生活の場所を知る。
●遊びを通して、園生活が楽しいと感じる。
●身の回りのことを、自分でしようとする。
●友達や保育者と一緒に、感触遊びを楽しむ。
●担任の顔と名前を覚え、親しみをもって関わる。
●保育者と一緒に、園生活の流れや持ち物の始末の仕方、着替えなどについて知る。
●喜んで遊びや製作などの活動を行う。
●園生活の流れが分かり、身の回りのことを自分でしようとする。
●自分が安心できる遊び、安心できる場所を見付け、落ち着いて過ごす。

 内 容

●入園式に参加し、保育者のシアターや在園児の発表などを見て、園生活に期待をもつ。
●身体測定を落ち着いて受ける。
●保育者や友達と一緒に生活する中で、楽しいことややってみたいことを経験する。
●園での一日の過ごし方に慣れる。
●自分の持ち物の置き場所や、手洗い、トイレの使い方を知る。
●春の自然に親しみ、解放感を味わいながら遊ぶ。
●絵の具を使い、こいのぼり製作を楽しむ。
●油粘土や小麦粉粘土で楽しく遊ぶ。
●気に入った遊具を見付けて遊ぶ。
●保育者と一緒に遊戯室、絵本コーナー、飼育小屋などを見にいく。

 環境構成

●入園を歓迎する、明るい壁面飾りを製作する。
●家庭生活と連続性をもたせるような、親しみやすく安心感を与えられる雰囲気をつくる。
●遊び場、遊具を選べるように用意しておく。
●明日への期待をもてるような環境設定を、常に心がける。
●活動範囲が広がるよう、好きな遊び（ままごとや車の玩具）は保育室だけでなく、テラスやオープンスペースにも用意する。
●家庭にあるような玩具を用意し、スムーズに遊びだせるように遊びかけの状態にしておく。
●ロッカーや靴箱などに個人のマークをはり、持ち物を始末する場所がすぐ分かるようにしておく。
●塗り絵やお絵かき、折り紙など、簡単ですぐに遊びだせるような物を用意しておく。
●遊んだ物を片付ける場所が分かるように、収納場所に絵や写真をはっておく。

「幼児期の終わりまでに育ってほしい姿」の [健康]：健康な心と体 [自立]：自立心 [協同]：協同性 [規範]：道徳性・規範意識の芽生え [社会]：社会生活との関わり [思考]：思考力の芽生え

保育者の援助

●パペットなどを用い、子どもが保育者に親しみをもてるように関わる。

●できないこと、不安なことを伝えてきたり、戸惑ったりする様子があればできる限り援助し、受け入れることで安心感がもてるようにする。

●身体測定では、事前に他学年の子どもの様子を見せ、イメージできるように配慮する。

●避難訓練では、事前に内容を具体的に伝えておく。

●好きな遊びを通して、友達と関わりだす子もいるが、力加減がうまくできず押し倒すこともある。声をかけたりトラブルになったときは代弁したりする。

●子どもに親しみのある曲をかけ、保育者が率先して体操したり踊ったりする。

●排泄面では家庭での様子を聞き、園でもトイレに誘うなどの配慮をする。

食　育

●お弁当を食べているか様子を見る。

●園生活にまだ不安がある子はお弁当を食べられず、泣きだすことがあるので、保育者は優しく寄り添う。

●食べきれなかったり、食べられなかったりする際は、無理に食べさせようとせず、残してもよいことを伝え、食事の時間が楽しい時間になるように配慮する。

●昼食の準備を5歳児に手伝ってもらいながら、一緒に行う機会を設ける。

職員との連携

●朝の登園時やバスの中で泣いたり、母子分離ができなかったりする子がいるので、様子や対応の仕方を職員同士で伝え合う。

●保護者との面談で気になることや、園全体で知っておくべきことを他の職員にも伝える。

●初めての園生活で緊張している子が多いので、職員は笑顔を忘れず、優しく温かく迎え入れる。

●延長保育の場合には、その子の体調や日中の様子を引き継ぎする。

家庭との連携

●クラスだよりで、担任の紹介、4月の予定、一年間の抱負を伝える。

●家庭での子どもの様子を、面談や電話などで聞く。

●持ち物には必ず記名するよう、おたよりなどで伝える。

●保護者に安心してもらえるよう、日々の遊びや生活の流れをクラスだよりなどで伝える。

●衣服を汚すと、「家で怒られる」と気にする子がいる。家庭と連携し、楽しく遊んでいる様子などを知らせて理解を求める。

●お弁当は、無理なく食べられる量、食べたくなるように好きなおかずを中心に入れてもらう。また、もし残しても家でそのことを指摘するのではなく、「ここまで食べられたんだね」と現状を認める言葉をかけてもらうように伝える。

●おやつのメニューはあらかじめ原材料を表示し、アレルギーの有無を確認する。

評価・反省

●家庭では上履きをはく習慣がないため、戸惑う子がいた。一つ一つゆっくりと生活習慣を伝え、一緒に行っていきたい。

●気温が高めの日には、水を使った遊びなどの感触遊びが増える。事前に動線や物の置き場所、着替えがスムーズにいくように配慮し、考えておくことが必要だった。

●園生活の流れ、身の回りのことは声をかけながら丁寧に知らせた。泣いている子は優しく受け止め、安心して登園できるように関わりたい。

●遊びの約束、食事のときに必要な準備のことなど、園での決まりを伝える際には、子どもが興味をもって聞くことができるように絵を使って説明した。まじめな表情で聞いていた。

●園服から体操服に着替える際、自分でできるところは自分で、やりにくいところのみ援助して、自分でできたことを感じられるようにした。自分でやりたがる子が多いので、その気持ちを大切にし、多少時間がかかっても手を出しすぎないようにしたい。

自然：自然との関わり・生命尊重　数字：数量や図形、標識や文字などへの関心・感覚　言葉：言葉による伝え合い　表現：豊かな感性と表現　を表しています。

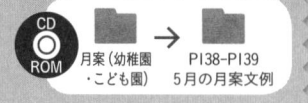

幼稚園・認定こども園 5月 月案｜文例

保育者や友達との生活に親しみを感じはじめる時期です。一方で、連休明けに疲れが出たり、登園を嫌がったりする子もいるので、様子を見守りましょう。

月案（幼稚園・こども園） → P138-P139 5月の月案文例

前月末の子どもの姿

●不安で泣く子や、表情が固い子もいたが、園に来るのが楽しみで、嬉しそうに登園する子が多い。
●少しずつ一日の流れが分かってきている。特にシールノートにシールをはることに興味をもっている。
●身体測定では、保育者の「大きくなったね」の言葉を聞いたり、4歳児の様子を見たりして、成長する喜びを感じていた。

月のねらい

●園での生活の仕方が分かり、安心して過ごす。健康
●持ち物の始末や身の回りのことを、自分でしようとする。健康 自立
●身近な春の自然に親しみながら、のびのびと好きな遊びを楽しむ。自然
●自分の気に入った遊びを見付け、楽しく遊ぶ。健康 自立

週のねらい

●こどもの日があることを知り、柏もちを食べたり、こいのぼりを見たりしながら楽しんで集いに参加する。
●身の回りのことを自分でしようとする。
●紙粘土の感触を味わいながら、飾り付けを楽しむ。
●親子で触れ合ったり自然に親しんだりしながら、保育者や友達と一緒に遊び、楽しく過ごす。
●はさみで切ることを楽しみ、かんむりをつくって誕生会に期待を膨らませる。
●クレヨンのかき心地を楽しみ、使い方を知る。
●5歳児と戸外に出て、春の自然に親しむ。
●異年齢児と関わりながら、好きな遊びを楽しむ。
●歌を歌うなど楽しい雰囲気を味わいながら、誕生会に参加する。
●色水を混ぜてジュースづくりを楽しみ、混色の不思議さを十分に味わう。

内容

●好きな遊びを見付けて、好きな場所で楽しむ。
●登園を楽しみに、元気に過ごす。
●保育者に手伝ってもらいながら、持ち物や身の回りの始末をする。
●保育者や友達がしている遊びに興味をもち、一緒にいることを楽しんだりまねたりする。
●戸外で花つみなどをして自然に親しむ。
●はさみや、のりの使い方を知る。
●内科検診を落ち着いて受ける。
●誕生会に参加し、一緒に歌ったりシアターを見たりして楽しく過ごす。
●クレヨンで色を塗ることを楽しむ。
●はさみで「パッチン」と1回切りをすることを覚え、色画用紙をたくさん切って慣れる。
●のりを指先に適量付けて、切った色画用紙の紙片をはることを楽しむ。

環境構成

●他学年の子どもたちと踊れる十分なスペースを確保しておく。
●誕生会では、はさみで色画用紙を1回切りしてつくったケーキを飾り、親しみがもてる温かい雰囲気をつくる。
●ヒーローやプリンセスになれるような、簡単な変身用の衣装を用意しておく。
●砂場は時々は掘り返して水をまき、遊ばないときはシートをかけて気持ちよく使えるように準備しておく。
●製作活動では、最後まで自分でつくることができる作品を選ぶ。
●誕生会やこどもの日の集いなどは、楽しいと感じられるように内容や時間を検討する。
●連休前に行っていた遊びができるように、道具を用意しておく。

138　「幼児期の終わりまでに育ってほしい姿」の 健康：健康な心と体　自立：自立心　協同：協同性　規範：道徳性・規範意識の芽生え　社会：社会生活との関わり　思考：思考力の芽生え

保育者の援助

●いろいろな発見をしたり、興味や関心を広げたりするために、できるだけ戸外遊びを取り入れる。
●この時期は、一人遊びを十分に楽しませることが必要なので、無理に友達の中に入れないように配慮する。
●日中は元気でも、午後に疲れが出て泣きだす子もいる。ゆったりと寄り添えるように時間に余裕をもって活動する。
●園に保護者が来ると、急にさみしくなって泣いたり、保護者から離れられなかったりする子もいる。スキンシップを図り、気持ちを受け止める。
●危険な行動をした際には、危険であることと、してはいけないことを丁寧に伝える。
●発見したこと、感じたことなどを伝えにきたら、その気持ちを十分に受け止める。
●保育者も一緒に遊び、楽しさを共有する。

食 育

●友達のお弁当にも興味をもち、「一緒だね」と言い合う姿が見られる。楽しく食べられる雰囲気づくりを心がける。
●保育者と一緒にミニトマトの苗を植え、水やりの世話を通して生長や収穫を楽しみにできるようにする。
●食事の前に手洗いすることを促す。
●よい姿勢で「いただきます」「ごちそうさまでした」のあいさつができるよう声をかける。

職員との連携

●午後は担任だけでは手が回らないこともあるので、クラス担任以外の保育者や、5歳児が手伝うなどの連携を図る。
●地震や火事、不審者などへの対応については、ふだんから職員で話し合い、共通理解を図っておく。
●散歩へ行く際に必要な持ち物を職員同士で確認し、適切な対応が取れるようにする。
●早朝保育の担当保育者から、朝の様子や体調などを引き継ぎする。

家庭との連携

●お弁当の開始にあたり、食べられる物を食べられるだけ持たせるよう、おたよりで知らせる。
●お弁当には子どもが好きな物を中心に入れてもらうよう伝え、「全部食べられた」という気持ちをもてるようにする。
●ゴールデンウィーク後に、入園当初の緊張がゆるみ、泣く子もいる。そのような心情を家庭と連携して受け止める。
●連休明けには登園時に泣いて保護者と離れられない子がいるが、保護者が帰った後は気持ちを切りかえて遊びだしていることを伝え、安心してもらう。
●けがをした際は、状況や対応を丁寧に伝える。

評価・反省

●連休明けで不安定になる子がいる。4月からの遊びを用意しておいたり、安心できる環境設定をしたりすることが大切だと思う。遊びが楽しくて夢中になると情緒が安定するようだ。
●外で遊ぶのが気持ちのよい日が多かったので、今月は体を動かしてたくさん遊ぶことができた。子どもたちも友達と一緒に遊ぶことに慣れ、喜んで走り回っていた。乱暴な行為をする子には、そのついけないことを伝え、その子の気持ちも受け止めて話を聞いた。貸してほしい物、「こうしてほしい」ことは相手に言葉で伝えることをくり返し知らせたい。
●戸外遊びでも室内遊びでも、片付けをしないで次の遊びへ移ってしまう。終わったら片付けることを知らせ、「遊んだら片付ける」ことを習慣にしていきたい。
●こどもの日の集いでは、外でしっぽ取りをしたり、お菓子を食べたり、こいのぼりの歌を歌ったりした。風に泳ぐ園庭のこいのぼりのように、子どもたちも元気に過ごすことができた。園生活にも慣れて遊びに夢中になり、活動が切りかえられないこともあるので予定を伝え、めりはりを付けたいと思う。
●おたよりの書き方が「タオルの準備」だけでは分かりづらかったようで、保護者から問い合わせがあった。今後は大きさの目安や使用目的も記載していきたい。

自然：自然との関わり・生命尊重　数・字：数量や図形、標識や文字などへの関心・感覚　言葉：言葉による伝え合い　表現：豊かな感性と表現　を表しています。

6月 月案 文例

今月のことば圏
今月の計画圏

雨の季節に入り、室内での活動が多くなります。じっくり落ち着いて取り組める遊びにする、気持ちを発散できる活動をするなど、工夫して過ごしましょう。

CD-ROM
収録：6月の月案文例
（幼稚園・こども園）
→ P140-P141

梅雨空のもとでの姿 ◉

● リズム遊びが盛り上がり、保育者と一緒にいろいろな体を動かすことを楽しむ。
● 飼育用紙を色水で塗り立てて、何度もくり返し２回切りを楽しんだり。
● 運動会は、保育者が選んだとくん歌を、知れ好きな曲にあわせて歌う。
● 折り紙のグリーンテープ遊びをしたり、晴れたい場所で走り回ったりして遊ぶ。

目のならい ◆

● 図書室の遊びにに親しみ、保育者や回りの友達と一緒に当番活動をする。【健康】【自立】
● 梅雨の時期の自然に触れ、保育者や友達と一緒にいろいろな遊びを楽しむ。【環境】【自立】
● やりたい遊びを見つけ、くり返し楽しむ。【自立】
● 保育者や友達がすることに興味をもち、自分も一緒にやってみる。【自立】
● 水遊びを楽しみ、水着の着替えを自分でする。【自立】【環境】

遊びのならい ◇

● 水の気持ちよさを感じながら、水遊びを楽しむ。
● 雨上がりの外遊びを通じ、友達と楽しむ。
● 雨の日があることを知り、いろいろな素材を使って遊ぶ。
● 水遊び、泥の感触に親しみ、友達と一緒にのびのびと遊ぶ。
● 土の感触を体で感じながら、ダイナミックな砂遊びをし、収穫を喜ぶ。
● 梅雨の季節と草花に親しみをもち、収穫したものをクッキングしてみたり、みんなで食べたりする喜びを味わう。
● 雨上がりの戸外を散歩し、草花についた雨粒を楽しみながら遊ぶ。

★ 保育 ★

● 友達の遊びに興味を持ち、自分から「貸して」「入れて」など、声をかけて遊びに加える言葉を知り、使えるようになる。
● 大雨のことを話し合い、次の日のプランがあとがれ、感謝の気持ちを持つ。
● 水に浮かべ、感触を味わいながら水に慣れる。
● 上下の中を身を開閉、折り紙織り込みなどの扱いを使って上下の曲を楽しんで遊ぶ。
● 砂遊び、泥遊びの楽しみを味わう。
● 身近な自然に触れて遊ぶ。
● 暑い日でも水遊をたくさんするなど、その時期をでふさわしい活動を楽しむ。
● 簡単な栽培や生き物への興味を持つ。
● カタツムリやオタマジャクシなど、梅雨の季節ならではの生き物に触れる。

健康指導 🎒

● 体調に気をつけるように、保健室での遊び環境をつくる。
● 気温が高くなる時期は、一日のうちで暑くなる時間の室内にエアコンを使い、室温に配慮する。
● プール運動のバッグ、ひとに、ペンなど物置に持ち物を十分に用意しておく。
● 好きな遊びを見つけられるよう、いつも同じ場所に片付け。
● 熱中症や食中毒、蒸し暑さに起因する体調不良になる園児が多いので、個々に付ける。
● 熱の日は体を動かす遊びや、じっくり落ち着いて取り組める遊びを準備しておく。

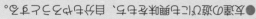

保育者の援助

●少しずつ周りの友達が見えてくると、物の取り合いになる。集団生活で必要な、順番、一緒、待つなどのルールを知らせる。
●できたときの喜びを十分に受け止めて認める。
●トラブルを大切な機会としてとらえ、注意深く見守って、必要な援助をする。
●園で裸になるのを嫌がり、水着に着替えられない子やプールを怖がる子もいる。一人一人のペースを守り、まずは見るだけにするなど、配慮して関わる。
●三輪車の取り合いのけんかが増える。気持ちを代弁したり、順番を一緒に考えたりする。
●泥の感触を嫌がる子には無理強いせず、見ているだけでもよいことを認め、一緒に少しだけ触ってみることなどを援助する。

食育

●4、5歳児が育てている野菜に興味がもてるよう、水やりを保育者と一緒にする。
●3歳児でも育てられる、ブロッコリーの芽やカイワレダイコンを育てることで、植物の生長していく様子を毎日見られるようにする。
●スプーンやフォークを正しく持てない子どもには、保育者が手本を見せる。
●友達や保育者と会話しながら、楽しい雰囲気の中で食べる。

職員との連携

●雨の日の自由遊びでは、走り回ったりしがちなので、けがには十分に気を付けるようにし、職員の配置もしっかりして連携を図る。また、気持ちが落ち着いたり発散できたりするような遊びをみんなで考える。
●室内遊びでは、子ども同士がぶつかってけがをする場合もあるので、子どもの動きをよく見ることを徹底する。
●七夕集会について打ち合わせ、当日の流れを確認したり必要な物を準備したりする。

家庭との連携

●一人遊びを気にする保護者もいるので、今の子どもの育ちなどを、クラスだよりや電話などで伝える。
●肌寒い日もあり、咳や鼻水が出たり、風邪が流行しがちになる。ゆっくり休息を取るように家庭に発信する。
●プール遊びが始まるので、治療が必要な病気などについて早めに知らせ、準備してもらう。
●七夕の笹に飾る短冊を渡し、親子で願い事を考えて書いてもらう。
●保育参観では、当日の保育のねらいや活動の流れを知らせる。
●保護者懇談会では、家庭での様子や園生活で気になること、子どもの育ちなどについてざっくばらんに話してもらい、保護者同士の親睦も深まるようにする。
●保護者懇談会では、今後の予定やお願いする事項などを知らせ、気になることは何でも話してもらうように呼びかける。

評価・反省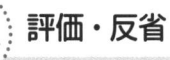

●雨の日の遊びでは、新聞紙を使って気持ちを発散できるような活動と、ひも通しなどのじっくり取り組むような製作遊びを用意することで、けがなく過ごせた。
●親子プレイデーのときに用意した魚釣り遊びが、ふだんから人気で盛り上がる。やりたい子が多く、順番などでけんかになるので、今の時期は少し多めに用意しておくとよいと思った。
●製作活動では、笹飾りをつくった。はさみを使うことに慣れるよう、1回切りをたくさん行った。集中してたくさん切ることを楽しむ子には、切った色画用紙を袋に入れて持ち帰らせた。たくさん切ったことを実感できたと思う。一方、はさみを正しく持てない子もいるので、丁寧に知らせたい。「はさみを使えるようになると、楽しいことができる」という気持ちになれるよう、製作活動を計画していきたい。
●水遊びが本格的に始まるので、準備や片付けを自分たちでできるように、手順を丁寧に伝えた。洋服のたたみ方は、実際に保育者が子どもの前で行って見せたら分かりやすく伝わったようでよかった。

6月 月案文例 幼稚園 認定こども園

自然：自然との関わり・生命尊重　数字：数量や図形、標識や文字などへの関心・感覚　言葉：言葉による伝え合い　表現：豊かな感性と表現　を表しています。

幼稚園

認定こども園

7月 月案 文例

1学期のしめくくりとして、夏休みに期待をもてるようにしたり、大掃除をしたりします。保育者も1学期の保育を振り返り、2学期の活動へとつなげましょう。

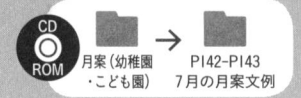

CD ROM

月案（幼稚園・こども園） → P142-P143 7月の月案文例

前月末の子どもの姿

●水遊びでは、保育者も一緒に楽しむことで、子どもたちも泥や色水遊びを楽しんでいた。

●ジャガイモ掘りでは、最初は戸惑っていたが、力いっぱい掘っていた。

●雨の日が続き落ち着かない際は、すもうやリズム遊びなどの体を動かす遊びをしたり、保育室内でのネックレスづくり（糸通し）や魚釣りなど、子どもの「したい」という声を取り入れた環境を設定して遊んだ。

月のねらい

●夏ならではの遊びをたくさん経験する。 自然

●自分の好きな遊びをじっくり楽しむ。 健康 自立

●衣服の脱ぎ着や始末を、自分でしようとする。 健康 自立

●保育者や友達のしている遊びに興味をもち、同じように動いたり触れ合ったりして楽しむ。 協同

●いろいろな素材を使うことを楽しむ。 表現

●身の回りのことを、自分でしようとする。 健康 自立

 週のねらい

●保育者や気の合う友達と一緒に、同じ遊びをすることを喜ぶ。

●七夕を知り、興味をもって短冊づくりを楽しむ。

●七夕の話やコーラスを聞き、七夕集会に参加する。

●プール遊びをする際の着替えや片付けなどを、自分でしようとする。

●盆踊りを踊ったり夏飾りを製作したりすることで、お祭りを楽しみにする。

●水遊びの際、衣服の着脱や脱いだ物の始末などを自分でしようとする。

●夏休みがあることを知り、身の回りの整理や掃除をして1学期の区切りを感じる。

●プール遊びに必要な約束事を守り、楽しく遊ぶ。

内 容

●衣服が濡れたら着替えることや、汗をかいたらふくことなど、夏の生活に必要な習慣を身に付ける。

●物や場所の取り合いなど、友達との関わりの中で、他人の存在や思いに気付く。

●七夕集会に、喜んで参加する。

●避難訓練に参加し、地震の際の行動の仕方を知る。

●虫探しなどをして、夏の自然に親しむ。

●終業式に参加し、1学期が終わったことを知り、夏休みに期待をもつ。

●砂遊びや泥んこ遊びなどを、保育者や友達と一緒に思いきり楽しむ。

●夏休みが来ることを知り、生活の場をみんなできれいにする。

環境構成

●汚れることや濡れることを気にせず遊べるような環境をつくる。

●子ども用のぞうきんは、タオルを小さく切り、子どもが扱える大きさで用意しておく。

●色水、水鉄砲、スーパーボールすくい、宝探しなど、水遊びが楽しめるように準備する。

●気に入った遊びをくり返し楽しめるよう、すぐ取り出せる場に片付けておく。

●日差しが強いので、園庭に遮光ネットを張ったりパラソルを立てたりするなどして、直射日光を遮る環境を工夫する。

●子どもの健康状態をしっかりと把握し、水遊びを安全に楽しく行えるように配慮するとともに、水温と気温をチェックする。

●室内で過ごす際には冷房を利用するが、外気温との差が大きすぎないように温度設定に注意する。

●プールに入れない子も保育者と安心して遊べるように、道具や玩具を準備しておく。

---

142 「幼児期の終わりまでに育ってほしい姿」の 健康：健康な心と体 自立：自立心 協同：協同性 規範：道徳性・規範意識の芽生え 社会：社会生活との関わり 思考：思考力の芽生え

保育者の援助

●片付けや掃除をすることで、満足感がもてるように援助する。
●水遊びを行う際は、子どもの健康状態をしっかり把握する。
●夏休みの過ごし方、遊ぶときの約束を伝えて、楽しみに待てるようにする。
●大掃除では自分でぞうきんを絞り、きれいになると気持ちよく感じることに気付くように声をかける。
●避難訓練のサイレンを嫌がる子がいる。事前に鳴らすところを見せて、保育者がそばにいることで安心感をもてるようにする。
●プール遊びに慣れたら、ワニ歩き、フープくぐりなどで水中に体を沈めたり、顔に水がかかったりすることを楽しめるような遊びをする。

食 育

●気持ちがよい天気の日は、外にシートを敷き、ピクニックのようにして昼食を食べる。友達と外の空気を感じながら食べる楽しさを味わわせる。
●4、5歳児が育てている野菜を見て、収穫を楽しみにする言葉をかける。
●食べきることに喜びを感じられるようにする。
●昼食の片付けの仕方を教え、食器を下げるなど自分でできることを伝える。

職員との連携

●水に触れながら遊びが展開できるようなせっけん遊びや、花の色水遊びを用意する。職員全体で、物の置き場などを共通認識する。
●プールに入れない子どもについては、入れない理由（風邪、皮膚の疾患、体調不良など）を保育者間で共有しておく。
●学年ごとに時間を区切ってプール遊びをする場合は、保育者間で連絡を取り合い、子どもの移動がスムーズに行えるように配慮する。

家庭との連携

●プールカードに体温と、プール遊びが可能かどうかの○×を毎日記入してもらうことをお願いする。プールには入れなくても、園庭での水遊びをしてもよい場合があれば、カードに記入してもらう。
●夏休みの過ごし方、生活習慣の決まり事などをクラスだよりで伝える。
●女児の仲間意識が芽生え、トラブルも増えてきたので、家庭と連携を図って様子を伝え合う。
●水遊びだけでなく泥んこ遊びもすることを伝え、汚れてもいい衣服をお願いする。
●個人面談では、家での様子を聞いたり園での様子を具体的に伝えたりして、子どもの成長を喜び合う。
●夏休みを迎えるにあたり、夏休みのしおりやクラスだよりなどで、過ごし方や園の行事を伝える。
●夏休み中に行われる園の行事について知らせ、参加を呼びかける。
●夏期保育の内容をおたよりなどで伝え、参加の有無を知らせてもらう。

評価・反省

●プールに入ることを怖がる子に、指先だけの色水遊びから小さなビニールプールでの水遊びへと少しずつ進めていくと、プールに入ることができた。水に対する思いは一人一人違うので、丁寧に関わることが大切だと感じた。また、裸になることを嫌がる子には、家庭でTシャツを用意してもらった。これからも、保護者と連絡を取り合い、丁寧に対応していこうと思う。
●暑い日が多く、プール遊びを十分に楽しむことができた。宝探しが人気で、水に顔をつけることが苦手な子も、いつのまにか顔をつけて拾っていた。その姿を保護者にも伝え、夏休みのプール遊びを楽しんでもらいたい。
●保育室の大掃除や荷物の持ち帰りなどを通して、1学期が終わること、夏休みは家で過ごすことを実感していた。大掃除では張り切ってぞうきんを絞り、ふき掃除をして、きれいになる気持ちよさを感じた。ふき掃除は子どもも取り組みやすいので、時々は行いたい。

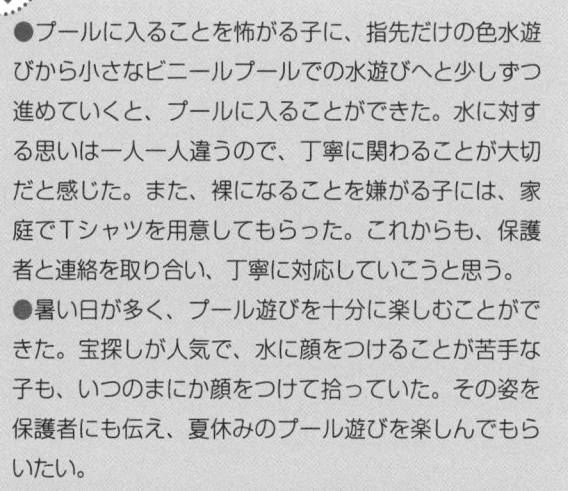

7月 月案文例 ※幼稚園・認定こども園

自然：自然との関わり・生命尊重　数字：数量や図形、標識や文字などへの関心・感覚　言葉：言葉による伝え合い　表現：豊かな感性と表現　を表しています。

幼稚園
認定こども園

8月 月案 | 文例

夏休みに入りますが、夏期保育や夏祭りなどのイベントもあります。夏ならではの解放感のある遊びや行事を友達や家族、地域の人と一緒に楽しみましょう。

CD ROM　月案（幼稚園・こども園）　→　P144-P145　8月の月案文例

前月末の子どもの姿

●はじき絵では、初めての絵の具と筆を使った製作だったが、絵の具の量や筆の使い方も上手にできた。クレヨンが浮き上がる様子も楽しみ、特に白いクレヨンが浮き上がることに驚いていた。

●染め紙では、絵の具が障子紙に染み込み、混ざり合うことや、広げたときの色合いを楽しんだ。障子紙の下にもつなげて、三角や四角の折り紙を付けるときは、上手にはれた。

●プール遊びに慣れ、自分から進んで水着に着替えている。

●セミを取ることがおもしろくなり、友達同士で楽しむ姿が見られる。

●水遊びの片付けが、保育者に言われなくてもできるようになった。

●暑さで体調を崩す子どもがいた。

◆ 月のねらい

●夏の生活の仕方を知り、健康に過ごす。[健康]
●保育者や友達と一緒に、夏ならではの遊びを十分に楽しむ。[協同][自然]
●友達との再会を楽しむ。[協同]
●夏野菜を収穫し、料理して味わう。[自然]
●プールで思いきり遊ぶ。[自然]
●経験したことを友達に話して伝える。[言葉]
●預かり保育に参加し、別のクラスの友達と関わる。[規範]

◇ 週のねらい

●夏祭りに参加し、保育者や友達と一緒に楽しむ。
●保育者や友達と一緒に、プール遊びを楽しむ。
●スイカ割りなど、夏ならではの遊びを楽しむ。
●好きな遊びを保育者と一緒に見付けていく。
●暑さで疲れも出るので、ゆったり過ごすようにする。

★ 内容

●保育者や友達と、いろいろな水遊びやプール遊びを十分に楽しむ。
●夏祭りを楽しみにし、親子で喜んで参加する。
●スイカ割りや水遊びなど、夏期保育に参加する。
●夏祭りを存分に楽しむ。
●汗をかいた後は着替え、身の回りを清潔にする。
●花や葉など身近な自然に触れて、発見したことを伝える。
●早寝早起きの大切さを知る。
●友達と協力し、道具や玩具を片付ける。
●保育者と一緒に、曲に合わせて楽しく踊る。
●道具を使うことで遊びを広げる。
●水や泥に触れながら、イメージを広げて楽しむ。
●楽しかったことを絵にかく。
●ボディーペインティングで絵の具の感触を楽しむ。
●保育者と水やりをしながら、植物を見たり触れたりする。

環境構成

●スイカ割りを行う際は、待てるように椅子を用意しておく。
●スイカは登園した際、目に付くところに水で冷やして置いておく。
●ロッカーの衣服を整理して、使いやすいようにしておく。
●虫取り網や虫かごを用意して、順番に使うことを知らせる。
●虫の成長の過程が分かるように、保育室に写真などをはっておく。
●子どもがすぐに手に取って遊べるように、扱いやすい紙類を箱に入れて用意しておく。
●子どもの様子を見ながら、机の配置や数をそのつど調整していく。

「幼児期の終わりまでに育ってほしい姿」の [健康]:健康な心と体　[自立]:自立心　[協同]:協同性　[規範]:道徳性・規範意識の芽生え　[社会]:社会生活との関わり　[思考]:思考力の芽生え

保育者の援助

- こまめに水分補給ができるよう声をかける。
- 夏休みの楽しかった話を興味深く聞く。
- 久しぶりの登園に、泣いたり拒否したりする子もいるので、温かく受容し、1学期の遊びを用意しておく。
- 水遊びの前に、一人一人の健康状態を把握する。
- 子どもの努力を認め、一緒に喜んで自信につなげる。
- 小さな目標をクリアできるよう、声をかけて楽しみながら取り組めるようにする。
- 子どもが自分で衣服を着脱できるようになったことを認め、次への意欲を高める。
- プール遊びでは「水に顔をつけられたね」「バタ足ができたね」など、一人一人に合った言葉をかける。
- 長時間、園庭で遊びつづけることのないように、休息と活動のバランスに配慮する。
- 自分で収穫した嬉しさに共感し、みんなで味わうことに喜びを感じられるようにする。
- 作品のアイデアを認め、みんなにも知らせて自信につなげていく。
- 小動物へのエサやりを保育者と一緒にする中で、世話の大切さを知る。

食 育

- スイカ割りの前にスイカを持つ機会をつくり、その重さを体験できるようにする。
- 収穫への期待がもてるような言葉をかける。
- 野菜を観察する中で、子どもの発見に共感する。
- 食べたことのない食材にも興味がもてるようにする。
- 食事のマナーを丁寧に伝える。

職員との連携

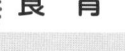

- 初めてスイカ割りをする子もいるので、他学年が行う際に、見学できるよう調整する。
- 夏祭りでは、子どもの興味を考えた出店を相談する。
- 長時間保育の子どもには、早朝保育や延長保育担当の保育者と情報を共有して、子どもが戸惑うことのないようにする。

- 水遊びなど、クラス混合で活動するときは、子どもが混乱しないように職員間で連携を図る。
- 夏の感染症への対応を早めにして、早期予防ができるようにする。
- 他のクラスの子どもと一緒に過ごすことも多くなるので、一人一人の子どもの様子を共有しておく。

家庭との連携

- 不安を抱く子どもの保護者から連絡帳がきたときは、保育後に日中の様子を知らせて不安が解消するように努力する。
- プールカードの記入もれがないように伝える。
- 水筒にはジュースなどの甘い飲み物は入れず、お茶か水を入れるように伝える。
- 夏祭りは地域の方と交流する機会でもあるので、積極的に参加を呼びかける。
- エアコンで冷房する場合は、外気温との差が大きくならないようにしていることを伝える。
- 水遊びなどの活動が活発になるので、家庭で十分に休息を取るように伝える。
- 保護者から夏休み中の様子を聞く。

評価・反省

- 夏休み中にできるようになったことを話したり、見せたりする時間を設け、十分に認める言葉をかけるようにした。それを聞いた子もチャレンジするようになり、よい刺激となったようだ。
- プールに入ることができない子どもには、シャボン玉などで遊べるようにするとよかった。
- 遊びがパターン化してきているので、もっとそこから発展できるような言葉をかけていきたい。
- 着替えに時間がかかる子どもがまだいるので、余裕をもって行えるように時間をとりたい。
- 活動の中で見通しが立てられるように、片付けの後にすることなどを子どもに伝えていくようにしたい。
- プール遊びでは夢中になると危険な場面があったので、あらかじめ約束事を決めたり、そのつど知らせたりするようにしたい。

8月 月案文例 ※幼稚園 ※認定こども園

自然：自然との関わり・生命尊重　数字：数量や図形、標識や文字などへの関心・感覚　言葉：言葉による伝え合い　表現：豊かな感性と表現　を表しています。

幼稚園　認定こども園

9月 月案｜文例

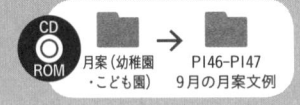

2学期が始まり、友達や保育者との久しぶりの園生活に戸惑う子もいます。園生活の進め方を改めて伝えながら、生活のリズムを取り戻しましょう。

月案（幼稚園・こども園）→ P146-P147 9月の月案文例

前月末の子どもの姿

●自分でできることが増え、保育者にやって見せる姿がある。友達の様子も気になりだしている。
●1学期に楽しんでいた遊びを始める子が多い。
●園の生活リズムを思い出し、自分のしたい遊びを自由に楽しむ。

月のねらい

●保育者や友達との触れ合いを通して、園生活のリズムを取り戻す。 健康 協同
●戸外で十分に体を動かして遊ぶ楽しさを味わう。 健康
●異年齢児の遊びを、まねして遊ぶ。 協同
●園生活の流れを思い出して生活する。 健康
●自然と関わって遊んだり空を見上げたりしながら、夏から秋へ季節が変わることを感じる。 自然

週のねらい

●園生活のリズムを取り戻し、友達と一緒に好きな遊びをすることを楽しむ。
●気の合う友達と、ごっこ遊びなどを通して関わりを楽しむ。
●敬老の日があることを知り、心を込めてプレゼントを製作する。
●十五夜があることを知り、縦割りのグループで団子をつくり、食べる楽しさや喜びを味わう。
●敬老の日のために切手はりや手紙の準備をし、期待を膨らませながら投函する。
●みんなで体を動かす楽しさ、気持ちよさを感じる。
●保育者との再会を喜び、園生活の流れを思い出す。
●玉入れやかけっこなど、運動遊びに興味をもって取り組む。
●簡単なルールのある遊びを、みんなと一緒に楽しむ。

内容

●始業式に参加し、2学期の始まりを実感する。
●戸外で十分に体を動かしたり、いろいろな遊具や運動用具を使ったりして、保育者や友達と一緒に遊ぶことを喜ぶ。
●水や砂を使った遊びで、感触を楽しむ。
●染め紙を楽しみながら、大好きなおじいちゃん、おばあちゃんにプレゼントをつくる。
●1学期に育てたカイコのまゆから、小物をつくる。
●思いきり走ったり、引っ張ったりなど、力いっぱい体を動かすことを楽しむ。
●運動会の会場に飾る、旗づくりをする。
●自分なりの遊びの場をつくり、熱中して遊ぶ。
●最後のプール遊びをし、できるようになりたいことに挑戦する。

環境構成

●夏休み前に楽しんでいた遊びを用意しておく。
●目の届くところに運動会で使う用具を置き、興味がもてるようにする。
●保育室でも曲を流し、リクエストにこたえてダンスが踊れるようにする。
●夏休みに経験したことを再現して遊べる物を用意しておく（かき氷屋さん、アイスクリーム屋さん、スイカ割りなど）。
●安心して遊びだせるように、1学期に親しんでいた玩具や遊具を用意しておく。
●運動会で使う曲や、子どもが好きな歌を用意し、歌いたいとき、踊りたいときに流せるようにしておく。
●4、5歳児がしている遊びをまねする際は、遊具の使い方などを確認して危険のないようにする。
●運動会への期待が膨らむような保育室の環境にする。
●トレーに画用紙や折り紙を用意し、子どもが使いやすいようにしておく。

---

146 「幼児期の終わりまでに育ってほしい姿」の 健康：健康な心と体 自立：自立心 協同：協同性 規範：道徳性・規範意識の芽生え 社会：社会生活との関わり 思考：思考力の芽生え

保育者の援助

●体を動かして遊ぶ楽しさに共感し、いろいろな運動遊びに興味がもてるようにする。
●できるようになったことなど、心と体の育ちを具体的に認め、自信がもてるようにする。
●他学年の運動会に向けての活動を見て、興味がもてるようにする。
●生活リズムが取り戻せず、日中も眠そうなときは、時間に余裕をもって過ごすように心がける。
●「先生見て！」と言うことが増えたら、そのつど関わり、認めて自信につなげる。
●自己主張のぶつかり合いから、友達とのトラブルが起きたら、お互いの気持ちを受け止め、相手の気持ちに気付けるような関わりを心がける。

食 育

●縦割りのグループでお月見団子づくりを行い、異年齢児と関わりながら楽しくつくる工夫をする。
●お月見団子づくりでは、白玉粉の感触を楽しみ、丸めてゆでることを体験できるようにする。
●お弁当の準備を思い出しながら行い、みんなで食べる楽しさを感じられるようにする。
●食事のマナーを再確認し、みんなで気持ちよく食事ができるようにする。

職員との連携

●お月見団子づくりは縦割りのグループで行うため、事前に子どもの日々の様子などについて情報を交換する。また、終わった後も様子を知らせ、次回に生かせるようにする。
●5歳児がしているリレーやドッジボールをやりたがる場合、3歳児が行うときに気を付けることをよく話し合っておく。
●縦割りのグループで活動する際には、保育者同士も子どもの様子を話し合い、予想されることや、その対応などについて検討しておく。

家庭との連携

●運動会の活動を行わない子には、見守ったり声をかけたりして受け止めるようにし、家庭にも様子を伝える。
●製作に使うための廃材集め（お菓子などの空き箱、ペットボトル、プリンカップ、牛乳パック、新聞紙、包装紙など）に協力してもらう。
●引き取り訓練を行うことを知らせ、迎えにきたときの手順を知らせる。また、この訓練の大切さを伝える。
●園への提出物は、カバンに入れると気付かない場合があるので、保育者に手渡してもらうようお願いする。
●懇談会で出た保護者の意見や家庭でのエピソードなどを紹介し、アイデアや情報を共有して子育てに生かせるようにする。
●子どもたちのつぶやき、子ども同士の会話などをクラスだよりにのせ、言葉が豊かになったことを喜び合う。

評価・反省

●自己主張のぶつかり合いが増える中で、一人一人の思いを受け止め、相手の気持ちに気付ける関わりができているか、今後も継続して配慮したい。
●お月見団子づくりでは、4～5人で一つのボウルを用意してつくった。「ゆっくり混ぜよう」「今度はぼくだよ」などと話しながら活動した。トラブルもなく、言葉数がグンと増えたと感じた。
●自由遊びの時間、「かけっこしたい」とだれかが言いだし、何度も園庭を走った。5歳児のリレーに刺激されて参加する子もいた。「頑張れー」と応援されるとますます嬉しそうに走った。玉入れでは、競争ではなく、玉を投げることを楽しめるように赤い玉だけを入れた。運動会があるからかけっこや玉入れをするのではなく、体を動かすことが楽しいという気持ちの延長上に運動会があることを、常に意識していきたい。
●2学期に入り、2、3人だった遊びグループが4、5人と増えて活動する姿が見られる。リーダータイプの子ども、あまり意見を言わない子どもなど、いろいろなタイプがいるが、保育者は一方的に子どものタイプを決めつけず、見守るようにしていきたい。

9月 月案文例 ＊ 幼稚園 認定こども園

自然：自然との関わり・生命尊重　数字：数量や図形、標識や文字などへの関心・感覚　言葉：言葉による伝え合い　表現：豊かな感性と表現　を表しています。　147

10月 月案 文例

幼稚園 認定こども園

運動会という大きなイベントがある園が多い時期です。友達と一緒に体を動かすことを楽しみながら、行事を通して自信を付けられる機会にしましょう。

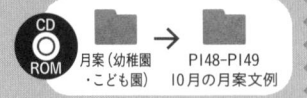

CD-ROM 月案（幼稚園・こども園） → P148-P149 10月の月案文例

前月末の子どもの姿

●窓を開けると「涼しい風！」と言ったり、空を見上げて「雲がない。きれい」と言ったりし、子どもなりに秋を肌で感じている。
●運動遊びでは、「かけっこしたい」という声があがり、ゴールテープを目指して思いきり走っている。
●室内では、廃材での製作遊びが盛んに行われ、箱をつなげたり、イメージしながら武器や動物などをつくったりしている。
●避難訓練では、保育者の話をよく聞いていた。

月のねらい

●秋の自然の変化に気付き、触れて、親しんで遊ぶ。[自然]
●丸・三角・四角などの形に興味をもつ。[数・字]
●ルールのある遊びを知り、友達と楽しむ。[協同][規範]
●保育者や友達と一緒に、様々なイメージを体で表現する楽しさを味わう。[協同][表現]
●好きな遊びを見付け、集中して取り組んだり友達と遊んだりする。[自立][協同]

週のねらい

●運動会に必要な物をつくり、運動会を楽しみにする。
●他学年を応援したり、見てもらうことを喜んだりして、運動会に期待をもつ。
●運動会を通して経験したことに自信をもち、興味をもった他学年の競技を友達や保育者と楽しむ。
●秋の自然に興味をもつ。
●秋の自然に親しみ、戸外で保育者や友達と一緒にのびのびと遊ぶ。
●遠足の話をしたり、表現したりすることを楽しむ。
●友達と共通のイメージをもって遊びを楽しむ。
●土の感触を味わいながらイモ掘りを楽しみ、収穫を喜ぶ。

内 容

●木の葉や木の実などの自然物を集めたり、それらを使って遊んだりすることを楽しむ。
●保育者や友達と言葉のやり取りを楽しみ、自分の感じたことや、してほしいことを伝えたり、相手の話も聞こうとしたりする。
●他学年の行った競技や演技などに関心をもち、一緒に参加する喜びを味わう。
●運動会に参加し、いろいろな種目を楽しむ。
●サツマイモ掘りを楽しむ。
●身近な素材を使って遊ぶ。
●体操の講師と運動遊びを楽しむ。
●自分のやりたい遊びをしながら、友達と関わる。
●保育者や友達と、運動やリズムダンス、動物などになりきって遊ぶことを楽しむ。
●保育者や友達に、言葉で自分の気持ちを伝える。
●ビオトープの中の生き物の様子に、興味をもつ。

環境構成

●体全体を使って遊ぶ楽しさを味わえるよう、環境を整えておく。
●秋の虫や植物に興味がもてるよう、図鑑などを保育室に置いておく。
●保護者への手紙を入れるファスナー付きのクリアケースを用意する。子どもが手紙を折ってこのケースへ入れ、保護者へ渡すことにする。
●集めた廃材は分類して保管するコンテナボックスを用意し、どこに入れるのか分かるように表示しておく。
●運動会で人気だった綱引きが、運動会後も楽しめるよう、すぐ出せるところに置いておく。
●子どものつくりかけの作品には、名前を付けておく。
●子どもの作品は、見やすい場所に飾る。
●お面がつくりやすいように、紙帯や目の丸い紙などはあらかじめ切っておく。

---

148 「幼児期の終わりまでに育ってほしい姿」の [健康]：健康な心と体 [自立]：自立心 [協同]：協同性 [規範]：道徳性・規範意識の芽生え [社会]：社会生活との関わり [思考]：思考力の芽生え

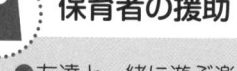 保育者の援助

- 友達と一緒に遊ぶ楽しさを味わえるよう、保育者も遊びに入り、関わりを多くもつようにする。
- 「入れて」「だめよ」のやり取りが増え、トラブルになることがある。なぜだめなのかなど、介入することにより、お互いの気持ちに気付けるようにする。
- 鬼ごっこやしっぽ取りゲームなど、簡単なゲームをみんなで楽しめるようにする。
- 早生まれの子どもは、できないこともあるので、認める言葉をかけて自信がもてるようにする。
- 講師を招いての体操では、話をよく聞いて行うことを伝える。

 食　育

- 遠足では風の気持ちよさを感じながら、みんなでお弁当を食べる楽しさを伝える。
- 5歳児が掘ったサツマイモを園庭で焼きイモにして食べ、秋ならではの食べ物について知らせる。
- 焼きイモ会では、子どもが新聞紙とアルミホイルでサツマイモを包む体験ができるようにする。
- 秋の食べ物にはどんな物があるか、みんなで話しながら食べ物に興味や関心をもてるようにする。

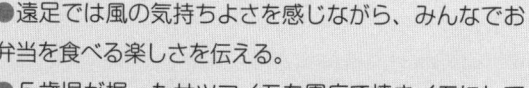 職員との連携

- トラブルが増えていることを共通認識し、見かけたら声をかけるなど、園全体で対処する。
- 遠足で回るルートなどについて共通理解する。
- 運動会で手伝うこと、フォローしてほしいことなどを、実施要領を作成して伝え合う。
- 焼きイモづくりは、火起こしをする者、イモの様子を見る者、子どもが火に近付かないように見る者など、役割をしっかり決めて安全に行う。
- 延長保育の子どもは疲れがとれるよう、ゆったりと過ごせるようにする。
- 延長保育の子が日中にけがをした場合は、その状況を延長保育の担当保育者に伝えることを徹底する。

 家庭との連携

- 運動会のおたよりを学年で出し、運動会までの取り組みや子どもたちの様子を知らせる。
- 運動会までの取り組みの様子を伝え、当日は緊張して、いつもとは違う姿かもしれないが、温かく見守って認めてほしいことを伝える。
- 運動会での姿を話し合い、子どもたちの成長や、努力した姿を認め、共に喜ぶ。
- バス遠足のお知らせを配り、集合時刻、持ち物の確認をお願いする。
- 個人面談のお知らせを配布し、希望日や話したい内容を記入してもらう。
- 親子クッキングの内容を知らせ、参加を呼びかける。
- 一日の中で気温の変化が大きく、日差しは暖かくても風が冷たいこともあるので、調整しやすい衣服を心がけてもらう。
- 子どもは体温が高く、動きが多いので汗をかきやすいことを伝え、できるだけ薄着で過ごすように呼びかける。

評価・反省

- 今は友達と一緒が楽しいことを感じている時期なので、遠足は活動内容を多くせず、バスに乗ること、ゆったりとお弁当を食べることを重視し、時間に余裕をもって過ごした。
- 運動会を終え、子どもの表情から自信が付いたことがうかがえる。帰りの支度が早くでき、「どうしたの？　すごいね」とほめると、「だってぼくたち、がんばりマンだもん！」という言葉が返ってきた。運動会を通して心の成長を感じられ、嬉しく思った。
- 今月から始まった体操の時間では、講師の指示をよく聞き、安全に楽しく行うことができた。「もっとやりたい」という声があがり、次回を楽しみにしている。
- バス遠足では朝から盛り上がり、にぎやかに行くことができた。外の空気を感じながら動物を見たりお弁当を食べたりし、楽しくのびのびと過ごした。動物の特徴に気付けるような言葉をかけるつもりだったが、安全に気をとられてあまりできなかった。

自然：自然との関わり・生命尊重　　数字：数量や図形、標識や文字などへの関心・感覚　　言葉：言葉による伝え合い　　表現：豊かな感性と表現　を表しています。

幼稚園・認定こども園 11月 月案 文例

子どもの遊びが広がるには、保育者が必要な道具や材料を準備しておくことが大切です。様子を見守りながら、遊びがより楽しくなる環境づくりを心がけましょう。

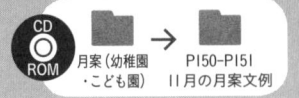

月案（幼稚園・こども園） → P150-P151 11月の月案文例

前月末の子どもの姿

- 遠足では、気温も過ごしやすく、動物園でのびのび遊んだ。「次の動物は何かな？」と動物を見ることを楽しむ姿もあったが、広場で友達と遊んだり、お菓子を交換したりすることも楽しんでいた。
- 運動会では、緊張する子や不安な表情の子もいたが、見てもらえることを喜び、のびのびと踊ったり、かけっこをしたりする子がほとんどだった。
- 散歩では、木の実を拾うなどして楽しんだ。

月のねらい

- 気の合う友達と、遊ぶ楽しさを味わう。[協同]
- 自分の気持ちや感じたことを自由に表現する。[表現]
- 看板などの文字を見て、関心をもつ。[数・字]
- 友達と好きな遊びにじっくりと取り組み、関わりを深める。[協同]
- 紅葉や落ち葉などの秋の自然に触れ、興味をもって遊ぶことを楽しむ。[自然]
- イメージを膨らませ、絵にかいたりつくったりして表現することを楽しむ。[表現]

週のねらい

- スタンプ遊びを通して、サツマイモの色や形、大きさなどに興味をもつ。
- 七五三の話題で、友達や保育者と会話を楽しむ。
- 友達とお話の世界をイメージしながら役になって、ごっこ遊びを楽しむ。
- みんなで収穫したサツマイモを使ってクッキングを楽しみ、みんなで食べることを喜ぶ。
- クラスの役に立てることを理解し、当番活動で自分の番が来るのを楽しみにする。
- 身近な物を使ってマラカスづくりを楽しみ、どんな音がするか興味をもち、音の違いに気付く。

内容

- 自分たちで共通のイメージを膨らませ、ごっこ遊びを楽しむ（病院ごっこ、ヒーローごっこ、園ごっこなど）。
- 身近な素材や用具を使い、自由にかいたりつくったりし、できた物で遊ぶことを楽しむ。
- 自然物を集めて、遊びに取り入れる。
- 発表会に向け、表現遊びを楽しむ。
- 発表会に必要な物を、保育者と一緒につくる。
- 身近な素材を使い、ごっこ遊びに必要な物をつくって遊ぶ。
- 勤労感謝の集いに参加し、お世話になっているバスの運転士さんに感謝の気持ちを表す。
- 友達とイメージを共有し、まねをして遊ぶ。
- 当番活動で、保育者の手伝いを楽しむ。
- 友達と関わるときの約束を守り、楽しく遊ぶ。
- 落ち葉やドングリなどを拾い、遊びに取り入れる。
- 空き箱やスチロール皿などの廃材を利用して、遊びに必要な物をつくる。

環境構成

- 製作に必要な、素材や道具を準備する。
- わらべ歌遊び（「はないちもんめ」「かごめかごめ」など）や、簡単なルールの集団遊びをして遊ぶ場をつくる。
- なりきり遊びができるように、変身グッズをつくれる素材や道具を用意しておく。
- 自然物を取りに、園外保育へ出かける。
- 空き箱や卵パックなどの廃材を使って、見立て遊びや製作遊びができるように、素材を集めておく（トイレットペーパーの芯、梱包材、毛糸など）。
- 戸外でもごっこ遊びができるように、ござやレジャーシートなど、子どもが扱いやすい物を用意し、スペースを確保しておく。
- 子どもがどんな遊びをしたいのかを見極め、必要な道具や遊具を用意する。

150　「幼児期の終わりまでに育ってほしい姿」の [健康]：健康な心と体 [自立]：自立心 [協同]：協同性 [規範]：道徳性・規範意識の芽生え [社会]：社会生活との関わり [思考]：思考力の芽生え

保育者の援助

●遊びがよりおもしろくなるよう、子どもと一緒にルールをつくって遊びを進める。
●遊びの中でけんかが起きたら、見守るようにし、伝えられない部分を保育者が補うようにする。
●体を動かして暑くなったら、上着を脱いで調節するように声をかける。
●ごっこ遊びを楽しくするために必要な物があるが、つくるのが難しいために保育者に依存する傾向があるので、子どもだけで実現できるように援助する。
●風邪などで体調を崩す子が増えた。手洗い、うがいをする大切さを再度伝える。
●トラブルの際は、お互いの気持ちを整理しながら、どうすればいいかを一緒に考える。
●はさみは人に向けない、はさみを持って動き回らないことを伝える。

食　育

●サツマイモでスイートポテトづくりをする。ゆでたサツマイモの皮をむいたり、つぶしたり、混ぜたりなどを体験できるようにする。
●給食では、食器の置き方、フォークとスプーンの正しい使い方を確認する。
●箸の使い方には個人差があるので、一人一人の様子に応じて関わる。
●サツマイモを使ってどんな料理がつくれるか、子どもたちが知っていることを話し合う。

職員との連携

●サツマイモのクッキングでは、他学年にも分けることを共通理解しておく。
●ふだんから子どもの様子を保育者同士で話し、どんなトラブルが多いのか、対応はどうしているのかなどを検討する。
●勤労感謝の日にちなみ、園にはどんな仕事をする人がいるかを考える機会をもち、調理員、用務担当の職員との交流を図る。

家庭との連携

●保育参観の感想を、保護者にアンケートの形で書いてもらう。
●給食に苦手意識が強い子は、家での様子や園での対応の仕方を伝え合い、心配なことは相談してもらう。
●けんかになった際は、園での様子を伝え、成長していく過程で友達とのぶつかり合いも必要なことを丁寧に話す。園での対応も話し、心配なこと、気になることは相談し合う。
●感染症予防のため、自分のコップでうがいができるように持ってきてもらう。
●落ち葉やドングリなど秋の自然物を喜んで集め、遊びに使っていることを話題にし、戸外遊びの楽しさを伝える。
●子どもの遊びの様子を話し、厚着をしすぎないこと、危険防止のためなるべく装飾のないシンプルな衣類が望ましいことを伝える。
●インフルエンザなどの感染症にかかった際は園に知らせてもらい、園からも情報を発信する。

評価・反省

●ごっこ遊びが継続し、自分たちで環境をつくって遊ぶようになった。しかし、友達関係が固定化しつつあるので、ゲーム遊びなどでいろいろな友達と関われるよう配慮した。
●スイートポテトづくりでは、指先を使う動作も上達した。昼食時にみんなで食べると、「おかわりしたい！」と言う子がたくさんいた。子どもから「お兄さん、お姉さんたちにもあげたい。他の先生にもあげよう」という声があがったので、みんなで持っていき食べてもらった。「おいしいよ」と言われ、自分たちがつくったものを食べてもらう喜びや満足感を得たようだった。
●段ボールを切り取って携帯電話をつくったり、空き箱をパソコンに見立てたりすることがはやった。子どもの発想はおもしろく、感心することが多い。そのアイデアを生かし、今後も材料を十分に用意し、作品づくりをしていきたい。

11月 …… 月案文例 ＊＊幼稚園 認定こども園

自然：自然との関わり・生命尊重　数字：数量や図形、標識や文字などへの関心・感覚　言葉：言葉による伝え合い　表現：豊かな感性と表現　を表しています。

幼稚園
認定こども園

12月 月案 文例

寒さが厳しくなり、感染症予防のためにも、手洗い、うがいを習慣づけましょう。
また、2学期を振り返り、冬休みや3学期への期待をもてるようにします。

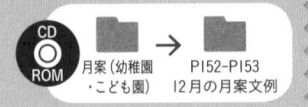 CD ROM　月案（幼稚園・こども園）→ P152-P153 12月の月案文例

前月末の子どもの姿

●焼きイモを「甘くなってるね」と言いながら、口の回りを汚しながら夢中で食べた。
●学年集会では、ホールで簡単なルールのあるゲーム遊びが盛り上がり、勝負を喜んでいた。最後まであきらめないでやる力が付いてきたと感じた。
●自分の当番が来ることを楽しみにしている。経験することで、当番活動の内容や意味を理解しはじめている。

月のねらい

●友達と一緒に行事に参加する楽しさを味わう。協同 社会
●戸外遊びを楽しみ、手洗い、うがいを習慣づける。健康
●この季節ならではの行事や遊びを楽しむ。社会 自然
●好きな遊びをしながらイメージを広げ、言葉で表現しようとする。思考 言葉 表現
●寒い季節の生活の仕方を知り、実行する。社会
●自分から友達に声をかけ、関わろうとする。協同 言葉
●園の行事や活動に興味をもち、意欲的に行う。自立

週のねらい

●友達と遊ぶ中でイメージを共有し、歌ったり踊ったり表現することを楽しむ。
●いろいろな素材を使ってツリーに飾り付けをし、クリスマスを楽しみにする。
●他のクラスの劇を見たり、自分たちの劇ごっこを見てもらったりすることを喜び、発表会を楽しみにする。
●自分のイメージを形にしたり、飾り付けをしたりしながら、クリスマスケーキづくりを楽しむ。
●クリスマス会に参加し、歌や演奏を聞いて楽しい雰囲気を味わい、クリスマスを心待ちにする。
●生活の場をみんなで掃除し、きれいになった喜びや気持ちよさを感じる。

内容

●お話や絵本、紙芝居などに親しみ、言葉のやり取りを友達と楽しむ。
●役になりきって、のびのびと歌ったり踊ったりして表現する。
●お楽しみ発表会ごっこを楽しむ。
●クリスマス飾りをつくることを楽しむ。
●自分たちが使った保育室や、いつも遊んでいる場所の大掃除をする。
●終業式に参加し、2学期が終わることや、新しい年を迎えることを知る。
●年末年始の過ごし方、あいさつの仕方などを知る。
●大掃除をしたり、持ち物を家に持ち帰ったりして、身の回りをきれいにする。
●発表会に向けた遊びを通して、役になりきる楽しさを感じる。

環境構成

●ツリーやクリスマス飾りをつくって飾り、クリスマスの雰囲気を味わえるようにする。
●劇ごっこがすぐにできるよう、舞台を設定しておく。
●チューリップの球根をみんなで植え、春に咲くことを楽しみに育てられるようにする。
●クリスマスや干支の絵本や紙芝居を用意する。
●園内にお正月らしい飾り付けをし、子どもが興味をもてるようにする。
●クリスマス飾りをワクワクしながらつくれるように、モール、ホイル折り紙、手芸用の綿など、ふだんとは違う素材を用意する。
●こま回し、絵を見れば分かるかるた、あがりやすいビニール凧、すごろくなど、3歳児が楽しんで遊べる物を用意しておく。
●もちつきのうす、きね、もち米を用意し、保育者と一緒に持ったり触ったりできるようにしておく。

152　「幼児期の終わりまでに育ってほしい姿」の 健康：健康な心と体　自立：自立心　協同：協同性　規範：道徳性・規範意識の芽生え　社会：社会生活との関わり　思考：思考力の芽生え

保育者の援助

●興味をもった遊びは何度もくり返して十分に遊び、楽しさやおもしろさを伝える。

●遊びにうまく入れない子への配慮をする。

●大掃除の意味を伝え、生活の場や遊具を大切にする気持ちをもって取り組めるようにする。

●言葉や動きで保育者のイメージを伝え、遊ぶ楽しさを感じられるようにする。

●運動会、発表会、遠足などの2学期の行事を、写真を見ながら振り返り、楽しかったことを話し合う。

●感染症がはやる時期なので、手洗い、うがいの大切さを改めて伝え、保育者が率先して行って手本となる。

●冬休み中の生活について伝え、規則正しい生活、交通安全などについて話をする。

●お正月遊びを楽しむ姿を認め、保育者も参加する。

食　育

●もちつきを見学し、その変化を伝える。

●もち米を蒸し、きねとうすでついてもちができ上がる様子を見せる。保護者がついてくれる姿を「よいしょ!」のかけ声で一緒に応援することを楽しめるようにする。

●きな粉、しょうゆとのり、あんこなど、もちのいろいろな食べ方を経験できるようにする。

●クリスマスケーキづくりを通して、きれいに飾り付けることを経験させる。

職員との連携

●クリスマス会や発表会では、担当保育者が中心となってツリーを飾ったり、壁面にも飾り付けをしたりして、楽しい雰囲気づくりをする。

●発表会では配置図や衣装などを記録し、他の職員にも分かるようにしておく。

●もちつきがスムーズに進行するよう、職員同士で声をかけ合い、協力しながら行う。

●4、5歳児の遊びに入れてもらう(鬼ごっこやごっこ遊びなど)ことがあるので、担任同士で連携を図り、見守る。

家庭との連携

●発表会への不安が強い子や、やろうとしない子などの保護者と連携を図り、取り組み方を一緒に考える。

●当番活動で、おとなしい子が自己を発揮する姿を保護者に伝える。

●劇の衣装に、家にある物の提供をお願いする。

●もちつきに参加してくれる保護者を募る。

●スモックや防災ずきんなど、持ち帰る物を知らせ、休み中に点検してもらう。

●発表会での子どもの姿を知らせ、これまでのエピソードなども紹介して、成長を共に喜ぶ。

●冬休み中の過ごし方を伝え、1月の予定を知らせる。

●防寒のための上着は、フードがない物、自分で着脱ができる物、洗える物を用意してもらう。

●園で挑戦したこま回しやかるた、凧あげなどを紹介し、冬休みの遊びの参考にしてもらう。

●冬休み中の園への緊急連絡先を、おたよりで伝える。

評価・反省

●発表会の取り組みで、ややせりふが多くて負担になった子どもがいた。せりふの分量の配分に注意していきたい。

●大きな行事が近づくと、生活習慣や片付けなどがおろそかになりがちであった。職員がお互いに声をかけ合うなどして、基本的なことを振り返るようにしたい。

●発表会では、保護者に見てもらえる喜びから張り切ったり、照れたりした。大きな舞台に立てたことは大きな自信になったと思う。発表会後、舞台を出すと、「やりたい」という声があがり、他のクラスの子と一緒に劇遊びをしていた。

●クラスの意識が強くなり、新しい遊びに興味をもちはじめた。男女が集まって、「はないちもんめ」、「かごめかごめ」、なわとびなどをしている。自信も付き、いろいろな遊びに目を向け、友達とのやり取りを楽しんでいる。

●2学期最後のお楽しみ会では、クラス全員でのゲームを初めて行った。みんなで楽しむことができ、成長を感じた。

12月　月案文例　幼稚園・認定こども園

自然:自然との関わり・生命尊重　数字:数量や図形、標識や文字などへの関心・感覚　言葉:言葉による伝え合い　表現:豊かな感性と表現　を表しています。

153

1月  **月案 文例**

新しい年のスタートです。かるた、すごろく、こま回しなど、お正月ならではの
遊びを楽しみましょう。友達とルールのある遊びをする機会にもなります。

CD ROM　月案(幼稚園・こども園) → P154-P155　1月の月案文例

前月末の子どもの姿

●発表会後、すがすがしい表情で、他のクラスの劇ごっこを楽しむ姿も見られた。
●新しいことに興味をもち、もちつきごっこや、「はないちもんめ」「かごめかごめ」などを楽しむ。
●「入れて」「だめ」などのトラブルが増えた。
●紙粘土を長い時間こねたり、飾り付けを細かくしたりし、指先が器用になった。
●寒さから、戸外遊びを嫌がる子がいる。

月のねらい

●自分の思いを言葉で伝え、相手の気持ちを受け入れ、誘い合って遊ぶ。協同　言葉
●友達と会話を楽しみながら、イメージを膨らませて遊びを進める。言葉　思考
●気の合う友達と、イメージを広げながら遊ぶ。協同　思考
●風邪予防に気を配りながら、戸外で元気に遊ぶ。健康
●いろいろなお正月遊びに挑戦する。社会

週のねらい

●友達に冬休みの出来事を話したり聞いたりして会話を楽しみ、少しずつ園生活のリズムを取り戻す。
●お正月のいろいろな遊びを知り、簡単なルールを守りながら楽しむ。
●毛糸の質感を味わいながら、指先を使って手袋づくりを楽しむ。
●お店屋さんごっこを通して、友達とのやり取りや売り買いを楽しむ。
●戸外で凧あげや鬼ごっこなどをし、体を十分に動かして遊ぶ。
●友達がしている遊びをまねして、やってみる。
●節分について知り、鬼について話し合う。

内容

●始業式に参加し、3学期が始まること、このクラスでの生活が残り少ないことを知る。
●こま回し、羽根つき、けん玉、福笑いなど、いろいろな遊びを知り、簡単なルールを守って楽しむ。
●好きな役になりきって友達と共通のイメージをもち、言葉や体で表現することを楽しむ。
●タンバリン、鈴、カスタネットなどを使い、楽器遊びを楽しむ。
●自分でつくった凧をあげて遊ぶ。
●作品展に向けた製作遊びを楽しむ。
●父親中心の保育参加で、お父さんたちとスキンシップを図りながら遊ぶ。
●近隣の小学生と、集団遊びを楽しむ。
●5歳児の体操教室を参観し、興味をもつ。
●園庭で雪合戦や雪だるまづくりなどを楽しむ。
●誕生日の意味を改めて知り、友達の誕生日を祝う気持ちをもって、誕生会に参加する。

環境構成

●羽根つき、こま回し、けん玉、凧あげ、福笑い、すごろくなど、お正月遊び、昔ながらの遊びを用意し、すぐに手に取れるようにしておく。
●竹馬など、難しいことに挑戦できるような遊具を用意しておく。
●節分に欠かせない鬼、福の神、ヒイラギ、豆について知ることができるよう、絵本や紙芝居などを用意しておく。
●簡単につくれて、よくあがる凧づくりを研究し、材料をそろえる。
●ままごと用のスカート、おんぶひも、エプロンなど、ごっこ遊びが充実するような物を準備しておく。
●ビニール袋に絵がかけるように、油性のペンを用意する。

154　「幼児期の終わりまでに育ってほしい姿」の 健康：健康な心と体　自立：自立心　協同：協同性　規範：道徳性・規範意識の芽生え　社会：社会生活との関わり　思考：思考力の芽生え

保育者の援助

●寒くても室内にばかり閉じこもらないよう、保育者も一緒に外へ出て、遊びを楽しむ。

●お店屋さんごっこを通して、他学年との関わりをもてるようにする。

●学年全体で遊ぶ活動を取り入れ、クラスの意識が強まるようにする。

●子どもがくり返し挑戦できるよう、保育者も一緒に、お正月遊びを行う。

●5歳児とのお別れ遠足を楽しみにできるよう、散歩の際は少し長い距離を設定する。

●雪遊びをして汗をかいたら、着替えるように声をかける。

●防寒着や帽子、手袋を自分で着脱し、フックにかけたりロッカーにしまったりする姿を認める。

●活動の中で不安や戸惑いが見られる子には、保育者が一緒に取り組み、安心できるような言葉をかけ、自信がもてるようにする。

食　育

●お正月の雰囲気を楽しめるよう、雑煮を食べる日を設け、そのいわれを伝える。

●冬野菜を使った豚汁づくりを保護者と行い、その中で野菜の名前を教える。

●お弁当の準備や食べ終わった後の片付けが、慣れてスムーズになったことを認める。

●鏡開き、七草がゆなど、お正月にまつわる食の伝統行事について話し、昼食時に味わえるようにする。

●風邪予防のためにも、バランスよく食べることの大切さを話す。

職員との連携

●お店屋さんごっこなど、行動範囲が広がる活動では、気にしてほしい子、様子を見守ってほしい子について伝えておく。

●父親参観では、四つのコーナーを設けて遊ぶので、それぞれに保育者が付き、進行役になる。

家庭との連携

●クラスの団結が強くなり、集団で遊ぶ姿が見られ、保護者は喜ぶ反面、来年度のクラス編成が気になり、問い合わせを受ける。友達関係をよく見て、見極めていくこと、子どもはそれぞれ成長していることなどを伝える。

●父親中心の保育参加を呼びかけ、子どもと触れ合って遊んでもらう。木工、料理、玩具づくりなど、得意なことや好きなことを生かすコーナーがあることを知らせておく。

●厚着になりすぎないよう、薄着の大切さを伝え、子どもが自分で着脱できる衣服をお願いする。

●久しぶりの登園で不安定になった場合は、冬休み中の家庭での出来事を聞いたり、園での様子を伝えたりして情報交換をする。

●製作に用いる牛乳パックとティッシュ箱集めに協力してもらう。

評価・反省

●園生活に慣れ、今までできていたことがおろそかになる。よく手を洗わなかったり、はさみの約束を守らずに使ったり、シールノートにシールをはらないまま遊んだりする。子どもが分かっているはずの、基本的な行動をもう一度振り返るように工夫して伝え、確認し合うことが必要だと思った。

●今月は、お正月遊びや昔ながらの遊びに挑戦した。けん玉、羽根つきなどは難しく、うまくできず悔し涙を流すこともあった。「次は、がんばろう」「もう一度やってみよう」「こうするといいよ」などの声も聞かれるので、一人一人の気持ちを受け止めながら、後押しをしていこうと思う。

●父親中心の保育参加では、どのお父さんも自分の子以外のたくさんの子どもと関わってくださり、温かい雰囲気で行えた。男性ならではのダイナミックな遊び、力強い遊びに子どもたちも大喜びしていた。ふだん木工や車づくりはなかなかできないので、お父さんパワー全開の新鮮な一日となった。保育者にとっても、刺激になった。

自然：自然との関わり・生命尊重　数字：数量や図形、標識や文字などへの関心・感覚　言葉：言葉による伝え合い　表現：豊かな感性と表現　を表しています。

幼稚園
認定こども園

2月 月案 文例

身の回りのことを自分でしたり、友達と積極的に関わったりする姿に成長が感じられます。子どもが成長を実感できるような言葉をかけて、自信につなげます。

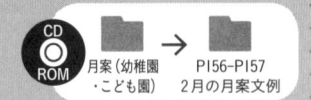
CD ROM　月案（幼稚園・こども園）　→　P156-P157　2月の月案文例

前月末の子どもの姿

●かくれんぼなどのゲーム遊びが盛り上がってきた。一年生との交流では、かるたのルールを教えてもらい、次の日もそのルールを守って楽しんでいた。
●友達同士のけんかを、自分たちで解決しようとする。
●保育者の話を落ち着いて聞くことができず、何度も注意される子がいる。
●鼻水が出たり咳をしたりする子どもがいたが、長く休むことなく元気に登園できた。

月のねらい

●生活に見通しをもち、自信をもって身の回りのことを行い、充実感を味わう。 健康 自立
●冬の自然に触れながら、戸外で体を動かして遊ぶことを楽しむ。 自然
●自分なりのイメージを表現し、共感しながら友達や保育者と一緒に遊ぶ。 協同 表現
●保育者の手伝いや片付けなどを通して、自分に自信をもつ。 自立
●節分の豆の数などを数えようとする。 数・字

週のねらい

●お店屋さんに必要な物を考えたり、準備をしたりする中で、期待を膨らませ、楽しみにする。
●製作では、作品に丁寧にのり付けをし、完成を喜ぶ。
●お店屋さん役、お客さん役と両方体験しながら、ごっこ遊びを楽しむ。
●リズムに合わせて、カスタネットやタンバリンなどの楽器を鳴らす楽しさを味わう。
●みんなで歌に合わせて楽器を鳴らす楽しさを味わい、演奏することを喜ぶ。
●節分集会に参加し、もうすぐ春が来ることを知る。
●5歳児へ感謝の気持ちをもつ。

内容

●自分の思いや発見を、言葉で伝えようとする。
●雪や氷など、自然の事象に触れ、驚いたり感動したりする。
●好きな物になりきって遊んだり、自分なりに表現したりすることを楽しむ。
●豆まきに参加し、自分の中の鬼を退治する。
●お店屋さんごっこに必要な物をつくる。
●お店屋さんごっこを楽しむ。
●ひな祭りについて知り、ひな人形を製作する。
●友達と一緒に雪遊びを楽しむ。
●タンバリン、カスタネット、トライアングル、鈴などの楽器遊びを楽しみ、歌に合わせて鳴らす。
●なりきったり、見立てたり、つもりになったりしながら、イメージを広げて遊ぶ。
●親しみのあるお話を、劇ごっこで楽しむ。
●遊びの準備、片付けを自分でする。
●劇遊びに必要な小物を、自分でつくる。
●クラスの仲間と一緒に、行動することを楽しむ。
●父母会の主催によるマジックショーを見て楽しむ。
●5歳児へ感謝の気持ちを込めてプレゼントをつくる。

環境構成

●製作に必要な用具を準備する。素材は子どものイメージがわくような物、扱いやすい物を用意する。
●水を凍らせたり、氷が張ったりするような、洗面器やバケツなどの容器を用意しておく。
●お店屋さんごっこの前に、様々なごっこ遊びを設定して、やり取りを楽しめる環境をつくる。
●園内に段飾りのひな人形を飾り、どんな人形があるか、どんな小物があるかなどをよく見ることができるようにする。ひしもち、モモの花なども用意する。
●製作活動のまとめに入るので、いろいろな素材を用意する。

156　「幼児期の終わりまでに育ってほしい姿」の 健康 ：健康な心と体　自立 ：自立心　協同 ：協同性　規範 ：道徳性・規範意識の芽生え　社会 ：社会生活との関わり　思考 ：思考力の芽生え

保育者の援助

●自分の思いを伝えられず、友達に押し通されてしまう子には、そのつど言葉を添える。
●集団で遊んでいる際は、見守る態勢を取り、子ども自身でつくり上げる遊びやイメージを大切にする。
●寒い日でも外へ出て、保育者も体を使って子どもと一緒に遊びを楽しむ。
●節分集会には、牛乳パックを切った升や、折り紙でコップを折って豆を入れ、楽しめるようにする。
●生活発表会では、おおぜいの人の前に出るので緊張や不安からふだんの姿とは違うかもしれないことを予測し、一人一人の気持ちを受け止め、臨機応変に対応する。
●体験入園に来た子どもと接し、自分がもうすぐお兄さん、お姉さんになることを実感できるように声をかける。
●歌った後に、大きく口が開けられていたことなどを具体的に認めて、発表会への自信を付ける。

食　育

●豆まき集会の後に、みんなで豆を食べ、食べる数や意味を知らせる。
●冬の時季によく食べる野菜や果物、体が温まる料理などについて知っていることを話し合い、食べることに興味をもてるようにする。
●みたらし団子をつくる際に、火の扱い方を知らせる（白玉団子をホットプレートで焼き、みたらしあんをかける）。
●バイキング給食では、自分で食べきれそうな量を取るように声をかける。

職員との連携

●生活習慣などを再度、見直す機会をもつようにする。
●子どもたちが、めりはりのある一日を送れたかどうか話し合う。
●作品展の展示では、見にきた人が動きやすい順路、見やすい掲示や展示の仕方を考え、相談しながら行う。

家庭との連携

●雪が降ったら雪遊びができる手袋や防寒着を持ってきてもらうように連絡する。また、靴下などの替えを用意してもらう。
●豆まきでは、鬼を怖がる子がいるので、近くにいたり手をつないだりしたことを保護者に伝え、家でも安心できる言葉かけをお願いする。
●インフルエンザなどの感染症による欠席者、近隣の園や学校の流行状況などを掲示しておく。
●年度末のアンケートを配布し、園に対する日ごろの保育についての意見を集める。
●生活発表会への取り組みや、当日の見どころと共に、ビデオ撮影についてなど観覧にあたってのお願いなどを知らせる。

評価・反省

●作品展では、年間を通しての作品を飾り、成長を感じてもらえるようにした。入園時から振り返ると、一年間の子どもたちの育ちを嬉しく思う。また、異年齢児の作品を保護者と見て回ることができ、刺激を受けていたようだ。
●「心の中にいる弱虫鬼を追い出そう」と、豆まき集会に参加した。子どもが「ぼく、さっき泣き虫鬼だった」「怒りんぼ鬼がいた」などと言いながら豆まき集会に参加していると、本物の赤鬼、青鬼が登場した。必死で豆を投げる子や、怖くて保育者の近くにいる子など様々な姿があった。鬼が逃げていくと、子どもはホッとしたような、すっきりしたような表情だった。
●「ここは火を消すところ」などの環境を設定し、「水が出るよ」と消防士ごっこをするなど、イメージを伝え合って遊びを展開している。友達とつながる心地よさが感じられる。
●「年中さんになったら〜しよう」という話題が出てくるようになり、子どもなりに進級を楽しみにしている。反面、雰囲気がフワフワしたり少しのことで泣いたりすることもあり、揺らいでいるのかなと思う。子どもの気持ちを受け止めながら、進級への期待がもてるように声をかけたい。

2月　月案文例　※※　幼稚園・認定こども園

自然：自然との関わり・生命尊重　数字：数量や図形、標識や文字などへの関心・感覚　言葉：言葉による伝え合い　表現：豊かな感性と表現　を表しています。

157

幼稚園

認定こども園

3月 月案｜文例

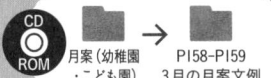

4月の入園当初と比べると、ずいぶんとたくましくなった子どもの姿が見られます。4歳児クラスへの進級を心待ちにできるように働きかけましょう。

CD ROM 月案（幼稚園・こども園） → P158-P159 3月の月案文例

前月末の子どもの姿

●ごっこ遊びでは自分たちでイメージを伝え合ったり、場をつくったりしている。「次は○○組かな？」など、少しずつ4歳児クラスになるんだと意識している様子が見られる。
●お店屋さんごっこの話をすると、「早くやりたい」と期待を膨らませる。他学年のお店屋さんにも興味をもっている。
●雪が降ったので、雪合戦や、かまくらづくりなどをし、雪遊びを楽しむ。

月のねらい

●一日の流れや生活習慣が分かり、身の回りのことを自分でやろうとする。[自立]
●自分の思いを言葉で相手に伝え、友達と関わって遊ぶことを楽しむ。[協同][言葉]
●進級することに喜びや期待をもち、自分から進んでいろいろな活動に取り組む。[自立]
●植物の生長に気付き、春の訪れを感じる。[自然]

週のねらい

●ひな祭りの行事に興味をもち、歌を歌ったり出し物を見たりして楽しんで集会に参加する。
●みんなで歌や合奏を楽しみ、保護者に見てもらうことを喜ぶ。
●5歳児との楽しい時間を思い出しながら、お別れ会で渡すプレゼントづくりに取り組む。
●進級が近づいていることを知り、大きくなることに期待をもつ。
●5歳児とのお別れ会に参加し、卒園を祝う気持ちや感謝の気持ちをもつ。
●基本的な生活習慣を、再確認する。
●自然に触れながら、春の日差しの暖かさを感じる。

 内容

●生活に必要な身の回りのことを、自ら進んでしようとする。
●4歳児クラスの保育室に行ったり、触れ合ったりして関わりをもつことで、進級への期待をもつ。
●他学年と交流することを楽しむ。
●園庭や園外の春の生き物を喜んで探し、見付けたり触れたりして遊ぶ。
●ひな祭り集会に参加し、保育者の劇を見たり、ママさんコーラスの歌を聞いたりする。
●5歳児へのプレゼントを心を込めて製作する（デカルコマニーの花）。
●お別れ会に参加し、5歳児が4月からは一年生になることを知る。
●修了式に参加し、3歳児クラスでの一年が終わったことを知り、4月からは4歳児クラスになることに期待をもつ。
●秋に自分たちで植えたチューリップやクロッカスの様子を見て、生長を喜ぶ。

環境構成

●好きなときに演奏ができるよう、楽器を置くコーナーをつくる。
●園にひな人形を用意し、イメージがもてるようにする。
●ひな人形を自分なりに工夫してつくれるよう、いろいろな素材を用意する。
●一年間使ってきた保育室や遊具を感謝の気持ちを込めてきれいにし、4歳児になることを感じられるようにする。
●5歳児とのお別れ会では、子どもと一緒に花飾りや輪飾りなどで会場を飾り付ける。
●保育室を整理し、次年度へ引き渡す。
●4歳児の保育室で過ごす時間を設け、新しい環境への不安や戸惑いを減らす。

158 「幼児期の終わりまでに育ってほしい姿」の [健康]：健康な心と体 [自立]：自立心 [協同]：協同性 [規範]：道徳性・規範意識の芽生え [社会]：社会生活との関わり [思考]：思考力の芽生え

保育者の援助

●進級への期待を胸に、異年齢児との関わりをもてるようにする。

●うまくできなくても、やろうとする気持ちを十分に理解し、励まして自信をもたせる。

●4歳児の保育室へ行き、一緒にごはんを食べたり遊んだりして、新しい保育室に慣れるよう促す。

●自分たちで決めて実行することは自信につながり、自立を促す機会となるので大切にする。

●今年度の体育遊びで努力した姿を認めるメダルをつくり、一人一人に渡す。

●クラスのみんなが誕生日を迎え、身長や体重だけでなく、心も大きく成長したことを、一年間を振り返りながら話す。

●その子なりに工夫したことを認め、保育者も一緒に、よりよくなるように考える。

●卒園式のリハーサルに参加し、5歳児が卒園することや、自分たちが4歳児クラスになることを実感できるようにする。

●みんなでリズムに合わせて踊ったり、鬼ごっこをしたりするなど集団で遊ぶことを通して、クラスの一体感を味わえるようにする。

食 育

●ひな祭り集会の日の献立は、ちらしずしやハマグリの吸い物などを用意し、行事のいわれを伝える。

●異年齢児や他のクラスと一緒に食事をする機会を設け、たくさんの友達と会食をする楽しさや、友達とのつながりを感じられるようにする。

●4月から使う4歳児の保育室で食事をし、進級への期待が膨らむように話す。

職員との連携

●異年齢児との関わりが多くもてるように設定したり、行き来ができるように連携を図ったりする。

●行事が続くので、そのつど役割や段取りを確認し、スムーズに進行できるように準備する。

家庭との連携

●園でつくったひな人形を持ち帰り、家庭でも飾ってひな祭りを楽しんでもらう。

●懇談会を行い、一年間の成長や今後の育ち、4歳児クラスでの過ごし方について話し合う。

●進級を楽しみにする反面、不安感を抱く子もいるので、一年間を通しての成長などを保護者と話し合いながら、自信がもてるように連携を図る。

●持ち帰る物を知らせ、記名などの点検をしてもらい、4月の進級式の日に持ってくることを伝える。

●一年間を振り返って、子どもの成長について話したり、おたよりで知らせたりするとともに、保護者の協力に対して感謝の気持ちを表す。

●春休み中の過ごし方、4月の予定、進級式の日の持ち物などを知らせる。

●一年間の製作物や絵などを袋に入れてまとめ、持ち帰れるようにする。

3月 月案文例 ※※ 幼稚園 認定こども園

評価・反省

●音楽会では友達と演奏するときに音がうまく合う喜びや、音を止めるタイミングを感じられるようにしたことで一体感が生まれた。保護者を舞台から探す姿もあった。緊張したようだが、翌日は「音楽会、楽しかった」と言っていた。12月の発表会に比べて、またひと回り大きくなったと感じた。

●一人一人の努力や手伝いなどを認めて、たくさんの言葉をかけ、自信をもって進級できるように伝えた。

●4月には手取り足取り保育した子どもが、自分のことは自分でしようとしたり、当番になって手伝いをしたりするほど成長した。また、友達を意識し、一緒に遊ぶ楽しさを感じているようだ。友達との関わりも強くなり、嬉しく思う。

●お別れ会などを通して、ようやく「もうすぐ4歳児クラスになる」ことが理解できたようだ。一人一人にできるようになったこと、成長したことを言葉で伝えた。自信をもって4月の進級式に臨んでほしい。

●保育室の整理をしながら、子どもと思い出を話す中で、友達の存在の大きさを感じた。

自然：自然との関わり・生命尊重　数字：数量や図形、標識や文字などへの関心・感覚　言葉：言葉による伝え合い　表現：豊かな感性と表現　を表しています。

こんなときどうする？

月案 Q & A

Q 「子どもの姿」は、数人の子どもを見て記入していけばよいのでしょうか？

A 特徴的な姿、変化してきた姿をとらえる

もちろん、全員がそうなっていなければ書けないわけではありません。3、4人の子どもでも、あるグループでもOKです。育ってきた姿、周りへ刺激になりそうな姿は積極的に書いていきます。また、流行している遊びや言葉も記しておくとよいでしょう。それを踏まえて、ねらいや援助を考えられるからです。

Q 新担任なので、4月はまだ子どもの様子も分かりません。どう計画を立てればよいのでしょうか？

A 4月はまず、保育者との絆から

月初めの子どもの様子を見てからでも、立案はOKです。その際、前年度の4月の月案を見て参考にするとよいでしょう。年度の初めにまず求められるのは、保育者との信頼関係づくりです。子どもが安心できる受け入れと楽しい遊びを計画しましょう。

Q 「環境構成」を書く際、どうしても「こう整える…」だけになってしまいます。記入のコツは何でしょうか？

A 何のために整えるのか、意図を明確に

「内容」を経験させるための環境構成ですから、「しておくこと」を書くのではなく、「何のためにそうするのか」を示すことが大切です。「布団を敷く」ではなく、「眠りたいときに安心してすぐ眠れるように、布団を敷いておく」と書けば、意図が伝わります。

第4章

保育日誌の書き方

保育終了後に記入する「保育日誌」は、月ごとに分けて子どものエピソードを中心に紹介しています。

3歳児の保育日誌

おさえたいポイント

育ちを感じられた場面を描写しよう

「ねらい」に近づいている嬉しい姿を、周りの状況も合わせて書いておきましょう。また、ハプニングも子どもが育つきっかけになります。その場にいなかった者も、読めば情報が共有できるように詳しく書きます。保育者の思いや反省、今後の見通しなども加えると、役に立つ日誌になります。

この保育日誌は、保育後にその日を振り返りながら記入するものです。どのような保育をして、子どもがどう考えて行動したのかが読み取れるようにしましょう。

主な活動
その日の主な出来事や遊びについて記します。後で見直した際に、こんなことがあった日だとすぐに思い出せることが大切です。

子どもの様子
一日のうちで最も嬉しかったり困ったりした印象的な場面を、子どもの姿がリアルに浮かび上がるように書きます。子どもの事実と保育者の関わりの事実を記入します。

評価・反省
子どもの様子を書いた場面を、保育者はどうとらえて何を思ったか、保育者の心の内を書きます。ありのままの思いと明日への心構えを記入します。

	4月7日（火）	5月1日（金）
主な活動	●入園式に参加する。 ●好きな遊びを楽しむ（室内、園庭遊び）。	●園庭遊び（しっぽ取り、竹ぽっくりなど） ●こいのぼりづくりをする（絵の具、のりなど）。
子どもの様子	**新入園児と進級児の新生活スタート** ●担任が二人とも入れかわっての新生活であるが、朝からわりとスムーズに受け入れられる。新入園児のAちゃんは祖父母と登園する。受け入れ後、入園式に参加するが、進級児と交じっても特に不安を感じている様子はなく、担任のそばで落ち着いて座っている。担任が横で正座していると、「その座り方、いけないんだよ」（なぜかは不明）と、自分から話しかけ、司会から名前を呼ばれたときも、しっかりと手を挙げていた。Bちゃん、Cちゃんは母親と入園式に参加。母親と離れるときに涙を浮かべるが、遊びはじめるとフープを転がしたり、砂遊びをしたり、とても楽しそうにしている。生活面でもフォローされながら、自然に流れにのって行動している。Aちゃん、Bちゃん、Cちゃんをみんなの前で新しい友達として紹介すると、3人ともしっかり自己紹介をしていた。	**こいのぼりづくり** ●今日もこいのぼりづくりの続きをした。まだ、黒、赤の2匹をつくり上げていない子、欠席した子を順に誘う。Dくんは数日前に2匹分のはじき絵ができるように紙を渡したが、2匹とも黒で仕上げた。最初は間違えたのかと思って「もう1匹、赤でつくってみよう」と声をかけたが、「赤はつくらない」と言い張る。そこで、保護者にもそのことを伝えると、「そうですか？　なぜだろう？」との返事だったが、今日、Dくんの家のこいのぼりが黒であることが分かり、それが理由で「こいのぼり＝黒」と思っているのではないかと予測された。Dくんにそのことを聞いてみると、答えはあいまいだったが、今日もやはり「赤はやらない」と言っている。そのため、Dくんの気持ちを大切にし、無理に赤いこいのぼりをつくるのではなく、黒いこいのぼり2匹に目をはった。そのとき「これはお月さまを見ているの」と目を上向きに付けて楽しむなど、Dくんなりの思いを表現していた。
評価・反省	●3名の新入園児は集団生活の経験はあるものの、新しい環境に不安を感じていると予想される。また進級児も環境が変わり、新しい担任との生活のスタートである。子どもの気持ちを十分に受け止めて生活していきたい。	●大人のイメージするものと、子どものイメージするものの違いに気付かされた。固定観念で判断するのではなく、気持ちに寄り添った関わりが大切だと感じた。

4・5月 保育日誌

CD ROM 保育日誌 → P163 4・5月の保育日誌

	4月7日（火）	5月1日（金）
主な活動	●入園式に参加する。 ●好きな遊びを楽しむ（室内、園庭遊び）。	●園庭遊び（しっぽ取り、竹ぽっくりなど） ●こいのぼりづくりをする（絵の具、のりなど）。
子どもの様子	**新入園児と進級児の新生活スタート** ●担任が二人とも入れかわっての新生活であるが、朝からわりとスムーズに受け入れられる。新入園児のAちゃんは祖父母と登園する。受け入れ後、入園式に参加するが、進級児と交じっても特に不安を感じている様子はなく、担任のそばで落ち着いて座っている。担任が横で正座していると、「その座り方、いけないんだよ」（なぜかは不明）と、自分から話しかけ、司会から名前を呼ばれたときも、しっかりと手を挙げていた。Bちゃん、Cちゃんは母親と入園式に参加。母親と離れるときに涙を浮かべるが、遊びはじめるとフープを転がしたり、砂遊びをしたり、とても楽しそうにしている。生活面でもフォローされながら、自然に流れにのって行動している。Aちゃん、Bちゃん、Cちゃんをみんなの前で新しい友達として紹介すると、3人ともしっかり自己紹介をしていた。	**こいのぼりづくり** ●今日もこいのぼりづくりの続きをした。まだ、黒、赤の2匹をつくり上げていない子、欠席した子を順に誘う。Dくんは数日前に2匹分のはじき絵ができるように紙を渡したが、2匹とも黒で仕上げた。最初は間違えたのかと思って「もう1匹、赤でつくってみよう」と声をかけたが、「赤はつくらない」と言い張る。そこで、保護者にもそのことを伝えると、「そうですか？　なぜだろう？」との返事だったが、今日、Dくんの家のこいのぼりが黒であることが分かり、それが理由で「こいのぼり＝黒」と思っているのではないかと予測された。Dくんにそのことを聞いてみると、答えはあいまいだったが、今日もやはり「赤はやらない」と言っている。そのため、Dくんの気持ちを大切にし、無理に赤いこいのぼりをつくるのではなく、黒いこいのぼり2匹に目をはった。そのとき「これはお月さまを見ているの」と目を上向きに付けて楽しむなど、Dくんなりの思いを表現していた。
評価・反省	●3名の新入園児は集団生活の経験はあるものの、新しい環境に不安を感じていると予想される。また進級児も環境が変わり、新しい担任との生活のスタートである。子どもの気持ちを十分に受け止めて生活していきたい。	●大人のイメージするものと、子どものイメージするものの違いに気付かされた。固定観念で判断するのではなく、気持ちに寄り添った関わりが大切だと感じた。

記入のコツ!!
新入園児の様子を詳しく書いておくことが大切です。その後の生活のために、どのように援助していくかが見えてきます。

記入のコツ!!
気になった一人の子どもについて詳しく、自分がどのように関わったかを書いておくと、幼児理解につながります。全体のことにこだわって書く必要はありません。

4・5月　保育日誌

6・7月 保育日誌

保育日誌 → P164
6・7月の保育日誌

6月17日（水）

主な活動
- 園庭遊び（鉄棒、体操など）
- 室内遊び（電車ごっこ）

子どもの様子

入れてー！

- Aちゃんが保育者に「Eちゃんに入れてって言っても入れてくれない」と訴えてくる。見ると、Eちゃん、Fちゃん、Gちゃんがフープで電車ごっこをしている。二人のやり取りを直接見ていないため、Aちゃんと一緒にEちゃんたちのいるところへ行って「Aちゃんは、Eちゃんが入れてくれないって言っているけど本当？」と聞くと、表情を変える。しかし、「そんなこと言ってない」と言う。そのため、そばにいたFちゃんとGちゃんにも話を聞くと「Eちゃんが入れないって言うから」と言う。Fちゃん、Gちゃんの言葉を聞いて、もううそをついてもだめだと感じたのか、Eちゃんは大声で泣きだす。保育者に「泣きたいのはEちゃんじゃなくて、Aちゃんだと思う」と言われ、EちゃんはAちゃんをおずおずと見上げた。そして「ごめんなさい」と言った。Eちゃんにとっては、友達の気持ちに気付くよい経験になった。

評価・反省

- Eちゃんは言葉が巧みなため、自分の都合のいいように話を変えることがある。しっかり見極め、対応しなくてはならないと思う。

📖 **記入のコツ!!**

子ども同士のトラブルがどのように起きたのか、それにどう関わることで、子どもたちは何を経験したのかを記しておきます。

7月9日（水）

主な活動
- プール遊び

子どもの様子

プール遊び

- プールに少しずつ慣れてきたようだが、顔つけやワニ泳ぎをすることには、抵抗のある子が多い。そのため、体を支えて一緒にやってみる。「絶対に手を離さない」と言葉で伝えながら、保育者も体を同じ高さにして一緒にやって見せたり、支えたりしながら行った。するとEちゃんとHちゃんは、支えられながらではあるが、ワニ泳ぎのようにやってみることができ、嬉しそうであった。それを見たFちゃん、Iちゃん、Jちゃんも、同じようにワニ泳ぎをしたがった。Gちゃんは水が苦手だが、保育者が体を支えると水の中を行ったり来たり、ユラユラとすることができ、笑顔を見せた。プール終了後に「楽しかった？」と聞いてみたが、「楽しかった」とは言わず、なぜか困ったような表情をしていた。

評価・反省

- 言葉だけではやり方がわからず、できないことがあるので、保育者がやって見せることや一緒にやることで方法を伝えることの大切さを感じた。Gちゃんについては、そう簡単に苦手な思いはぬぐえないのだと感じた。

📖 **記入のコツ!!**

子どもの言動ばかりでなく、表情やしぐさなども書いておきましょう。そこから子どもの思いを読み取る糸口が見付かることがあります。

164

8・9月 保育日誌

CD ROM　保育日誌 → P165　8・9月の保育日誌

8月18日（火）

主な活動

● プール遊び
● 絵の具遊び

子どもの様子

ナスとエダマメの収穫

● 育てているナス、エダマメの収穫をする。これまでも何度か収穫しており、早番からクラスに移動してすぐ、「やりたい人、一緒に行こう」と声をかける。すると、朝の支度をすぐに終え、Kくん、Lくん、Jちゃん、Mくんが来て、水やりをし、収穫もした。ナス3個、エダマメは6さやだった。調理室に向かうとき、エダマメを収穫したLくんが「エダマメ、みんなの分、ないね」と言う。保育者が「どうする？」と聞くと、Kくんは「調理員さんに食べてもらおう。行ってくる」と一番に調理室に向かい、「調理員さん、ナスとエダマメです。食べてください」と言っている。それを聞いたJちゃんが「待ってー」と言い、Lくんは「みんなも食べたいよー」と言う。保育者が「じゃあ、どうしよう」と言うと互いの思いを主張しているが、「エダマメはみんなの分がないから調理員さんにあげて、ナスはみんなで食べる」とLくんが言うと、Kくんも「そうする」と納得していた。Jちゃんは見守っている様子だった。

評価・反省

● 子ども同士で解決している姿に、成長を感じた。次に収穫する際もこの経験を踏まえ、自分たちが収穫した物について考える機会をつくっていきたい。

📖 **記入のコツ!!**

子どもの育ちが感じられるエピソードを、進んで残しておくようにしましょう。保育の検証にも役立ちます。

9月30日（水）

主な活動

● 園庭遊び（鉄棒、砂場、巧技台など）
● 室内遊び（ままごとなど）

子どもの様子

巧技台、自分で！

● 園庭で巧技台（50センチ）を出し、よじ登りからジャンプをする。どの子も簡単によじ登り、一人でジャンプもしていたため、しばらくしてから巧技台（60センチ）をもう1台付け、60センチのよじ登りから50センチのジャンプに変えた。するとそこへ、Nくんが来る。他児は60センチに変えても簡単によじ登るが、小柄なNくんの番になると、足が届かず難しい様子。1回目は援助をしたが、2回目からは「自分で！」と言い、見守ると、コツをつかんだのか、手足の他におなかも上手に使い、一人で登っていた。また、回数を重ねるごとに、登るスピードが速くなっていた。

評価・反省

● ふだんの生活でもNくんは時間がかかるが、「自分で！」と一人で行う意欲がある。Nくんの自分で行う姿を十分に認め、できたときには共感すると同時に、Nくんがじっくり取り組める時間と環境をつくっていきたい。

📖 **記入のコツ!!**

保育者が嬉しく感じた場面、感動した事柄なども、詳しく書き残しましょう。保育者の喜びも書き添えるとよいでしょう。

6〜9月 保育日誌

10・11月 保育日誌

CD ROM　保育日誌 → P166　10・11月の保育日誌

10月9日（金）

主な活動	●園内で遠足ごっこ 
子どもの様子	### 楽しかった遠足ごっこ ●朝から雨が降り、公園への遠足は中止となるが、園内で遠足ごっこをする。子どもたちは登園してくると、「お弁当持ってきたよ！」「リュック、かわいいでしょ」と初めてのお弁当ありの遠足にとても期待をしている。子どもがそろったところで、公園へは行けないが、遠足ごっこをすることを伝えると、「やったー！」と喜ぶ。椅子をバスのように並べて、バスごっこ。「右に曲がりまーす」など保育者がリードして遊んでいくうちに、「トンネルがあるよ」「穴がある」とイメージを膨らませて、子どもからいろいろな言葉が出てくる。「じゃあ、ライトをつけよう」などと一緒に楽しむ。途中で停車すると、「水族館に着いた」と声があがり、2グループに分かれて歩き、園内を回る。「見て、イルカがいるよ」と保育者が言うと、「クジラも」「赤い魚」など、どんどんイメージが広がる。「サメに食べられないように急いで逃げよう」など、子どもからの提案で、ごっこ遊びを楽しんだ。楽しみにしていたお弁当は、よく食べていた。
評価・反省	●遠足が中止になり、子どもたちにとっては残念な状況だったが、期待していた気持ちに遠足ごっこという形でこたえられてよかった。次々とイメージを広げていく子どもたちの姿に成長を感じた。

 記入のコツ!!

子どもたちの会話も「　」を使って書いておきます。読んだ人がリアルに思い浮かべられるようにすることが大切です。

11月25日（水）

主な活動	●園庭遊び（落ち葉遊び、鬼ごっこ、フープなど）
子どもの様子	### 落ち葉遊び ●園庭へ出ると枯れ葉がたくさん落ちている。さっそく拾って葉に穴を開け、おばけをつくったり、集めてパッと上に投げてヒラヒラと落ちてくるのを楽しんだりする。「いっぱい集めて遊ぼう」と保育者が言うと、「私も！」とOちゃん、Hちゃん、Pちゃん、Qくんがバケツを手にしてたくさん集める。せっかくなので、「この葉っぱどうする？」と声をかけるが、「うーん」と案が出てこない。砂山をつくり、そこに飾ることを提案すると、「やる！」と張り切る。スコップを手に、砂山をみんなでつくると、すぐにOちゃんが1枚1枚を丁寧に飾っていく。それを見てHちゃんは「葉っぱをはるのりを集めてくる」と白い砂を集めてきて、「のりを付けてからね」と葉を飾る前にかけている。QくんはOちゃんの様子を見て同じように飾っている。全部を飾り終わると、Oちゃん、Hちゃんは「クリスマスツリーだ」と大喜びし、近くにいる保育者に次々と声をかけ、嬉しそうに見せていた。
評価・反省	●きっかけは保育者だが、その後は子どもたちがイメージを膨らませ、秋ならではの枯れ葉遊びを十分に楽しめた。みんなで力を合わせてつくり上げた喜びを、他の保育者たちに見せることで表したようだ。

記入のコツ!!

日誌は一人の物でなく、他の保育者も読む帳簿です。後輩保育者が読んで参考になるようなことも、ぜひ記しておきましょう。

12・1月 保育日誌

CD ROM　保育日誌 → P167　12・1月の保育日誌

	12月14日（月）	1月8日（水）
主な活動	●園庭遊び（ボール遊び、鬼ごっこ、ごっこ遊び、砂山づくりなど）	●正月遊び（羽根つき、こま回し） ●園庭遊び（砂場、ごっこ遊びなど）
子どもの様子	**ボール遊び** ●休み明けの月曜日、全員体調よく登園し、園庭で遊ぶ。Rくんはボールを蹴ったり投げたりして遊んでいたので、サッカーゴールを用意して、「サッカーやってみる？」と声をかけると、張り切って遊びだす。ゴール前に立つキーパー役が楽しいようで、保育者がシュートをする。その様子を見ていたOちゃん、Sくんも「やりたい」と加わる。OちゃんとRくんのチームと、保育者とSくんのチームに分かれ、一人がキーパー、もう一人がボールを追いかけて蹴るという遊び方で遊ぶ。しばらくして、飽きたようだったので、保育者がリードし、初めて転がしドッジボールをやってみる。ボール遊びが好きなQくんもそばにいたので、声をかけると、「やる」と嬉しそうに参加。円の中にいる人は、ボールが当たったら外に出て、ボールを当てる側になるというルールを一緒に遊びながら知らせる。Rくんは、ボールが当たると怒って「もうやらない」と出ていってしまう。しかし、しばらくすると戻ってくる、ということをくり返した。	**初めてのお正月遊び** ●ホールでお正月遊びの説明を聞いた後、園庭で遊ぶ。すぐにお正月遊びのところへ来たのは、Tくん、Uちゃん、Vちゃん、Wちゃん、Xくん、Oちゃん、Qくん。新しい物への興味が強いOちゃんは、羽根つきを一人でやってみる。左手で羽根を持って打ちだすことを知らせると、すぐにタイミングをつかみ、遊んでいる。Xくんは一人でじっくりとこま回しをする。一度回ると、ずっとやっている。Qくんはやりたいのだが道具になかなか手が出ない姿だったので、「羽根つきやる？」と声をかけて渡すと嬉しそうである。他のメンバーは、こま回しがやりたくて、ひもとこまを自分で手にして、「こう？」と何とかしてひもを巻こうとする。難しいので、一人ずつ順番に、一緒にひもを巻き、投げてみる。どの子も力を入れすぎて回らない。一緒に投げるとうまく回り、喜んで「もう1回」と意気込む。Wちゃんは他児がやめた後も、一人でじっくりとひも巻きに挑戦していた。
評価・反省	●ボールを転がすことは、まだどの子もあまりうまくないので、遊びながら楽しんで転がすコツを覚えられるとよい。Rくんは戻ってくるところを見ると、やはり楽しいのだと思う。	●Wちゃんのように、興味を継続させ根気よく挑戦する姿を十分に認めていくとともに、今後も一緒に遊びながら、挑戦することやできるようになる喜びを味わえるようにしていきたい。

📖 **記入のコツ!!**

少しくらい寒くても、元気に体を動かして遊ぶと、心も体もポカポカしてきます。進んで外へ出たくなるようなしかけも記しておきましょう。

📖 **記入のコツ!!**

子どもの行動を予測して、意図的な環境を用意することもあります。そこで子どもがどのような経験をしたのか、書いておくとよいでしょう。

10～1月 保育日誌

2・3月 保育日誌

CD ROM 保育日誌 → P168 2・3月の保育日誌

2月4日(木)

主な活動
●園庭遊び(雪遊び)

子どもの様子

やったー! 雪遊び

●昨日の雪がキラキラと光っている。登園してくる子はみんな「先生、今日雪で遊ぶ?」と聞いてくる。「遊ぼうね!」と答えると、みんなニコニコ! Tちゃんは「雪で遊べるってー」とみんなに触れ回っている。Yくんが「大変、先生、チューリップ組さんが雪で遊んでいるから雪がなくなっちゃうよ」と言う。慌ててみんなで外に出る。雪ににっこりしながら触り、「冷たーい」と顔を見合わせたり、保育者に向けて雪を投げてきたりと、それぞれに遊びが始まる。Zくんが保育者に雪を投げて始まった雪合戦だが、楽しそうな声に誘われるかのように、女の子、男の子も加わってくる。ふだん「寒い」と外に出たがらないAくんまでが走って雪を投げている。保育者対子どもの雪合戦になり、たっぷりと楽しめた。体がポカポカとしてくるほどで、Aくんに「寒いけど、雪って楽しいね」と言うと、「うん」とまた雪に触っていた。保護者が迎えに来たときに伝えよう。

評価・反省

●自然の事象に触れて遊ぶ、よい機会となった。Aくんがこの経験を通して、戸外で体を動かして遊ぶことの楽しさを味わい、今後も戸外遊びに積極的に参加できるように働きかけていきたい。

📖 記入のコツ!!

雪で遊ぶなど、年に数回しかチャンスがないような環境は、ぜひ子どもに体験させたいものです。その感動体験の内容をしっかり記しておきましょう。

3月16日(水)

主な活動
●おにぎりづくり

子どもの様子

おにぎりづくり

●おにぎりが登場する絵本を読む。みんな期待感をもってよく見ていた。絵本が終わると、さあ、いよいよおにぎりづくり、とみんなの目がキラキラ! でも、その前に手洗いのことを話す。以前もやったように、歌いながら手首、指を丁寧に洗った。用意ができ、調理員さんと栄養士さんから、おにぎりにするとごはんが食べやすいからお弁当になることや、優しく、だけど強く握ることなどの話を聞いてから始まった。茶碗にラップフィルムを敷き、ごはんを入れてもらい、包むようにして握っている。うまくできず、「できなーい」とBくん、Xくん、Nくん。保育者がラップフィルムの口を、ごはんがこぼれないように包んで渡すとにっこりした。できた自分のおにぎりは、おいしそうによく食べた。

評価・反省

●Bくん、Xくん、Nくんの3人は、確かに砂場でも団子づくりには参加してこない。これからはこのような遊びに大いに誘いかけ、砂や泥に触り、遊ぶ経験をさせていきたい。

📖 記入のコツ!!

クッキングは子どもの大好きな活動です。同じ活動でも、そこで経験することは一人一人違います。子どもの内面を感じながら保育し、それを書いておきたいものです。

第5章

ニーズ対応

防災・安全／保健
食育／特別支援児
異年齢児保育／子育て支援

この章では多様なニーズにこたえるために、防災・安全計画や保健
計画、子育て支援の指導計画など、六つの計画を紹介します。

防災・安全計画

・・・・・・・・・・・・・・・・・・
おさえたい ③ つのポイント

❶ 子どもの命を守るために

私たちの最大の使命は、子どもの命を守ることです。何が起ころうとも、子どもの安全を最優先に行動しなくてはなりません。そのための計画は、常によりよいものとなるよう、訓練が終わったあとには見直しを重ねましょう。

・・

防災・安全計画 ❶
避難訓練計画

月ごとに、設定する災害や犯罪内容を「種別／想定」に書き、それに対する避難訓練で子どもに身に付けさせたい「ねらい」やどのような援助が必要かを具体的に書きます。

	4月	5月	6月
種別	基礎訓練（園児）／机上訓練（職員）①	地震	火災
想定	火災／地震②	地震	調理室より出火
ねらい	●基礎的な知識を得る。 ●放送を静かに聞く。② ●防災頭巾の使い方を知る。 ●「おかしも」の意味を知る。	●放送を聞き、保育者のところへ素早く集まる。 ●机の下へ安全に避難する。	●非常ベルの音を知る。 ●保育者のところへ静かに集まる。 ●放送の指示に従い避難する。 ●「おかしも」の確認を知る。
保育者の援助	●集会形式で非常ベルの音を聞かせる。 ●放送による指示をよく聞くことを知らせる。 ●訓練③及び役割分担の確認。 ●災害時備蓄品の確認。 ●非常用リュックの中身を確認。 ●非常勤・アルバイト職員への周知。	●放送を聞き、保育者のそばに集まり、机の下に避難させる。 ●ホールに集合し（2〜5歳児）、防災頭巾をかぶらせる。	●「押さない、かけない、喋らない、戻らない」の約束の確認。 ●調理室から出火の際の職員の行動確認。 ●2階保育室は非常階段より避難させる。 ●各保育室より消火器を持ってくる。
時刻／避難場所	10:00／ホール④	10:00／ホール	10:00／園庭

❶ 種別／想定
どの危険に対する訓練なのか、具体的に想定します。想定の幅が広いほど役立ちます。

❷ ねらい
この訓練で、子どもが何を身に付けるのかを子どもを主語にして書きます。

❸ 保育者の援助
保育者がしなければならないこと、子どもに伝えるべきことなどを具体的に書きます。

❹ 時刻／避難場所
訓練の開始予定時刻を明記。また、避難場所についても具体的に記しておきます。

・・

防災・安全計画 ❷
リスクマネジメント計画

保育のあらゆる場面で想定できるリスクについて、事前に訓練や対応するための計画です。「ヒヤリ・ハット報告」「チェックリスト報告」など未然に防ぐ対策も明記します。

	4月	5月	6月	7月	8月	9月
担当職員が行うこと	●自衛消防組織の確認 ●避難用リュックサックの確認① ●SIDS確認 ●アレルギー食の提供方法確認	●訓練用人形・AED借用依頼 ●バックアップ園の看護師を依頼 ●起震車申し込み ●消火器の場所の周知	●AEDの使い方・人工呼吸法について学ぶ ●3園合同訓練打ち合わせ ●プール遊びマニュアル確認 ●熱中症対策の確認	●消防署へDVD借用依頼 ●引き取り訓練お知らせ（園だより） ●消火器の使い方確認	●煙中訓練申し込み ●防犯訓練（警察）依頼	●緊急時メール送信の確認
実施する訓練	●火災（調理室） ●「おかしも」② ●避難の基本行動確認	●地震①（おやつ後） ●地震②（第1避難所へ避難）	●地震・火災（早・遅番） ●緊急時の対応（職員）	●火災（3園合同・消防署立ち会い） ●初期消火・通報訓練、起震車体験	●火災（プール時・合同保育） ●避難服着用	●地震（関東地方一帯） ●メール配信訓練 ●引き取り訓練
ヒヤリ・ハット報告	●報告書作成 ●報告書回覧③ ●職員会議にて検討 →					●職員会議にてケース討議
チェックリスト報告	●事故リスク軽減のためのチェック④リストにて確認 →		●職員会議にて気付きの報告			

	10月	11月	12月	1月	2月	3月
担当職員が行うこと	●3園合同訓練打ち合わせ ●園外での安全確認	●感染症対策マニュアル確認 ●嘔吐・下痢対応	●ヒヤリ・ハット事故発生場所・時間帯集計	●デイホームとの打ち合わせ ●保育園実践研修	●福祉作業所との打ち合わせ ●危機管理マニュ	●早・遅番マニュアル見直し、検討 ●年間避難訓練反省

❶ 担当職員が行うこと
その月に担当職員がしなければならない業務について記します。確認したことは、上司に報告します。

❷ 実施する訓練
その月に行う訓練が一目で分かるように記しておきます。種別や想定も書いておくとよいでしょう。

❸ ヒヤリ・ハット報告
日常的に記しているヒヤリ・ハット事例を、職員間で共有し、改善へ取り組みます。

❹ チェックリスト報告
毎月、事故防止チェックリストを見ながら、危険をチェックします。なるべく多くの職員で行うとよいでしょう。

❷ 万が一を想定する

火事、地震、突風や竜巻、津波、不審者、ミサイル攻撃…。どのような危険が襲ってきても、落ち着いて最善の行動がとれるようにします。想定外だった、では済まされません。あらゆる可能性を考え尽くします。

❸ 見えない危険を見つけだす

日常生活の中にも、危険は隠れています。けがをしやすい場所、アレルギーの対応、遊具の点検や水遊びの見守りなど、これまで大丈夫だったからといって今日も無事とは限りません。見える化させる努力をしましょう。

防災・安全
事故防止チェックリスト

園内はもちろん、園外においても注意するチェック項目を各年齢ごとに示します。毎月行うため、季節ならではの項目などを加えていくのもよいでしょう。

① **チェックした日**　月　日

1	子どもの遊んでいる遊具や周りの安全を確認している。	☐
2	すべり台やブランコなど、固定遊具の遊び方やきまりを知らせている。	☐
3	玩具を持ったり、カバンを下げたりしたまま、固定遊具で遊ばないように注意している。	☐
4	すべり台の上でふざけるなど、危険な遊びをさせないようにしている。	☐
5	揺れているブランコには近づかないよう注意している。	☐
6	シーソーは反対側に人が乗ると、急に上にあがることを知らせている。	☐
7	砂場は、砂の汚染や量、周りの枠について点検している。	☐
8	固定遊具の近くで遊ぶ際、勢いあまって衝突することがないよう注意している。	☐
9	三輪車・スクーターはスピードがつくと転倒したり、衝突したりすることがあると知らせている。	☐
10	園庭の状況に合った遊びを選び、保育者は子どもの行動を常に確認している。	☐
11	室内では、衝突を避けるため走らないように、室内遊びを考えている。	☐

① チェックした日

チェックリストに沿って、いつ確認したのか日付を記入します。毎月行う必要があります。

② チェック内容

保育室、園庭、共有スペース、散歩時など保育のあらゆる場面において、安全に過ごせるようチェックする項目です。各年齢や園独自の項目を加えてもよいでしょう。

防災・安全
ヒヤリ・ハット記入シート

ヒヤリ・ハットが起きたとき、そばにいた保育者だけでなく、全職員で共有するためのシートです。一目で分かる内容報告と集計が、事故を未然に防ぐことにつながります。

NO	いつ	だれが	どこで	どうしたか	職員の対応	今後気を付けること	過去に同じケースがあった有無	報告日	けがの種類	
1	6/1(木) 天気：晴れ 早番(午前) 昼 午後 遅番	名前：はるか 年齢：2歳 保育者：小林	園庭	遊んでいて目に砂が入った。	目を洗う。目の中に砂が残っていないか確認する。	砂が思わぬところで入ることがあるため、注意して見ていく。	有・無		擦り傷 切り傷 ひっかき かみつき 打撲 その他	未然
2	6/2(金) 天気：晴れ 早番(午前) 昼 午後 遅番	名前：はると 年齢：1歳 保育者：田村	園庭	ボールを持ったまま走り、鉄棒でおでこをぶつける。	傷がないかを確認し、15分間冷やす。こぶになっていないかを確認する。	視界がまだ狭い年齢のため、気を付けると同時に、鉄棒はくぐらないように知らせていく。	有・無	6/2	擦り傷 切り傷 ひっかき かみつき (打撲) その他	未然
3	6/5(月) 天気：晴れ 早番(午前) 昼 午後 遅番	名前：たつや 年齢：5歳 保育者：北島	園庭	2歳児とぶつかりそうになり、転んで左ひざをすりむく。	流水で洗う。止血する。	小さい子に気を付けながら遊ぶことを知らせる。	(有)・無	6/5	(擦り傷) 切り傷 ひっかき かみつき 打撲 その他	未然
4	6/6(火) 天気：晴れ 早番(午前) 昼 午後 遅番	名前：ともひさ 年齢：2歳 保育者：山下	散歩	タイヤ公園脇の階段で転ぶ。	全身にけががないか、頭部や口の中が切れていないか、歯がゆらいでいないかを確認する。	両手にウメの実を持っていたので、手に持って歩くことのないよう配慮する。	有・(無)		(擦り傷) 切り傷 ひっかき かみつき 打撲 その他	未然
5	6/12(月) 天気：晴れ 早番 午前 昼 午後 (遅番)	名前：みどり 年齢：3歳 保育者：篠塚	2歳児保育室	延長保育に入る前、2歳児保育室の流し台にあるせっけんボトルをとって口に入れようとする。	すぐに止めにる。なぜ口に入れようとしたのかを口で確認し、せっけんの成分について話す。	せっけんボトルを口に入れようとすることもあるため、流し台に行ったときなど今後注意していく。	有・(無)	6/12	擦り傷 切り傷 ひっかき かみつき 打撲 その他	(未然)
6	6/16(金) 天気：晴れ 早番(午前) 昼 午後	名前：こうた 年齢：5歳	プール	プールのふちのぞき込み、プールの中に体をの	声をかけて止める。なぜ危険であるかを話す。	全体にも声をかけ、プールのふちの部分には触らないように注意し	有・(無)	6/19	擦り傷 切り傷 ひっかき かみつき	(未然)

⑧ 集計

集計	事故	未然
年齢 1歳児		
2歳児		
3歳児		
4歳児		
5歳児		
その他		
合計		
場所 室内保育室		
散歩先		
園庭		
トイレ/テラス		
その他		
合計		
擦り傷		
切り傷		

① いつ・だれが・どこで

ヒヤリ・ハットした日付、時間帯、場所、けがをした（しそうになった）子どもの名前、目撃した保育者の名前を記します。

② どうしたか

何が起きたのかを、具体的に書きます。

③ 職員の対応

その際、保育者がどのような行動をとったか、具体的に記します。

④ 今後気を付けること

その経験から何を感じ、次に同じことが起こらないために何が大切かを書きます。

⑤ 過去に同じケースがあった有無

自分は経験していなくても、以前も同じようなことがあったか、丸をつけます。

⑥ 報告日

いつ報告したのか日付を記入します。未然に防げた場合も報告する必要があります。

⑦ けがの種類

どのようなけがか、該当するものに丸をつけます。大きなけがは別に書きます。

⑧ 集計

一か月間にどのくらいの件数があったか、分かるようにしておきます。未然に防げた場合もしっかりと集計しましょう。

防災・安全計画①
避難訓練計画

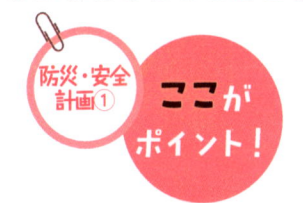

ニーズ対応 → P172-P173 避難訓練計画

必要以上に怯えさせない

非常事態が起きたという緊張感をかもし出すことは訓練でも大切ですが、むやみに怖がらせないようにします。保育者と共に行動すれば、自分の命を守れることを伝えましょう。

	4月	5月	6月
種別	基礎訓練（園児）／机上訓練（職員）	地震	火災
想定	火災／地震	地震	調理室より出火
ねらい	●基礎的な知識を得る。 ●放送を静かに聞く。 ●防災頭巾の使い方を知る。 ●「おかしも」の意味を知る。	●放送を聞き、保育者のところへ素早く集まる。 ●机の下へ安全に避難する。	●非常ベルの音を知る。 ●保育者のところへ静かに集まる。 ●放送の指示に従い避難する。 ●「おかしも」の確認を知る。
保育者の援助	●集会形式で非常ベルの音を聞かせる。 ●放送による指示をよく聞くことを知らせる。 ●訓練計画及び役割分担の確認。 ●災害時備蓄品の確認。 ●非常用リュックの中身を確認。 ●非常勤・アルバイト職員への周知。	●放送を聞き、保育者のそばに集まり、机の下に避難させる。 ●ホールに集合し（2〜5歳児）、防災頭巾をかぶらせる。	●「押さない、かけない、喋らない、戻らない」の約束の確認。 ●調理室から出火の際の職員の行動確認。 ●2階保育室は非常階段より避難させる。 ●各保育室より消火器を持ってくる。
時刻／避難場所	10:00／ホール	10:00／ホール	10:00／園庭

	10月	11月	12月
種別	火災	総合訓練／他園と合同訓練／地震	地震（予告なし）
想定	近隣より出火	地震／西側マンションより出火／散歩時	震度6／警戒宣言
ねらい	●すみやかに園庭に集まり、第2避難場所（A小学校）へ安全に避難する。	●火災予防、火の用心の話を聞いて理解する。 ●園外保育時の避難を知る。	●緊急地震速報を聞き、保育者のところにすみやかに集まる。 ●放送の指示に従い、避難する。
保育者の援助	●園庭に子どもを集め、クラスごとに小学校に避難する。 ●防災物品を準備する（寒い日は防寒具）。	●消防署員の立ち会いの下、通報訓練を行い、消火器の取り扱いの指導を受ける。 ●火災の恐ろしさを知り、避難時の注意を聞く。 ●散歩中の地震は安全を確保し、状況をきちんと把握して園に連絡を入れる。	●緊急地震速報が入り、後に大地震がくることを想定し、眠っている子どもたちを起こし、布団をかける。 ●避難と並行し、防災頭巾・上履きの準備。 ●避難経路の確保。
時刻／避難場所	9:45／A小学校	10:00／保育室・園庭	15:00／室内の安全な場所

♣ 年間目標

●非常時において、自分の命を守るための行動を身に付ける。

7月		8月	9月
地震（予告なし）	防犯訓練	火災（予告なし）	地震／引き取り訓練
地震／プール時 夏季保育中	不審者の出現	近隣より出火／朝の保育時	地震／震度6／遅番時
●プール時での避難を知る。	●不審者からの身の守り方を知る。	●「おかしも」の内容を理解する。	●防災頭巾の使い方を知る。
●プールバッグ・上履き（靴）の位置を確認。 ●水の中、裸の子どもへの対応。 ●水から上がり、バスタオルをはおらせ、園庭に避難させる。	●不審者が現れたときの子どもへの対応、どのように身を守るかを知らせる。	●当番保育者の指示に従い、避難させる。 ●少数の職員での避難、誘導。 ●肉声での伝達。 ●防災物品の確認（各クラスのリュックも含む）。	●引き取り名簿の作成。 ●保護者を確認し、名簿記入後引き渡す。 ●保護者に登降園時の経路の安全確認を促す（お知らせ配布）。 ●分散している園児の把握。 ●引き取りの保護者への対応。
10:00／園庭	2歳児〜／園庭・保育室	8:15／園庭	15:45／園庭

1月	2月	3月
火災	地震（予告なし）	地震（予告なし）／机上訓練（職員）
事務室より出火	遅番時	震度6／警戒宣言
●放送を静かに聞く。 ●防災頭巾を適切に使う。 ●「おかしも」の再確認をする。	●延長時の避難の仕方を知る。 ●机の下に入る、布団をかぶせてもらうなど、頭を守る。	●緊急地震速報を聞き、保育者のところへすみやかに集まる。
●集会形式で非常ベルの音を聞く。 ●放送による指示をよく聞くことを知らせる。 ●訓練計画及び役割分担の確認。 ●災害時備蓄品の確認。 ●非常用リュックの中身を確認する。 ●非常勤・アルバイト職員への周知。	●周囲の落下物を取り除き、避難経路の確保、防災頭巾・グッズを用意する。 ●園児の人数確認。 ●非常勤・アルバイトへの誘導・防災グッズをそろえるなどの動きを知らせる。	●緊急地震速報が入り、後に大地震がくることを想定し、園庭に避難する。 ●今年度の防災計画を反省し、改善点を出し合う。 ●避難訓練計画の反省。 ●次年度への申し送り。
10:00／ホール	17:30／保育室	11:00／園庭

ニーズ対応 ‥‥‥‥ **防災・安全**

防災・安全計画②
リスクマネジメント計画

様々な危険から、子どもを守る

ＡＥＤの使用から感染症の対策まで、あらゆるリスクを想定しながら、子どもの安全を守ることが求められます。備えあれば憂いなしと心得ましょう。

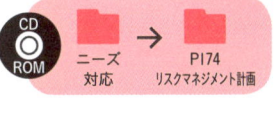

CD-ROM　ニーズ対応　→　P174 リスクマネジメント計画

	4月	5月	6月	7月	8月	9月
担当職員が行うこと	●自衛消防組織の確認 ●避難用リュックサックの確認 ●SIDS確認 ●アレルギー食の提供方法確認	●訓練用人形・AED借用依頼 ●バックアップ園の看護師を依頼 ●起震車申し込み ●消火器の場所の周知	●AEDの使い方・人工呼吸法について学ぶ ●３園合同訓練打ち合わせ ●プール遊びマニュアル確認 ●熱中症対策の確認	●消防署へDVD借用依頼 ●引き取り訓練お知らせ（園だより） ●消火器の使い方確認	●煙中訓練申し込み ●防犯訓練（警察）依頼	●緊急時メール送信の確認
実施する訓練	●火災（調理室） ●「おかしも」 ●避難の基本行動確認	●地震①（おやつ後） ●地震②（第１避難所へ避難）	●地震・火災（早・遅番） ●緊急時の対応（職員）	●火災（３園合同・消防署立ち会い） ●初期消火・通報訓練、起震車体験	●火災（プール時・合同保育） ●避難服着用	●地震（関東地方一帯） ●メール配信訓練 ●引き取り訓練
ヒヤリ・ハット報告	●報告書作成 ●報告書の回覧 ●職員会議にて検討 →					●職員会議にてケース討議
チェックリスト報告	●事故リスク軽減のためのチェックリストにて確認 →			●職員会議にて気付きの報告		

	10月	11月	12月	1月	2月	3月
担当職員が行うこと	●３園合同訓練打ち合わせ ●園外での安全確認、役割分担	●感染症対策マニュアル確認 ●嘔吐・下痢対応方法確認 ●保育安全の日	●ヒヤリ・ハット事故発生場所・時間帯集計	●デイホームとの打ち合わせ ●保育園実践研修発表会	●福祉作業所との打ち合わせ ●危機管理マニュアル見直し	●早・遅番マニュアル見直し、検討 ●年間避難訓練反省 ●リスクマネジメント活動反省 ●来年度の引き継ぎ
実施する訓練	●地震（散歩時） ●防犯訓練（合い言葉確認）	●地震・火災（３園合同） ●煙中訓練	●地震（昼寝時）	●火災（2階沐浴室） ●非常滑り台使用	●地震・火災（デイホームより避難） ●国道への避難	●地震・火災（福祉作業所より避難）
ヒヤリ・ハット報告	●報告書作成 ●報告書の回覧 ●職員会議にて検討 →				●来年度に向けて報告書からの検討 →	
チェックリスト報告	●事故リスク軽減のためのチェックリストにて確認 →	●職員会議にて気付きの報告		●来年度に向けてリストの検討		

事故防止チェックリスト

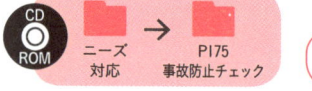

チェックした日
月　　日

1	子どもの遊んでいる遊具や周りの安全を確認している。	☐
2	すべり台やブランコなど、固定遊具の遊び方やきまりを知らせている。	☐
3	玩具を持ったり、カバンを下げたりしたまま、固定遊具で遊ばないように注意している。	☐
4	すべり台の上でふざけるなど、危険な遊びをさせないようにしている。	☐
5	揺れているブランコには近づかないよう注意している。	☐
6	シーソーは反対側に人が乗ると、急に上にあがることを知らせている。	☐
7	砂場は、砂の汚染や量、周りの枠について点検している。	☐
8	固定遊具の近くで遊ぶ際、勢いあまって衝突することがないよう注意している。	☐
9	三輪車・スクーターはスピードがつくと転倒したり、衝突したりすることがあると知らせている。	☐
10	園庭の状況に合った遊びを選び、保育者は子どもの行動を常に確認している。	☐
11	室内では、衝突を避けるため走らないようにし、人数や遊ばせ方を考えている。	☐
12	午睡中は、ある程度の明るさを確保し、子どもの眠っている様子や表情の変化に注意している。	☐
13	午睡後、十分に覚醒しているか、個々の状態を十分に把握している。	☐
14	肘内障を起こしやすい子ども、アレルギーや家庭事情など、配慮を要する子どもを全職員が把握している。	☐
15	手にけがをしたり、手がふさがったりする場合は、特にバランスが取りにくく、転びやすいので注意している。	☐
16	室内・室外で角や鋭い部分にはガードがしてある。	☐
17	ロッカーや棚は倒れないよう転倒防止策を講じている。	☐
18	室内は整理整頓を行い、使用したものはすぐに収納場所に片付けている。	☐
19	ハサミやカッターなどの刃物は、使用したら必ず片付けている。	☐
20	箸などを持って歩き回らないよう注意している。	☐
21	食べ物のかたさや、大きさ、量などを考えて食べさせている。	☐
22	子どもが鼻や耳にドングリや小さな物を入れて遊ばないよう注意している。	☐
23	先の尖ったものを持ち歩いたり、振り回したりしないよう指導している。	☐
24	子どもが暖房器具のそばに行かないよう気を付けている。	☐
25	床が濡れていたら、すぐにふきとる。	☐
26	トイレや手洗い場、室内、廊下、テラスでは走らせない。	☐
27	トイレ用の洗剤や消毒液は子どもの手の届かない所に置いている。	☐
28	水遊びをするときは、必ず保育者が付き添っている。	☐
29	ウサギなどの小動物と遊ぶときは、そばに付いて注意し、遊んだ後は必ず手を洗わせている。	☐
30	火は熱いことを教え、気を付けるように指導している。	☐
31	子どもの足に合った靴か、靴を正しくはいているか確認している。	☐
32	散歩の際は人数確認をし、道路では飛び出さないよう注意、指導している。	☐
33	歩道には危険なものがないか注意している。	☐
34	信号を渡るときは列を短くし、安全に迅速に渡らせている。	☐
35	手をつないで走ったり、階段を上り下りしたりするとバランスを崩しやすいことを保育者は理解している。	☐
36	散歩の際、園が近づくと早く帰園しようとして走るなどの危険を保育者は理解している。	☐
37	前を見て歩かせ、列全体のスピードを考え誘導している。	☐
38	公園は年齢に合った公園を選び、遊ばせる際には安全に十分気を付けている。	☐
39	年齢に合った固定遊具であるか、雨などで滑りやすくなっていないかなど点検している。	☐
40	ジュースの空き缶やタバコなどの危険な物は、口に入れないよう指導している。	☐
41	犬などの動物は咬むことがあると子どもに教えている。	☐

ニーズ対応 **防災・安全**

防災・安全

ヒヤリ・ハット記入シート

防災・安全 ここがポイント！

CD ROM　ニーズ対応 → P176-P177 ヒヤリ・ハット

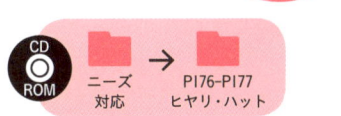

ヒヤリ・ハットを最大限に生かす

　大切なのは、ヒヤリ・ハットを、「ああ、無事でよかった」で済まさないことです。一歩間違えれば重大な事態になったわけです。「今後、そうならないために、今何をしておくべきか」を考える機会です。

NO	い　つ		だれが	どこで	どうしたか	職員の対応
1	6/1（木） 天気：晴れ	早番 ⦿午前 昼　午後 遅番	名前：はるか 年齢：2歳 保育者：小林	園庭	遊んでいて目に砂が入った。	目を洗う。目の中に砂が残っていないかを確認する。
2	6/2（金） 天気：晴れ	早番 ⦿午前 昼　午後 遅番	名前：はると 年齢：1歳 保育者：田村	園庭	ボールを持ったまま走り、鉄棒でおでこをぶつける。	傷がないかを確認し、15分間冷やす。こぶになっていないかを確認する。
3	6/5（月） 天気：晴れ	早番 ⦿午前 昼　午後 遅番	名前：たつや 年齢：5歳 保育者：北島	園庭	2歳児とぶつかりそうになり、転んで左ひざをすりむく。	流水で洗う。止血する。
4	6/6（火） 天気：晴れ	早番 ⦿午前 昼　午後 遅番	名前：ともひさ 年齢：2歳 保育者：山下	散歩	タイヤ公園脇の階段で転ぶ。	全身にけががないか、頭部や口の中が切れていないか、歯がゆらいでいないかを確認する。
5	6/12（月） 天気：晴れ	早番　午前 昼　午後 ⦿遅番	名前：みどり 年齢：3歳 保育者：篠塚	2歳児保育室	延長保育に入る前、2歳児保育室の流し台にあるせっけんボトルをとって口に入れようとする。	すぐに止めに入る。なぜ口に入れようとしたのかを子どもに確認し、せっけんの成分について話す。
6	6/16（金） 天気：晴れ	早番 ⦿午前 昼　午後 遅番	名前：こうた 年齢：5歳 保育者：渡辺	プール	プールのふちをのぞき込み、プールの中に体をのり出す。	声をかけて止める。なぜ危険であるかを話す。
7	6/21（水） 天気：晴れ	早番 ⦿午前 昼　午後 遅番	名前：せいたろう 年齢：4歳 保育者：本山	4歳児保育室	カメのたらいに指を入れる（カメの口先）。	すぐに止めに入る。かまれていないかを確認する。
8	6/22（木） 天気：くもり	早番　午前 昼　午後 ⦿遅番	名前：えいた 年齢：3歳 保育者：山下	園庭	三輪車で小さな段差に乗り上げ、つんのめって下唇をぶつけて切る。	下唇を流水で洗い、冷やす。歯がゆらいでいないかを確認する。
9	6/28（水） 天気：くもり	早番　午前 昼　午後 ⦿遅番	名前：さおり 年齢：3歳 保育者：篠塚	園庭・水道場	水を飲みに来たたくやが、前に並んでいたさおりの腕をかむ。	流水で洗い、冷やしながら、傷がないかを確認する。すぐに冷やし、跡にはならなかった。
10	6/30（金） 天気：雨	早番 ⦿午前 昼　午後 遅番	名前：しゅんすけ 年齢：2歳 保育者：山下	2歳児保育室	ボールの上に乗ってしまい転倒。	痛いところはないかを全身を見ながら確認する。

今後 気を付けること	過去に 同じケースが あった有無	報告日	けがの種類	
砂が思わぬところで入ることがあるため、注意してそばに付いていく。	（有）・無	6/1	擦り傷　切り傷 ひっかき　かみつき 打撲　（その他）	未然
視界がまだ狭い年齢のため、気を付けると同時に、鉄棒はくぐらないように知らせていく。	有・（無）	6/2	擦り傷　切り傷 ひっかき　かみつき （打撲）　その他	未然
小さい子に気を付けながら遊ぶことを知らせる。	（有）・無	6/5	（擦り傷）　切り傷 ひっかき　かみつき 打撲　その他	未然
両手にウメの実を持っていたので、手に持って歩くことのないよう配慮する。	有・（無）	6/6	（擦り傷）　切り傷 ひっかき　かみつき 打撲　その他	未然
せっけんボトルを口に入れようとすることもあると認識し、流し台に行ったときなど今後注意していく。	有・（無）	6/12	擦り傷　切り傷 ひっかき　かみつき 打撲　その他	（未然）
全体にも声をかけ、プールのふちの部分には触らないように注意していく。	有・（無）	6/19	擦り傷　切り傷 ひっかき　かみつき 打撲　その他	（未然）
カメはかむことがあるので、危険であることを伝える。	有・（無）	6/21	擦り傷　切り傷 ひっかき　かみつき 打撲　その他	（未然）
三輪車をこぐスピードや場所など、危険のないように伝えていく。	（有）・無	6/23	擦り傷　切り傷 ひっかき　かみつき 打撲　（その他）	未然
たくやは思いがけず、口や手が出てしまうことがあるので、そばに付いて見ていく。	有・（無）	6/28	擦り傷　切り傷 ひっかき　（かみつき） 打撲　その他	未然
大きめなボールは、上にのってしまうことに気を付ける。身のこなしなどの練習をしていく。	（有）・無	6/30	（擦り傷）　切り傷 ひっかき　かみつき 打撲　その他	未然

集計

		事故	未然
年齢	1歳児		
	2歳児		
	3歳児		
	4歳児		
	5歳児		
	その他（　　）		
	合計		
場所	室内保育室		
	散歩先		
	園庭		
	トイレ/テラス		
	その他（　　）		
	合計		
けがの種類	擦り傷		
	切り傷		
	ひっかき		
	かみつき		
	打撲		
	その他（　　）		
	未然		
	合計		
時間帯	早番		
	午前		
	昼		
	午後		
	遅番		
	合計		

ニーズ対応　防災・安全

保健計画

おさえたい 3 つのポイント

❶ 病気の早期発見を

検診を通して、体に異常がないかチェックします。早期に発見することが、早い回復につながるからです。無理のない検診の計画を、園医と相談しながら立てましょう。その際、予防する方法なども最新の情報を得られるようにします。地域の保健センターとも連携しましょう。

子どもたちの健康な生活を守るために、園として配慮しなければならないことや子どもたちに指導すること、検診の予定などを年間計画へ記載します。全職員で共有しましょう。

ねらい

一年を見通し、期に応じたねらいを具体的に書きます。健康に過ごすために、おさえたいことです。

行 事

その期に行われる検診など、保健に関わる行事を書きます。

援 助

一人一人の様子を把握しながら予防を心がけます。

職員との連携

園内で共通理解しておかなければならないことを洗い出し、意識できるようにします。

		1期（4・5月）	2期（6〜8月）
ねらい		●新しい環境に慣れる。	●梅雨期を快適に過ごす。 ●暑い夏を無理なく過ごす。
行事		●身体測定1回／月 ●アタマジラミのチェック1回／月 ●春の検診（頭囲・胸囲、カウプ指数）	●歯科検診 ●プール前検診 ●プール開き
園児への保健教育		●保健だよりの配布時に健康教育を行う（年4回、4・5歳児）。	●プールに入るための体調管理について ●3〜5歳児：手洗いについて ●4・5歳児：プライベートゾーンについて ●4・5歳児：歯について ●4・5歳児：頭について
援助		●個々の健康状態、発達・発育を把握し、保護者と情報交換する（バイタルサイン、生活リズム、排泄、食事、アレルギー、予防接種、虐待の有無）。	●温度、湿度に合わせた衣服の調整をする。 ●発汗による皮膚のトラブルを予防し清潔を保てるようにする。 ●正しい手洗いを教える。 ●冷房使用時の温度と外気温の差に注意する。 ●虫刺されの予防とケアをする。 ●夏の感染症を早期発見し予防に努める。 ●プールの衛生、健康管理、安全管理を行う。 ●休養、睡眠を十分に取れるよう、環境を整える。
職員との連携		●配慮が必要な子どもの対応、保健マニュアルの活用をすすめる。 ●看護師連絡会での情報を知る。 ●新人保育者の保健教育を行う（嘔吐・下痢処理、子どもの病気と観察、保護者対応などを知らせる）。	●プールでの安全面、応急処置について伝える。 ●心肺蘇生法（AEDの使い方など）について伝える。
家庭・地域との連携		●検診の結果を通知し、必要に応じてアドバイスしたり受診をすすめたりする。 ●保健だより、クラスだより、掲示板を活用して伝える。 ●保護者会で生活リズム、帽子、爪、靴について伝える。	●プール前検診の結果を知らせ、必要時には受診をすすめる。 ●休日も生活リズムを保ってもらう。 ●家庭でも皮膚を観察し、清潔に努めてもらう。 ●プール遊びのための体調観察をお願いする。

❷ 好ましい生活習慣を

清潔を保つための生活習慣を身に付けられるようにします。毎日すべきこと、季節によって気を付けることなど、子どもが自分から進んでできるような環境をつくり、促します。生活の流れの中で、当たり前にできるようになることが理想です。家庭とも連携し、習慣付けましょう。

❸ 健康は自分で守る意識を

健康は保護者や医師が守ってくれるものではなく、自分自身で守るものであることを自覚させましょう。体の各部位の働きと大切さについて、また、それらをケアする方法についても分かりやすく知らせていくことが必要です。自分の体を自分で管理する意識を育みます。

3期（9～12月）	4期（1～3月）
●生活リズムを整える。 ●風邪を予防する。	●寒さに負けず、体を動かして元気に遊ぶ。
●秋の検診（頭囲・胸囲の測定、カウプ指数）	
●3～5歳児：手洗いについて ●3～5歳児：咳エチケット・鼻のかみ方について ●5歳児：おなかについて	●うがいの仕方を教える。
●積極的に十分体を動かせる環境を用意する。 ●けが予防に努める。 ●薄着で過ごせるよう働きかける。 ●手洗い、うがいを積極的に行えるように促す。 ●暖房使用時の温度（18～20℃）、湿度（50～70%）を調整し、感染症にかからない環境をつくる。	●インフルエンザなどの感染症を早期発見し、予防に努める。 ●咳が出る子にはマスクの着用を伝える。
●嘔吐・下痢処理を共通理解する。	●欠席や発熱などの情報を共有する。
●カウプ指数、成長曲線が気になる子は保護者に伝える。 ●スキンケア、感染症について伝える。 ●気温や活動に応じた着替えをお願いする。 ●食品を取り扱う際は、爪を切り、エプロンや三角巾を使用することをすすめる。	●予防接種の確認をし、特に麻疹については必ず接種するようすすめる。 ●冬の規則正しい生活について伝える。 ●早寝・早起き・朝ごはんをお願いする。

園児への保健教育

子どもたちへ伝えることについて書きます。また、身に付いているか、時々確認する必要があります。

家庭・地域との連携

家庭と情報交換すべきことや、園に通っていない子どもに対する配慮なども記します。

保健計画

保健計画 **ここがポイント！**

CD ROM　ニーズ対応　→　P180-P181 保健計画

危険を知らせ、予防法を伝える

体に入ろうとするウイルスの存在を知らせ、自分から予防する行動を起こせるようにします。目に見えないものを感じる力の育ちも、計画に位置付けていきます。

	1期（4・5月）	2期（6〜8月）
ねらい	●新しい環境に慣れる。	●梅雨期を快適に過ごす。 ●暑い夏を無理なく過ごす。
行事	●身体測定1回／月 ●アタマジラミのチェック1回／月 ●春の検診（頭囲・胸囲、カウプ指数）	●歯科検診 ●プール前検診 ●プール開き
園児への保健教育	●保健だよりの配布時に健康教育を行う（年4回、4・5歳児）。	●プールに入るための体調管理について ●3〜5歳児：手洗いについて ●4・5歳児：プライベートゾーンについて ●4・5歳児：歯について ●4・5歳児：頭について
援助	●個々の健康状態、発達・発育を把握し、保護者と情報交換する（バイタルサイン、生活リズム、排泄、食事、アレルギー、予防接種、虐待の有無）。	●温度、湿度に合わせた衣服の調整をする。 ●発汗による皮膚のトラブルを予防し清潔を保てるようにする。 ●正しい手洗いを教える。 ●冷房使用時の温度と外気温の差に注意する。 ●虫刺されの予防とケアをする。 ●夏の感染症を早期発見し予防に努める。 ●プールの衛生、健康管理、安全管理を行う。 ●休養、睡眠を十分に取れるよう、環境を整える。
職員との連携	●配慮が必要な子どもの対応、保健マニュアルの活用をすすめる。 ●看護師連絡会での情報を知る。 ●新人保育者の保健教育を行う（嘔吐・下痢処理、子どもの病気と観察、保護者対応などを知らせる）。	●プールでの安全面、応急処置について伝える。 ●心肺蘇生法（AEDの使い方など）について伝える。
家庭・地域との連携	●検診の結果を通知し、必要に応じてアドバイスしたり受診をすすめたりする。 ●保健だより、クラスだより、掲示板を活用して伝える。 ●保護者会で生活リズム、帽子、爪、靴について伝える。	●プール前検診の結果を知らせ、必要時には受診をすすめる。 ●休日も生活リズムを保ってもらう。 ●家庭でも皮膚を観察し、清潔に努めてもらう。 ●プール遊びのための体調観察をお願いする。

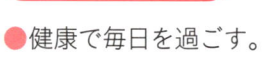 **年間目標**

●健康で毎日を過ごす。
●自分の体の様子を知り、進んで健康な体をつくる。
●健康であるために必要なことを知り、自分や他者の命を大切にする。

3期（9〜12月）	4期（1〜3月）
●生活リズムを整える。 ●風邪を予防する。	●寒さに負けず、体を動かして元気に遊ぶ。
⟶	⟶
●秋の検診（頭囲・胸囲の測定、カウプ指数）	
●3〜5歳児：手洗いについて ●3〜5歳児：咳エチケット・鼻のかみ方について ●5歳児：おなかについて	●うがいの仕方を教える。
●積極的に十分体を動かせる環境を用意する。 ●けが予防に努める。 ●薄着で過ごせるよう働きかける。 ●手洗い、うがいを積極的に行えるように促す。 ●暖房使用時の温度（18〜20℃）、湿度（50〜70%）を調整し、感染症にかからない環境をつくる。	●インフルエンザなどの感染症を早期発見し、予防に努める。 ●咳が出る子にはマスクの着用を伝える。
●嘔吐・下痢処理を共通理解する。	●欠席や発熱などの情報を共有する。
●カウプ指数、成長曲線が気になる子は保護者に伝える。 ●スキンケア、感染症について伝える。 ●気温や活動に応じた着替えをお願いする。 ●食品を取り扱う際は、爪を切り、エプロンや三角巾を使用することをすすめる。	●予防接種の確認をし、特に麻疹については必ず接種するようすすめる。 ●冬の規則正しい生活について伝える。 ●早寝・早起き・朝ごはんをお願いする。

ニーズ対応 保健

食育計画

おさえたい 3 つのポイント

1 食べることは楽しいこと

みんなで食べるお弁当や給食。食べることは、人間が生きるうえで欠かすことのできない営みです。それが楽しみになるように、おいしさを味わうすてきな時間になるように、演出することが望まれます。子どもの笑顔を思い浮かべながら、食育計画を立案しましょう。

食育計画 ①

食育の取り組みを、園児、保護者、地域への3方向に向けてそれぞれどのような援助が必要か考えます。月ごとに、前月の援助を踏まえながら明記します。

	4月	5月	6月	7月	8月	9月	10月	11月	12月
園児に向けて ①									
保護者に向けて ②									
地域に向けて ③									

① 園児に向けて

月ごとに育みたいマナーや食の経験について書きます。月によって大きく変えるのではなく、前月の指導を継続しつつ、新たな要素を入れます。

② 保護者に向けて

園だけで食育は成立しません。家庭でも心がけてほしいことについて、保護者へ働きかける内容です。

③ 地域に向けて

地域に働きかけることにより、子どもにもよい影響があります。地域と連携する事柄を載せます。

食育計画 ②

食育を六つの項目に分け、それぞれについて「内容」と「保育者の援助」をのせています。月齢に応じた内容の進み方も、項目ごとに見渡すことができます。

	食べ物と健康について	食具の使い方について (スプーン、フォーク、箸等の持ち方・種類)	マナーについて (手洗い、あいさつ、盛り方等)	楽しく食べるために	バイキング	食材・栽培について (クッキング等)
内容 ①	③	④	⑤	⑥	⑦	⑧
保育者の援助 ②						

⑤ マナーについて

食に対する姿勢として育みたいことを記します。

⑥ 楽しく食べるために

食を楽しむための環境づくりや、配慮することについて記します。

⑦ バイキング

自分の食べられる量を把握し、自分で食品を選ぶ能力を育みます。

⑧ 食材・栽培について

野菜を育てたり、クッキングしたりする活動を経験できるようにします。

① 内容

食育を六つの項目に分け、それぞれのジャンルで経験させたいことを挙げています。

② 保育者の援助

「内容」に挙げたことを、子どもが経験できるように「保育者の援助」を具体的に記します。

③ 食べ物と健康について

好き嫌いせず、いろいろな味に慣れるための取り組みです。

④ 食具の使い方について

発達に伴い、だんだんと食具が正しく使えるように導きます。

❷ 年齢に応じた食材への親しみ方

食べたことのない物は、子どもは本能で拒否します。食材を見て触れて、名前や育ち方を知ることによって、親しみがもてるものになっていきます。実際に植えて育てたり、畑でできている様子を見たり、絵本や写真で花や実り方を知らせるなど、親しみがもてる工夫をすることが大切です。

❸ 年齢に応じた食のマナー

食事をする際に、周りの子に嫌な思いをさせるのはマナー違反です。「どうしてみんな、嫌な気持ちになったのかな、どうすればいいのかな」と共に考えながら、よりよいふるまい方を身に付けられるようにします。知らせたいことは、計画の中に位置づけておきましょう。

食育計画 ❸

食育における「園の目標」を明記し、各年齢ごとの「年間目標」「調理員との関わり」をのせています。個人の計画のベースとなる、期の「ねらい」と「保育者の援助」を明記します。

年間目標

各年齢ごとに、この一年で期待する子どもの姿について書きます。

調理員との関わり

実際に調理してくれる人と触れ合うことで、子どもたちには大きな学びがあります。積極的な関わりを促しましょう。

年間目標	調理員との関わり
●食事のマナー（スプーンや箸の持ち方、姿勢など）を知りながら、友達や保育者と一緒に楽しく食事をする。 ●野菜を育て、生長や収穫、食べることを喜ぶ。 ●野菜の皮むきなどを経験し、食べ物に対する興味・関心を広げる。	●食べているところを見てもらったり、収穫物を渡したりして関わり、調理をしてくれる人に親しみや感謝の気持ちをもつ。 ●簡単な調理のお手伝いを経験させてもらう。

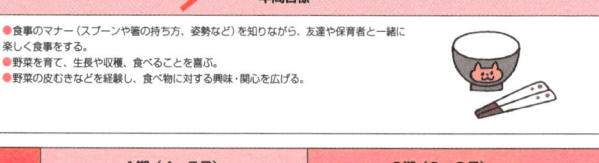

	1期（4・5月）	2期（6～8月）	3期（9～12月）	4期（1～3月）
ねらい	●楽しい雰囲気の中で食事をする。 ●身近な食材の名前を知り、食べ物への関心をもつ。 ●簡単な食事のマナーを知る（器に手を添える、姿勢を意識する、スプーンを正しく持つなど）。 ●夏野菜の生長に興味・関心をもち、水やりなどをして大切に育てる。	●夏野菜を収穫し、食べて喜びを味わう。 ●食べ物と体の関係について知らせてもらい、苦手な物も食べて見せようとする。	●献立や食材・旬の物などに関心をもち、友達と一緒に食事を楽しむ。 ●簡単な食事のマナーがわかり、気を付けて食べようとする。 ●スプーンや箸の持ち方に気を付けて食べようとする（箸は個別に対応する）。 ●冬の野菜や花の生長に興味をもち、保育者と一緒に世話をして大切に育てる。	●献立や食材・旬の物などに興味・関心をもち、友達と一緒に食事を楽しむ。 ●簡単な食事のマナーがわかり、気を付けて食べる。 ●スプーンや箸の持ち方に気を付けて食べる。 ●栽培物を収穫し、食べて喜びを味わう。
保育者の援助	●子ども一人一人の食べきれる量を把握しつつ、楽しい雰囲気の中で食事ができるようにする。 ●プランターに植えた野菜の生長を観察しながら、子どもが楽しめるような声をかける。 ●正しい姿勢やお椀などの持ち方を教え、自分から意識してできるように導く。	●食べ終わった食器の後片づけを、自発的にできるよう促す。 ●野菜の栽培の水やりの際に、興味がもてるような声をかける。 ●食事のテーブルに飾る花を、子どもと一緒に生ける。	●箸への移行に向けて保護者から家庭での様子を聞く。 ●箸遊びをしながら、箸を持てるようにする。 ●調理員と連携しながら、その日の食材について話し、子どもが興味をもつようにする。	●箸が難しい子どもにはスプーンも併用して使用するようにする。 ●献立に入っている食材に気が付き、興味がもてるように話す。

ねらい

期ごとに食育の「ねらい」を立てます。保育者間で相談して決めます。

保育者の援助

「ねらい」に合わせた保育者の援助を書きます。子どもが経験できるように具体的に記します。

食育計画①

食育計画① **ここがポイント！**

CD-ROM ニーズ対応 → P184-P185 食育計画1

食事とは、楽しいこと！

好き嫌いしないことやマナーなど、伝えたいことはたくさんありますが、まず大切なのは、食事を楽しむこと。食事の時間が苦痛でないことが、何より重要です。

	4月	5月	6月	7月	8月	9月
園児に向けて	●準備…4月現在の食事マナーと食事量などを把握し、食育計画を立てる。	●楽しい雰囲気の中で食事が進むようにする。	●食具のマナーを守る（食器の位置など）。 ●食具の使い方に慣れる（観察・考察・検討）。 ●野菜を育てる。	●みんなで育てた夏野菜を収穫する。 ●周りの畑を見る（散歩時）。 ●ジャガイモ掘りのイモの調理活動をする。	●残さず食べる。 ●「命をいただきます」の意味を知る。 ●収穫した野菜をみんなで食べる。触る・皮をむく。 ●野菜でスタンプをする。 ●おにぎりづくり。	●体のしくみを知る。「食べ物はどこへ行く？」 ●マナー、姿勢、食べ方を知る。 ●お月見団子づくりをする。
保護者に向けて	●準備…保護者に向けた食育計画を検討する。	●給食のサンプル、紙面による周知を行う。	●家族で一緒に食べることの大切さを知らせる。 ●「食育月間」の周知。	●買い物に行った際、いろいろな野菜の名前を子どもに伝えてもらう。 ●食品衛生について（サルモネラ菌、大腸菌）話す。	●食べ物を話題にしてもらう。 ●水分補給について話す。 ●食事のリズムを意識し、できるだけ子どもと一緒に食事をする。 ●献立レシピの紹介。	●おなかがすくリズムを、体得できるようにする。 ●朝食の大切さを知らせる。
地域に向けて	●準備…地域に向けた食育計画を検討する。	●園外の掲示板を利用して、園の食育計画を掲示する。	●「食育月間」の周知。 ●水分補給の大切さについて話す。	●朝食の大切さについて話す。	●食品衛生について（サルモネラ菌、大腸菌）話す。	●アレルギー食品の紹介。

ねらい

●食を通じて健康な心と体を育て、自ら健康で安全な生活を送る。

	10月	11月	12月	1月	2月	3月
→	●みんなで楽しくクッキングする。 ●食具の使い方に慣れる（中間観察・考察）。 ●みんなと一緒に食事を楽しむ。 ●旬の食材から季節を感じる。 ●食事のマナーについて知る。	●苦手な食べ物をどう調理したら好きになるか話す。 ●においをかいで献立を当てる（カレー粉、酢）。 ●ｍｙおにぎりづくりをする。	●一つ一つ味わいながら食べる。 ●食べ物と体の関係について知る。 ●カルシウムについて知る。	●日本の伝統行事の食事について知る。	●食に感謝する気持ちを育てる。 ●食具の使い方を知る（年間まとめ・考察）。	●一年間を振り返って、食事がどう変わったのか伝える。 ●給食でセルフバイキングを経験する。 ●クッキーづくりをする。
	●家族で一緒に食べることの大切さを知らせる。 ●食前、食後のお手伝いにつながる話をする。	●食べたい物、好きな物が増えるように伝える。 ●食品衛生について（ノロウイルス）話す。	●年末子ども会のメニューの紹介。 ●親子クッキングについて知らせる。	●おせち料理の話を話題にする。	●毎日３食を食べることの幸せについて話す。	●子どもたちの好きなメニューベスト３と、そのレシピの紹介。
→	●家族で一緒に食べることの大切さを知らせる。	●食品衛生について（ノロウイルス）話す。	●年末子ども会の取り組みを行う。 ●年末子ども会のメニュー紹介。	●おせち料理とそのいわれの紹介。	●冬野菜を使ったメニューの紹介。	●子どもと一緒に簡単なクッキーづくりをする。

ニーズ対応 **食 育**

食育計画②

食育計画② **ここがポイント！**

CD ROM
ニーズ対応 → P186-P187 食育計画2

上手にできたら、かっこいい！

　一人で食べることも、歯磨きができることも、上手にできたら「かっこいい！」と、すかさずほめたいものです。自信をもちながら楽しく食に関われるようにしましょう。

		食べ物と健康について	食具の使い方について (スプーン、フォーク、箸等の持ち方・時期)	マナーについて (手洗い、あいさつ、座り方等)
3歳	内容	●いろいろな食べ物を食べてみる。	●スプーン、フォーク、食器を正しく持って食べる。 ●箸に慣れる（個人に合わせて園の箸とフォークを併用）。	●姿勢を整え、こぼさないように食事をする。 ●食後に、うがいや歯磨きをする。 ●手洗い、あいさつ、準備、片付けなどを自分でする。
	保育者の援助	●食べ物と健康のつながりを、絵本などを使って知らせ、いろいろな食材に興味をもてるようにする。	●フォーク、皿の持ち方などをそのつど知らせる。 ●箸の使用は家庭との連携を図りながら、一緒に進める。 ●箸の正しい使い方を知らせる。 ●遊びの中で箸を使用できるよう、豆やひも、スポンジなどを用意する（使用するときは、必ず保育者がそばに付く）。 ●スプーン、フォーク、お碗の持ち方が正しくできたころから、箸を取り入れる。	●椅子に座り、足が床につかない子には台を用意する。 ●一人一人に合った量に、盛り付けを調節する。 ●歯の磨き方を掲示したり、歯磨きの大切さを知らせたりする。 ●片付けやすいように、場所を分かりやすく設置する。

🍚 ねらい

●「食」に興味や関心をもち、みんなと一緒においしく食べる。

楽しく食べるために	バイキング	食材・栽培について （クッキング等）
●友達と一緒に会話をしながら食事をする。 ●食べたいという気持ちをもって、自分から進んで食べる。	●ふだんと違ったスタイルで食事を楽しむ。 ●自分の食べられる量を知る。 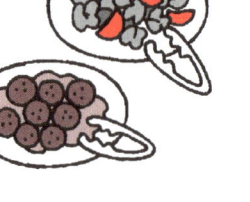	●野菜を栽培したり、収穫したりする。 ●簡単なクッキングを楽しむ。
●保育者も一緒に会話をしながら、楽しい雰囲気をつくる。 ●食事前の活動を十分に行って満足させ、空腹感を味わえるようにする。	●流れが分からず戸惑う子にはそばに付き、一緒に動く。 ●異年齢の友達と交流しやすいよう、席は自由にする。 ●自分で量を決めるため、ふだんよりも多めに量を用意して対応する。	●興味を示すような野菜を選ぶ。 ●水やりをしながら、生長の変化に子どもが気付くように見守る。 ●クッキングには年齢に合った子どもがつくりやすいメニューを選ぶ。

ニーズ対応　食　育

食育計画❸

食育計画❸ **ここが ポイント!**

CD-ROM ニーズ対応 → PI88–PI89 食育計画3

新しい食具、箸との出合いを喜んで

スプーンやフォークが上手に使えるようになったら、そろそろお箸に挑戦です。「正しく持たなければならないもの」としてでなく、「使えるとかっこいいもの」として、喜びの中で出合えるようにしましょう。保育者が美しく使う姿を見せることが憧れにつながります。

年間目標
●食事のマナー (スプーンや箸の持ち方、姿勢など) を知りながら、友達や保育者と一緒に楽しく食事をする。 ●野菜を育て、生長や収穫、食べることを喜ぶ。 ●野菜の皮むきなどを経験し、食べ物に対する興味・関心を広げる。

	1期 (4・5月)	2期 (6〜8月)
ねらい	●楽しい雰囲気の中で食事をする。 ●身近な食材の名前を知り、食べ物への関心をもつ。 ●簡単な食事のマナーを知る (器に手を添える、姿勢を意識する、スプーンを正しく持つなど)。 ●夏野菜の生長に興味・関心をもち、水やりなどをして大切に育てる。	 ●夏野菜を収穫し、食べて喜びを味わう。 ●食べ物と体の関係について知らせてもらい、苦手な物も食べて見せようとする。
保育者の援助	●子ども一人一人の食べきれる量を把握しつつ、楽しい雰囲気の中で食事ができるようにする。 ●プランターに植えた野菜の生長を観察しながら、子どもが楽しめるような声をかける。 ●正しい姿勢や箸やお椀などの持ち方を教え、自分から意識してできるように導く。	●食べ終わった食器の後片づけを、自発的にできるよう促す。 ●野菜の栽培の水やりの際に、興味がもてるような声をかける。 ●食事のテーブルに飾る花を、子どもと一緒に生ける。

🍚 園の目標

- 楽しく食事をする。
- 身近な野菜を育て、収穫する喜びを味わい、親しみをもつ。
- いろいろな食材に、興味や関心をもつ。

いただきます

調理員との関わり
●食べているところを見てもらったり、収穫物を渡したりして関わり、調理をしてくれる人に親しみや感謝の気持ちをもつ。 ●簡単な調理のお手伝いを経験させてもらう。

3期（9〜12月）	4期（1〜3月）
●献立や食材・旬の物などに関心をもち、友達と一緒に食事を楽しむ。 ●簡単な食事のマナーがわかり、気を付けて食べようとする。 ●スプーンや箸の持ち方に気を付けて食べようとする（箸は個別に対応する）。 ●冬の野菜や花の生長に興味をもち、保育者と一緒に世話をして大切に育てる。	●献立や食材・旬の物などに興味・関心をもち、友達と一緒に食事を楽しむ。 ●簡単な食事のマナーがわかり、気を付けて食べる。 ●スプーンや箸の持ち方に気を付けて食べる。 ●栽培物を収穫し、食べて喜びを味わう。
●箸への移行に向けて保護者から家庭での様子を聞く。 ●箸遊びをしながら、箸を持てるようにする。 ●調理員と連携しながら、その日の食材について話し、子どもが興味をもつようにする。	●箸が難しい子どもにはスプーンも併用して使用するようにする。 ●献立に入っている食材に気が付き、興味がもてるように話す。

ニーズ対応 **食 育**

特別支援児の指導計画

おさえたい **3** つのポイント

① 個に応じて丁寧に見極める

その子の特徴や行動、理解の程度を、しっかりととらえることが必要になります。丁寧に関わりながら、見極めましょう。そこから、どこに力点を置いて指導するのかが導きだされます。その際、一人ではなく、複数の保育者の目で見て、話し合って見極めることが重要です。

特別支援児の指導計画 ①

行動の特徴を多角的にとらえ、年間目標を設定します。そして、一年を4期に分けて、子どもの姿をもとに期のねらいを定め、援助を書きこみます。

氏　名　A子
生年月日　H●●.12月10日
入　園　H●●.5月21日

障がいの状況
ダウン症。心臓に障がいをもつ。
聴力にも、やや問題がある。

行動の特徴
● 食事はほぼ食べさせてもらうことが多いが、気が向くと自分でスプーンで食べる姿も見られる。
● ままごと遊びでは、皿の上に食べ物の玩具などを並べて遊ぶ。
● 友達の中に交じって一人で機嫌よく遊ぶ。
● 快・不快を表現し、嫌なときは泣く。
● 保育者や友達のまねをして、発音や手遊びをしようとする。
● 指に力があまり入らず、着脱には介助が必要。

A子の発達チャート

初期
Ⅰ期
4期

年間目標
● 好き嫌いなく、楽しく食事をする。
● 一人歩きを楽しみ、散歩で◯◯メートルくらい歩く。
● 友達と一緒に、手遊びや◯◯を楽しむ。
● ズボンの着脱を保育者と一緒にする。

保育者の手立て
● 「モグモグ」と声をかけ、楽しく食べ◯◯
● 手をつないで歩く◯◯◯なったとき◯◯
● わらべ歌や手遊び◯◯◯一緒に楽し◯◯
● ズボンは座って足を通してから立ち上げる◯◯

	1期（4〜6月）	2期（7〜9月）
子どもの姿	● 野菜が嫌いで口に入れると出してしまう。ペースト状になるとよく食べる。 ● 自分の布団が分かり、抱っこで熟睡する。 ● 友達との触れ合いは嫌がらない。 ● 歩行は2〜3◯◯たが、急に歩行ができるように◯◯んで移動している。 ● 歌や手遊びを喜んでいる。 ● 言語ははっきりしないが、自分なりに言おうとしている。	● 野菜類は嫌がることが少なくなり、刻み食でも食べるが、自分では食べずに食べさせてもらっている。 ● 体力的に午睡は重要で、他児よりも早めに入眠している。 ● 友達との歩行遊びが好むが、触られることを嫌がるようになった。 ● 自分のクラスや自分の物の置き場所が分かる。 ● 言葉をまねしようとする様子がうかがえる。
ねらい	● 保育者や友達と関わりながら、園生活にゆっくりと◯◯ ● 食事を楽しく◯	● 保育者や友達と遊ぶ楽しさを味わう。 ● 保育者に見守られながら、身の回りのことをする。
保育者の援助	● 嫌いな食べ物を拒否し、口に入れようとすると手で払ってしまうが、歌に合わせると喜んで食べられることもあるので、工夫す◯◯ ● 歩行を十分◯◯ように、散歩に行き、自由な◯◯ているときは見守る。 ● 手遊びを喜ぶので、乳児クラスでの「わらべ歌」に参加させてもらう。 ● 慌てないように、ゆったりと生活の流れを身に付けられるようにする。	● 汁食などの食べやすい物は自分で食べられるように見守る。 ● 食後はすぐに眠くなるため、他児よりも早めに入室し、食事の準備を丁寧に援助する。また、午睡時間を早めにする。 ● 自分のロッカーから衣類を自分で出せるようにし、簡単な着脱ができるように援助する。 ● 友達との関わりでは、互いに楽しく関われるように仲立ちする。
評価・反省	● 集団の中で友達の援助や関わりが刺激となり、歩行があっという間に確立した。興味も強くなり、自ら歩いてあちらこちらに移動できるようになったのではないか。 ● すべり台は自分で階段を上り、すべる姿が見られ◯◯の予測や友達とのやり取り◯◯◯ので、注意して見守りたい。 ● 一口のかみきりができないため、食事内容を離乳中期程度にした。	● 食具に興味をもち、食べるまではいかないが、スプーンを持っている。 ● 牛乳を飲めるようになり、牛乳パック1本分は喜んで飲んでいる。 ● 友達に興味をもち、自分の遊びの中に招き入れ、遊ぼうとする。 ● 8月は保護者が夏期休暇だったので本児も一か月の休みを取った。園での夏遊びはあまりできなかったが、体調を崩すことはなかった。

---

① 行動の特徴

その子の日常の様子や好きなこと、嫌がることなど、その子との関わりで注意する点が分かるように記述します。

② 年間目標

この一年で、どのような姿に成長してほしいかを考え、目標を立てます。

③ 保育者の手立て

年間目標に近づくために、保育者はどのように援助するかという方針を書きます。チームで取り組むことも含めます。

④ 子どもの姿

その期が始まる前の子どもの姿を、事実として具体的に書きます。どこまで育っていて、どんな面に困難があるのかを記します。

⑤ ねらい

④の子どもの姿に対して、その期におけるねらいを立てます。年間目標に近づくためのスモールステップと考えます。

⑥ 保育者の援助

その期のねらいに近づけるために、どのような援助を行うのかを具体的に記します。環境のつくり方を含めて書きます。

⑦ 評価・反省

その期の終わりに、援助した結果、子どもはどのように成長したのか、援助の効果はあったのかについて、考察して記します。

② 願いをもつと、ねらいが生まれる

その子のよさやかわいらしさを認めつつ、次にどういう面を発達させることが、その子にとって幸せなのかを考えます。素朴に、その子がこういう姿になったらいいなあという願いをもつと、そのためには、どのようなスモールステップが必要なのかを導きだすことができます。

③ 計画と指導の結果とを見比べる

子どもの日々の生活を見つめ、指導によりどう変容してきたか、うまくいったのか空振りだったのかを事実としてしっかり書き留めます。そこから、次の手立てが生まれます。計画と記録を連動させ、計画に無理があれば修正を加えながら、その子に合ったものを目指しましょう。

特別支援児の指導計画 ②

現在の状況を五つの項目でとらえ、それぞれについて長期の目標を設定します。保護者や保育者の率直な思いを記しておけます。

① 4月現在の状況
年度初めの子どもの状態をそのまま書きます。五つの側面を記します。

② 保護者の思い
保護者の思いをよく聞き、園でどのような生活をしてほしいと考えているのかを記します。

③ 保育者の願い
保護者の思いを受けて、保育者としてどのように対応するのか、保育者がその子に何ができるのかを話し合って記します。

④ 卒園時の目標
保護者の思いと保育者の願いを考え合わせ、目標として設定します。

⑤ 長期目標
長い目で見て、どのような目標を立てることがその子にとって幸せかを考えます。卒園時の目標を見据えて、五つの側面を細分化します。

⑥ ねらい
期ごとにねらいを立てます。より具体的なスモールステップから、ねらいを実現できるようにします。

⑦ 保育者の援助
ねらいを実現するために、どのような方針で援助するのかを具体的に書きます。行う援助はたくさんあっても、特に意識することを挙げます。

⑧ 評価・反省
援助を行った結果、育ちが見られたのか、効果がなかったのかを検証します。そのうえで次の方針を立てます。

特別支援児の指導計画 ①

CD ROM　ニーズ対応　→　P192-P195 特別支援児 I

立案のポイント

発達を見通して、毎日を楽しく

特別な支援を要する子どもには、それぞれの特徴があります。何がどこまでできるのか、何に困難を感じているのかを見極め、どうすれば安心して生活できるのか、何に力を入れて保育すれば、その子の幸せにつながるのかを考え、計画を立てます。

他の子に近づけようとするよりも、毎日を楽しく過ごすためには何に配慮すべきかを考えましょう。

氏　　名　　A子
生年月日　　H●●.12月10日
入　　園　　H●●.5月21日

障がいの状況
ダウン症。心臓に障がいをもつ。
聴力にも、やや問題がある。

行動の特徴

● 食事はほぼ食べさせてもらうことが多いが、気が向くと自分でスプーンで食べる姿も見られる。

● ままごと遊びでは、皿の上に食べ物の玩具などを並べて遊ぶ。

● 友達の中に交じって一人で機嫌よく遊ぶ。

● 快・不快を表現し、嫌なときは泣いて訴える。

● 保育者や友達のまねをして、発音や手遊びをしようとする。

● 指に力があまり入らず、着脱には介助が必要。

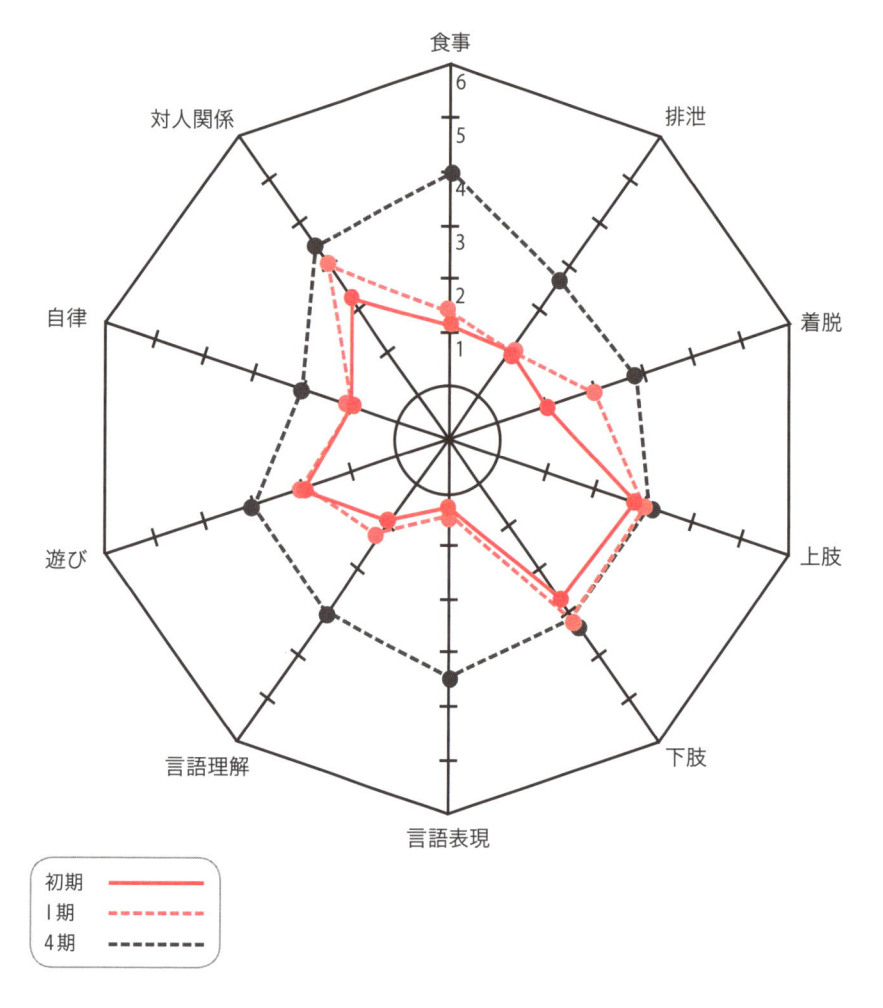

A子の発達チャート

初期 ——
I期 – – – (赤)
4期 - - - (黒)

●発達チャートの見方

生活習慣 食事	1	ほとんど食べさせてもらう
	2	スプーンで食べようとする
	3	スプーンやフォークで食べようとする
	4	スプーンですくって食べる
	5	ほぼこぼさずに一人で食べる
	6	箸を使って食べる

生活習慣 排泄	1	オムツ使用
	2	オムツ使用
	3	排泄した後で知らせる
	4	大便を教える
	5	排尿の前に教える
	6	排尿・排便が自立する

生活習慣 着脱	1	着替えさせてもらう
	2	着替えさせてもらう
	3	簡単なものは脱ぐ
	4	簡単なものは着る
	5	簡単なものは着脱する
	6	自分で着脱する

運動 上肢	1	手を出して物をつかむ
	2	物をつまむ、放す
	3	物を押す、引っ張る
	4	重ねる、並べる
	5	両手でぶら下がる
	6	両手の協応がスムーズになる

運動 下肢	1	寝返る、強く蹴る
	2	つかまり立ちや伝い歩きをする
	3	一人歩きをする
	4	小走りする
	5	手すりなしで階段を登る
	6	段差のあるところから両足でとび降りる

言語 表現	1	人や玩具などに向かって声を出す
	2	大人のまねをして発言や動作をする
	3	有意味語が多くなる
	4	二語文を話す
	5	日常生活に必要なことを言葉で表現する
	6	生活に必要な言葉をほぼ取得し表現する

言語 理解	1	声の調子で感情を聞き分ける
	2	簡単な言葉に反応し動作する
	3	動きを表す言葉や物の名称が分かる
	4	大人の指示を理解し行動する
	5	日常生活の言葉をほぼ理解する
	6	生活に必要な内容を理解する

社会性・情緒 遊び	1	そばにあるものを何でもいじる
	2	一人遊びをする
	3	平行遊びをする
	4	見立てや模倣遊びが盛んになる
	5	ごっこ遊びをする
	6	気の合う子2〜3人で関わって遊ぶ

社会性・情緒 自律	1	快・不快を表現する
	2	制止されると泣いて怒る
	3	大人の顔色を見ていたずらをする
	4	欲求を抑えて我慢することもある
	5	思いどおりにならなくても我慢する
	6	理由が理解できると我慢する

社会性・情緒 対人関係	1	母親の姿が見えなくなると探す
	2	好きな人の後を追う
	3	友達の中に交じって一人で遊ぶ
	4	友達のいるところへ自分から行く
	5	大人が仲立ちとなって友達と遊ぶ
	6	友達と関わって遊ぶことを好む

年間目標

●好き嫌いなく、楽しく食事をする。

●一人歩きを楽しみ、散歩で50メートルくらい歩く。

●友達と一緒に、手遊びやリズム遊びを楽しむ。

●ズボンの着脱を保育者と一緒にする。

保育者の手立て

●「モグモグ」と声をかけ、楽しく食べられるようにする。

●手をつないで歩行し、嫌になったときは抱っこをする。

●わらべ歌や手遊びを保育者と一緒に楽しむ。

●ズボンは座って足を通してから上げるようにする。

ニーズ対応 **特別支援児**

A子の 年間指導計画		1期（4〜6月）	2期（7〜9月）
	子どもの姿	●野菜が嫌いで口に入れると出してしまう。ペースト状になるとよく食べる。 ●自分の布団が分かり、抱っこで熟睡する。 ●友達との触れ合いは嫌がらない。 ●歩行は2〜3歩だったが、急に歩行ができるようになり、喜んで移動している。 ●歌や手遊びを喜んでいる。 ●言語ははっきりしないが、自分なりに言おうとしている。	●野菜類は嫌がることが少なくなり、刻み食でも食べるが、自分では食べずに食べさせてもらっている。 ●体力的に午睡は重要で、他児よりも早めに入眠している。 ●友達との歩行遊びを好むが、触られることを嫌がるようになった。 ●自分のクラスや自分の物の置き場所が分かる。 ●言葉をまねしようとする様子がうかがえる。
	ねらい	●保育者や友達と関わりながら、園生活にゆっくりと慣れる。 ●食事を楽しく食べる。	●保育者や友達と遊ぶ楽しさを味わう。 ●保育者に見守られながら、身の回りのことをする。
	保育者の援助	●嫌いな食べ物を拒否し、口に入れようとすると手で払ってしまうが、歌に合わせると喜んで食べられることもあるので、工夫する。 ●歩行を十分に楽しめるように、散歩に行き、自由散策をしているときは見守る。 ●手遊びを喜ぶので、乳児クラスでの「わらべ歌」に参加させてもらう。 ●慌てないように、ゆったりと生活の流れを身に付けられるようにする。	●汁食などの食べやすい物は自分で食べられるように見守る。 ●食後はすぐに眠くなるため、他児よりも早めに入室し、食事の準備を丁寧に援助する。また、午睡時間を早めにする。 ●自分のロッカーから衣類を自分で出せるようにし、簡単な着脱ができるように援助する。 ●友達との関わりでは、互いに楽しく関われるように仲立ちする。
	評価・反省	●集団の中で友達の援助や関わりが刺激となり、歩行があっという間に確立した。興味も強くなり、自ら歩いてあちらこちらに移動できるようになったのでよかった。 ●すべり台は自分で階段を上り、すべる姿が見られるが、危険の予測や友達とのやり取りが苦手なので、注意して見守りたい。 ●一口のかみきりができないため、食事内容を離乳中期程度にした。	●食具に興味をもち、食べるまではいかないが、スプーンを持っている。 ●牛乳を飲めるようになり、牛乳パック1本分は喜んで飲んでいる。 ●友達に興味をもち、自分の遊びの中に招き入れ、遊ぼうとする。 ●8月は保護者が夏期休暇だったので本児も一か月の休みを取った。園での夏遊びはあまりできなかったが、体調を崩すことはなかった。

保育のヒント

歩けることが嬉しい様子が伝わります。子どもは今、発達させるべきところを進んで使います。危険のないよう見守りましょう。

保育のヒント

食べさせてもらうことが当たり前でしたが、スプーンを持ったことは一歩前進。上手に使えるように導きたいものです。

3期（10～12月）	4期（1～3月）
●自分のロッカーや自分の物が分かり、用意はできないが意識をもっている。 ●友達に興味はあるが、世話をされたり触れ合ったりすることは嫌がる。 ●食事はよく食べる。主食を温めてもらうために、給食室に進んで持っていくことができる。 ●手遊びや歌を楽しんでいる。 ●嫌がらずに着替えることができる。 ●野菜をよく食べる。	●みんなと同じことに興味をもちはじめ、食事では自分で食べようとする意欲が見られるようになった。 ●嫌なことがあると表情で表し、相手にも伝わるようになった。 ●手遊びや歌を喜んでいる。オウム返しで言葉を発する姿も見られる。 ●午睡の時間は他児と同じ時刻に眠れるようになったが、寝起きに時間がかかる。
●友達と一緒に過ごす楽しさを味わう。 ●身の回りのことに意欲をもつ。	●友達に自分の気持ちを伝える。 ●自分でできた喜びを味わう。
●自分の名前シールが覚えられるように一緒に探し、身支度ができるようにする。 ●保育者が仲立ちとなり、友達と遊べるようにする。室内より戸外のほうが遊びに集中できるので、外遊びを楽しめるようにする。 ●手遊びの際は保育者の見えるところでアイコンタクトを取りながら楽しめるようにする。 ●野菜を好むようになったので、切り方を大きくし歯ごたえを楽しめるようにする。	●自分でできることに自信がもてるよう、準備の手助けを行う。片付けができるように一つ一つ言葉をかける。 ●本児にも気持ちがあることを周りの友達に理解させ、表情の違いを読み取らせるようにする。 ●午睡では、最後に起こし、ゆったりとした目覚めができるようにする。
●周りの友達が本児の世話をしたいという気持ちと、本児の求める友達像との違いから、なかなか一緒に遊ぶまでにはならない。 ●まだ会話ができないので気持ちを代弁し、周りの子どもに気付かせるようにした。特別扱いすると友達関係が難しくなるので、さり気ない配慮を心がけていきたい。	●平行遊びなど、友達と同じ場で何かをすることが多くなった。 ●自分で食べようとする意欲が高まった。保育者は見えるところに座り、見守るようにしている。 ●刻み食ではあるが、様々な食材を食べられるようになった。パンやマドレーヌなど、水分が少ないものは苦手のようだ。

📖 記入のコツ!!

感情を表し、相手にも伝わることで、コミュニケーションの第一歩を踏み出したことになります。このような成長の節目をしっかり記しましょう。

保育のヒント

他の子が、保育者はひいきしていると思わないように、公平な立場で関わることが大切です。

ニーズ対応 **特別支援児**

特別支援児の指導計画②

CD ROM　ニーズ対応 → P196-P199 特別支援児2

立案のポイント

一人一人に応じて丁寧に

　特別な支援を必要とする子どもの個人の計画です。保護者と面談し、どのような思いをもち、どのように育ってほしいと願っているのか、しっかり話を聞きます。そして、保育者の願いを重ね合わせ、子どもにとって無理のない指導計画を立てていきます。どこに配慮が必要なのか、他の保育者が読んでも分かるように記述しておきましょう。

氏　　名　　D男
生年月日　　H●●.6月15日
入　　園　　H●●.4月11日
障がいの状況
右半身にまひが見られる。言葉の遅れがある。

4月現在の状況

生活習慣	●一つ一つの活動で声をかけたり、手を添えたりするなどの援助が必要である。 ●時間はかかるが、自分でできることは自分でやってみようとする気持ちがある。
情緒	●楽しい、嬉しいと感じたときは、表情や言葉、しぐさで表現できる。 ●怒ったり、泣いたりすることはほとんどないが、自分がやりたいと思っていることは譲れないという、こだわりがある。
対人関係	●保育者の名前を呼んだり、「来て〜」と話したりし、安心できる存在になっている。 ●友達に対する興味や関心は、まだない。
言葉・認識	●小さな声ではあるが、いろいろな言葉を話し、聞いてもらうことを喜んでいる。 ●質問をすると短い言葉で答えられる。 ●文字が読める。
運動機能	●右手のまひのため、ほとんど左手のみで作業をする。 ●歩行は一人でもできるが、いろいろな物に興味をもち、注意散漫になるとバランスを崩して転倒することがある。

保護者の思い

●家族以外の保育者や友達との関わりを楽しみ、それをきっかけにいろいろな遊びを経験してほしい。
●毎日の積み重ねで、生活習慣など確実にできることが増えてほしい。

保育者の願い

●園生活を楽しみにし、安心して生活してほしい。
●興味をもって遊びや活動に取り組んでほしい。
●好きな遊び、やりたい遊びを自ら選んで、じっくりと楽しんでほしい。
●自分のことは自分でやってみようと、取り組んでほしい。

卒園時の目標

●集団生活の楽しさを知り、同年代の子どもたちとの関わりを深める中で、自分の気持ちを伝える。

長期目標

●視覚的な援助とくり返しの経験で、基本的な生活習慣を身に付ける。 ●手を添えてもらうなどの援助を受けながらも、自分でやってみようという気持ちで取り組む。自分でできた満足感をたくさん味わう。
●安心して園生活を楽しむ。 ●「○○したい」「○○をやってみたい」など、自分から遊びや活動を選んで、積極的に取り組む。
●保育者（大人）との信頼関係を築き、安心して自分の思いを表現する。 ●保育者に仲介され、同じ場にいる友達や同じ遊びをしている友達との関わりを楽しむ。
●話を聞いて、共感してもらうことを通して、自分の思いを表現する喜びを感じる。 ●あいさつを交わしながら、相手とのやり取りを楽しむ。
●スプーンやフォーク、クレヨンの正しい持ち方を身に付ける。 ●右手を添える習慣を付ける。 ●いろいろな活動や遊びに保育者と一緒に参加して、様々な動きを経験する。

ニーズ対応 **特別支援児**

D男の期の指導計画 — 4〜9月

		ねらい	保育者の援助	評価・反省
生活習慣		●登園時や昼食時の流れが分かり、自分のことは自分でやってみようとする。	●着脱など、一人では難しい作業を援助する。 ●自分でできた嬉しさを感じ自信がもてるように、本児のやる気や努力を認める。	●自分でやってみようとする姿が見られるが、動きが止まってしまうことがある。 ●保育者とできた喜びを共有する姿が見られる。
情緒		●安心して園生活を送り、いろいろな活動や遊びに興味をもって取り組む。	●保育者が本児にとって安心できる存在になれるよう、信頼関係を築く。 ●保育者と遊びや活動を楽しみ、いろいろな経験ができるようにする。	●保育者と信頼関係が築けたことで、安心感や甘えが見られるようになった。 ●活動は、保育者と一緒ならやってみようと思えるようになった。
対人関係		●保育者としっかり信頼関係を築き、安心して生活する。 ●一緒の場にいる友達や一緒の遊びをしている友達に興味や関心をもつ。	●保育者との関係に安心感をもてるように、関係を築く。 ●自分の好きな遊びを楽しむ中で、友達に興味がもてるようにする。	●困ったことがあると保育者に視線や動き、言葉で伝えられる。 ●椅子運びや一緒に歩く際、友達に手伝ってもらうことがある。
言葉・認識		●自分の気持ちや思いを受け入れられる嬉しさや喜びを味わう。	●保育者に話をしてくれたら、その話を保育者が友達に仲介し、関わりを楽しめるようにする。	●「これは？」と質問するときは、不安を感じることが多い。その気持ちを和らげることで次の活動に進むことができる。
運動機能		●クレヨンの持ち方を身に付け、スプーンやフォークも同じように持つ。 ●右手を添える習慣を身に付ける。	●くり返し、食具の持ち方を伝える。 ●右手を添えることで作業がしやすくなることを、経験する中から感じられるようにする。	●手づかみで食べることもあるので、食具を使うことを重視する。 ●右手を使うポイントを伝えることで、自分でも意識する姿が見られる。

記入のコツ!!

甘えられるのは信頼関係の第一歩。嬉しい変化はしっかり記入しておきましょう。

保育のヒント

友達のしていることを見るだけでもよいのです。「○○ちゃんは何してるかな？」などと声をかけるのも有効です。

保育のヒント

食具を使ったほうがかっこいいことを伝え、少しでも持つ気になったらほめましょう。

10〜3月

ねらい	保育者の援助	評価・反省
●保育者や友達に手伝ってもらいながら、自分のことは自分で行う。	●上履きをはくとき、ズボンを上げるときの仕上げ、階段の上り下りなどを励まし、十分に認めて自信につなげる。	●時間はかかるものの、着脱や食事などは、保育者が見守っていれば一人でできるようになった。自信にもなっている。
●保育者と一緒にいろいろな遊びや活動に取り組んでみようとする。	●一緒に遊びや活動を楽しみ、いろいろな経験ができるようにする。活動後はリラックスできるような関わりや遊びをする。	●新しい活動に関しては、説明を十分にする必要があった。今後は他児とは別に伝えていきたい。
●同じ場にいる友達や、本児と一緒にいたいと来てくれる友達との関わりの中で、友達に興味や関心をもつ。	●本児は相手の予想できない動きに怖さを感じているので、本児が安心して関われるよう、保育者が仲介役になる。	●時に保育者が関わりすぎてしまうので、気を付けたい。
●自分の気持ちや思いを受け入れられる、嬉しさや喜びを味わう。	●困ったときに「先生」と単語だけで伝えるが、「どうした」まで具体的に伝えられるような機会をつくる。また、言葉の見本を示す。	●保育者には心を許し、自分の気持ちを伝えてくれるようになった。その際には十分に耳を傾けたい。
●右手を添える習慣、右手を使う習慣を身に付ける。	●右手を添える方法を具体的に伝える。 ●右手を添えることで作業がしやすくなることを、くり返し経験する中で感じられるようにする。	●右手は添えるだけでなく、両手を使ってできることも伝えていきたい。

 保育のヒント

こんなときにはこんなふうに言うとよいというモデルを示し、子どもが言葉を蓄積できるようにするとよいでしょう。

保育のヒント

自分でも便利だと思えると右手を使えるようになります。上手にほめながら習慣になるようにしましょう。

ニーズ対応　特別支援児

異年齢児保育の指導計画

おさえたい ③ つのポイント

1 どの年齢にも大切にしたいことを

育てたいこと、そのために経験させたいことは、環境や活動の中に潜在しています。それは3歳児でも5歳児でも、自ら関わって取り組むことで身に付いていきます。年齢や個人により、その深まりには差がありますが、感動や経験は、育ちによい影響を与えてくれます。

子ども同士が関わり合って育つ異年齢児保育。この中で子どもは社会性を身に付け、生活習慣の自立を獲得していきます。ここでは年間計画を紹介します。

年間目標

異年齢児クラスの一年間の目標です。3月までにその姿に近づくように育てていく、という方向性を示しています。

ねらい

年間目標に近づくために期ごとにねらいを立てます。このような姿に育ってほしい、という願いでもあります。

内容

「ねらい」の姿に近づくためには、どのような経験が必要かを考えて書きます。この期の間にその経験ができる保育をします。

環境構成と保育者の援助

「内容」に挙げた経験をさせるために、どのような環境と援助が必要かを考えて、具体的に記述します。年齢ごとの援助もあるとよいでしょう。

食育

「食育」のための具体的な援助について記載します。

♣ 年間目標
● 安全な環境のもと、気持ちを受け止められ、安心して過ごす。

1期（4〜6月）

◆ ねらい
- 新しい環境の中で、欲求を受け止められ、安心した生活を送る。
- 保育者や異年齢児に親しみをもちながら、好きな遊びを楽しむ。
- 新しい生活の仕方を知り、自分のことは自分でしようとする。

★ 内容
- 保育者や年上の子の手伝いにより、基本的な生活の仕方を知り、自分でしようとする。
- 安全な遊具の使い方を知り、戸外で体を十分に動かして遊ぶ。
- 保育者や異年齢の友達に親しみをもち、一緒に遊ぶ。
- 春の自然の中で異年齢の友達と花見をしたり、散歩を楽しんだりする。
- 5歳児の夏野菜やイネの苗植えを通して、春を感じたり、興味をもったりする。
- 絵本や紙芝居を読んでもらい、言葉のやり取りを楽しむ。

環境構成と保育者の援助
- 一人一人の気持ちを受け止め、安心して楽しく過ごせるように丁寧に関わる。
- 自分の持ち物を始末、整理しやすいように、各自のマークで自分の物や場所が分かるようにしておく。
- 園庭や道具の点検を行い、安全に遊べるようにしておく。
- 保育者も、子どもたちと一緒に体を動かして遊ぶ楽しさを共有する。
- 道路を歩くときは、交通ルールを伝えながら、4、5歳児が3歳児と手をつないで歩けるようにする。
- 絵本や図鑑を用意し、異年齢の友達同士で十分に伝え合う場をつくる。
- 4、5歳児の手伝いや、それをまねした3歳児が、表現する楽しさを味わえるようにする。

食育
- 保育者や異年齢の友達と一緒に、楽しく食事ができる雰囲気をつくる。

200

❷ 異年齢児が関わる場面を想像して

様々な活動の中で、異年齢児たちがどのように関わるかを予想し、お互いによい経験ができるように設定する必要があります。出しておく用具の数を調整したり、コーナーの広さを考えたりします。具体的なことを計画的に書いておくと、チームで保育する際に役に立ちます。

❸ 年齢ごとの援助を考えて

同じ活動でも、年齢によって援助は違うはずです。「3歳児には〜」「4歳児には〜」という記述があるほうが、より丁寧な計画だといえます。また、5歳児がいつも年下の子の世話をするというような位置づけにならないよう、思いきり力を発揮する場面も用意しましょう。

●異年齢児との関わりを広げていく中で、互いを認め合い、友達関係を深める。
●生活経験を通して自己を十分に発揮し、意欲的に活動に取り組む。

2期（7〜9月）	3期（10〜12月）	4期（1〜3月）
●梅雨期から夏季にかけて健康に留意し、快適な環境のもとで生活する。 ●嬉しいことや困ったことなど、自分の思いを言葉にする。 ●異年齢児との関わりを広げ、一緒に遊ぶことを楽しむ。	●気温の変化に応じ、健康に過ごす。 ●異年齢児との関わりを深め、共通の目的をもって活動することを楽しむ。 ●身近な自然環境に興味をもちながら、のびのびと体を動かして遊ぶ。	●冬の健康習慣を身に付け、寒さに負けず元気に過ごす。 ●生活に必要な習慣や態度が身に付き、自信をもって行動する。 ●保育者や異年齢児と、大きくなったことや、進級、就学を共に喜ぶ。
●夏の生活の仕方を知り、休息を十分に取ったり、水分補給をしたりする。 ●プールや砂、泥、水遊びなど、夏ならではの遊びを、異年齢の友達と一緒に十分に楽しむ。 ●異年齢の友達と遊ぶ中で、年下の子に優しくしたり、年上の子に甘えたりして、互いの存在や気持ちを知る。 ●夏野菜の生長や収穫を、異年齢の友達と喜び合う。 ●草花や小さな生き物に触れて遊ぶ。 ●夏祭りに参加することで、地域の人たちとの交流を楽しんだり、仲間意識をもったりする。	●気温の変化に応じて室内の温度や換気に配慮し、衣服の調節をしながら快適に過ごせるようにする。 ●異年齢の友達と気持ちを伝え合いながら、共通の遊びを楽しむ。 ●5歳児のイネの収穫や脱穀、イモ掘り、散歩を通して秋の自然に興味をもつ。 ●運動会や発表会の行事を経験する中で、達成感や充実感を味わう。 ●異年齢の友達と関わる中で、いろいろな行事に興味や関心をもち、言葉やせりふを模倣して楽しむ。 ●秋の自然物を使って楽しんだり、製作したりする。	●健康状態に異常を感じた際には自分から訴える。 ●冬の生活の仕方が身に付き、自分から進んで健康に注意しようとする。 ●寒さに負けず、異年齢の友達と元気に体を動かして遊ぶ。 ●3、4歳児は、5歳児との思い出を話し、「ありがとう」の感謝の気持ちをもって、お楽しみ会やお別れ遠足に参加する。 ●ごっこ遊びや伝承遊びを通して、言葉のやり取りを楽しむ。
●室内外の温度差に留意し、休息や水分補給、汗の始末などを適切に行えるようにしておく。 ●プール遊びや水遊びが十分に楽しめるように、必要な道具を用意する。 ●異年齢の友達との関わり方や遊び方について、保育者も一緒に遊ぶ中で知らせる。 ●夏野菜の収穫を異年齢の友達と喜び合うことで、食への関心がもてるように言葉をかける。 ●観察ケースや虫取り網を置き、また絵本や図鑑を用意し、いつでも見られるようにしておく。	●気温差の大きい時期なので、厚着にならないように気付かせて見守る。 ●年上の子がリーダーになり、異年齢の友達と遊ぶためのルールや役割が考えられるように保育者が仲立ちする。 ●5歳児の脱穀の手伝いを通して、食への興味や関心を広げる。 ●身近な自然と触れ合う中で、子どもの発見や驚きを大切に受け止め、共感する。 ●自然物を使って遊ぶ中で、数や大きさ、形に興味がもてるような言葉をかける。	●生活習慣が身に付いているか、見守りながら確認する。 ●保育者が一緒に行いながら、手洗い、うがいの大切さを知らせる。 ●子どもたちの成長を認め、進級、就学への喜びを、異年齢の友達と共有する。 ●5歳児に教えてもらった当番活動をする子どもの意欲を認め、自信につなげる。 ●一緒に遊びながら、ごっこ遊び、伝承遊びに興味をもたせ、会話を広げる。
●夏野菜の生長や収穫に興味をもてるように、保育者と世話をする。	●いろいろな食べ物に興味や関心をもち、苦手な物でも少しずつ食べられるようにする。	●食事のマナーを身に付け、感謝しながら食べることの大切さを感じられるようにする。

異年齢児保育の指導計画

3・4・5歳児混合

CD ROM ニーズ対応 → P202-P203 異年齢児保育

ここがポイント！

発達の違いに留意した計画を

発達の度合いが違う年齢の子どもが、共に生活しているクラスの指導計画です。すべての子どもの育ちの方向性が見える計画になるように留意しましょう。

年上の子、年下の子に対する配慮は、分けて書くようにします。年齢の違う子たちが共に暮らすよさを生かし、きょうだいがたくさんいるような助け合いの気持ち、刺激を受けたりまねて学んだりする雰囲気を大切にしましょう。

♣ **年間目標** ●安全な環境のもと、気持ちを受け止められ、安心して過ごす。

	1期（4〜6月）
◆ **ねらい**	●新しい環境の中で、欲求を受け止められ、安心した生活を送る。 ●保育者や異年齢児に親しみをもちながら、好きな遊びを楽しむ。 ●新しい生活の仕方を知り、自分のことは自分でしようとする。
★ **内容**	●保育者や年上の子の手伝いにより、基本的な生活の仕方を知り、自分でしようとする。 ●安全な遊具の使い方を知り、戸外で体を十分に動かして遊ぶ。 ●保育者や異年齢の友達に親しみをもち、一緒に遊ぶ。 ●春の自然の中で異年齢の友達と花見をしたり、散歩を楽しんだりする。 ●5歳児の夏野菜やイネの苗植えを通して、春を感じたり、興味をもったりする。 ●絵本や紙芝居を読んでもらい、言葉のやり取りを楽しむ。
🛠 **環境構成と保育者の援助**	●一人一人の気持ちを受け止め、安心して楽しく過ごせるように丁寧に関わる。 ●自分の持ち物を始末、整理しやすいように、各自のマークで自分の物や場所が分かるようにしておく。 ●園庭や道具の点検を行い、安全に遊べるようにしておく。 ●保育者も、子どもたちと一緒に体を動かして遊ぶ楽しさを共有する。 ●道路を歩くときは、交通ルールを伝えながら、4、5歳児が3歳児と手をつないで歩けるようにする。 ●絵本や図鑑を用意し、異年齢の友達同士で十分に伝え合う場をつくる。 ●4、5歳児の手伝いや、それをまねした3歳児が、表現する楽しさを味わえるようにする。
▼ **食育**	●保育者や異年齢の友達と一緒に、楽しく食事ができる雰囲気をつくる。

●異年齢児との関わりを広げていく中で、互いを認め合い、友達関係を深める。
●生活経験を通して自己を十分に発揮し、意欲的に活動に取り組む。

2期（7～9月）	3期（10～12月）	4期（1～3月）
●梅雨期から夏季にかけて健康に留意し、快適な環境のもとで生活する。 ●嬉しいことや困ったことなど、自分の思いを言葉にする。 ●異年齢児との関わりを広げ、一緒に遊ぶことを楽しむ。	●気温の変化に応じ、健康に過ごす。 ●異年齢児との関わりを深め、共通の目的をもって活動することを楽しむ。 ●身近な自然環境に興味をもちながら、のびのびと体を動かして遊ぶ。	●冬の健康習慣を身に付け、寒さに負けず元気に過ごす。 ●生活に必要な習慣や態度が身に付き、自信をもって行動する。 ●保育者や異年齢児と、大きくなったことや、進級、就学を共に喜ぶ。
●夏の生活の仕方を知り、休息を十分に取ったり、水分補給をしたりする。 ●プールや砂、泥、水遊びなど、夏ならではの遊びを、異年齢の友達と一緒に十分に楽しむ。 ●異年齢の友達と遊ぶ中で、年下の子に優しくしたり、年上の子に甘えたりして、互いの存在や気持ちを知る。 ●夏野菜の生長や収穫を、異年齢の友達と喜び合う。 ●草花や小さな生き物に触れて遊ぶ。 ●夏祭りに参加することで、地域の人たちとの交流を楽しんだり、仲間意識をもったりする。	●気温の変化に応じて室内の温度や換気に配慮し、衣服の調節をしながら快適に過ごせるようにする。 ●異年齢の友達と気持ちを伝え合いながら、共通の遊びを楽しむ。 ●5歳児のイネの収穫や脱穀、イモ掘り、散歩を通して秋の自然に興味をもつ。 ●運動会や発表会の行事を経験する中で、達成感や充実感を味わう。 ●異年齢の友達と関わる中で、いろいろな行事に興味や関心をもち、言葉やせりふを模倣して楽しむ。 ●秋の自然物を使って楽しんだり、製作したりする。	●健康状態に異常を感じた際には自分から訴える。 ●冬の生活の仕方が身に付き、自分から進んで健康に注意しようとする。 ●寒さに負けず、異年齢の友達と元気に体を動かして遊ぶ。 ●3、4歳児は、5歳児との思い出を話し、「ありがとう」の感謝の気持ちをもって、お楽しみ会やお別れ遠足に参加する。 ●ごっこ遊びや伝承遊びを通して、言葉のやり取りを楽しむ。
●室内外の温度差に留意し、休息や水分補給、汗の始末などを適切に行えるようにしておく。 ●プール遊びや水遊びが十分に楽しめるように、必要な道具を用意する。 ●異年齢の友達との関わり方や遊び方について、保育者も一緒に遊ぶ中で知らせる。 ●夏野菜の収穫を異年齢の友達と喜び合うことで、食への関心がもてるように言葉をかける。 ●観察ケースや虫取り網を置き、また絵本や図鑑を用意し、いつでも見られるようにしておく。	●気温差の大きい時期なので、厚着にならないように気付かせて見守る。 ●年上の子がリーダーになり、異年齢の友達と遊ぶためのルールや役割が考えられるように保育者が仲立ちする。 ●5歳児の脱穀の手伝いを通して、食への興味や関心を広げる。 ●身近な自然と触れ合う中で、子どもの発見や驚きを大切に受け止め、共感する。 ●自然物を使って遊ぶ中で、数や大きさ、形に興味がもてるような言葉をかける。	●生活習慣が身に付いているか、見守りながら確認する。 ●保育者が一緒に行いながら、手洗い、うがいの大切さを知らせる。 ●子どもたちの成長を認め、進級、就学への喜びを、異年齢の友達と共有する。 ●5歳児に教えてもらった当番活動をする子どもの意欲を認め、自信につなげる。 ●一緒に遊びながら、ごっこ遊び、伝承遊びに興味をもたせ、会話を広げる。
●夏野菜の生長や収穫に興味をもてるように、保育者と世話をする。	●いろいろな食べ物に興味や関心をもち、苦手な物でも少しずつ食べられるようにする。	●食事のマナーを身に付け、感謝しながら食べることの大切さを感じられるようにする。

ニーズ対応 ····· 異年齢児保育

子育て支援の指導計画

おさえたい 3 つのポイント

❶ 在園児も園外の子も幸せに

子どもが幸せであるためには、子育てをしている人が幸せでなければなりません。辛い思いをしているなら、相談できる場を用意しましょう。子育ての喜びを伝えながら、子どもを育てるパートナーとして、必要な支援を考えていきましょう。

子育て支援の指導計画 ❶ 在園向け

保護者の悩みを想定し、どのように対応したら保護者と子どもが幸せになるかを考え、支援の内容を具体的に書きます。

行 事

期ごとに保護者に関わる行事をピックアップします。子どもの育ちを感じることができるよう配慮します。

	1期（4・5月）	2期（6〜8月）	3期（9〜12月）	4期（1〜3月）
行事	●保護者会 ●こどもの日の集い	●水遊び、沐浴開始 ●プール遊び ●保育参観 ●夏祭り（七夕）	●引き取り避難訓練 ●運動会 ●秋祭り ●保育参観 ●年末子ども会（劇の発表会）	●節分 ●保護者会 ●ひな祭り ●就学進級祝い会 ●お別れ会
保育者の支援	●担任が変わり不安になる保護者も予想されるので、子どもの様子を伝えながら、丁寧に対応し信頼関係をつくる。 ●クラスだより・保護者会などで、園での様子を具体的に知らせ、園生活に安心がもてるようにする。 ●気候に合わせた適着の大切さなどを細かく知らせる。 ●体調の変化をこまめに伝え合い、情報を共有する。 ●基本的な生活習慣の形成・自己主張・友達との関わりなど、3歳児ならではの姿の特性を保護者に伝える。	●シャワーやプールなどのお知らせを配布し、不足なく準備できるようにする。 ●クラスだよりや壁新聞で、夏の生活の様子を伝える。 ●子どもの体調や、夏の体調管理について、情報を共有する。 ●暑さで疲れが出ないよう、食事・睡眠・休日の過ごし方など、家庭と連絡を取り合う。 ●保護者の声や悩みに耳を傾け、子どもへの関わり方・見守り方を一緒に考える。	●園での様子や成長したところを伝え、子どもの育ちを一緒に喜び共感し合って、楽しく子育てができるようにする。 ●朝夕と日中の寒暖差が大きくなるので、調節のしやすい衣服を用意してもらう。 ●乾燥による皮膚の荒れや風邪を引きやすくなるので、家庭でもケアのお願いをする。 ●手洗い、うがいの習慣が付くようにすすめる。 ●一人一人に合った箸への移行ポイントをつかんで共通理解の上、指導する。また、家庭でも箸への移行を進めてもらえるよう伝える。 ●保育参観を通して情報を共有し、信頼関係を深める。	●一年間の子どもの成長を具体的に伝え、保護者と共に成長を喜び合い、安心して進級できるようにする。 ●冬の健康や流行している感染症など情報を知らせる。また、急に厚着にならないよう連絡を取り合う。 ●箸の使用にあたり、その様子を各家庭と連絡を取り合い、進める。 ●保護者会にて、一年間の成長を伝え合い、共有しながら進級に向けても話す。 ●進級についての連絡事項を丁寧に伝える。 ●友達との関わりの様子や、一緒に就学進級祝い会に取り組む姿など、3歳児クラスの発達を知らせる。

保育者の支援

保護者が安心して子育てができるように、情報を提供したり相談にのったりします。特にその時期に必要な支援について説明します。

❷ 保護者それぞれへの支援

ひとり親、外国籍家庭、育児不安、親の障害など、保護者が様々な困難を抱えている場合があります。状況を理解し、個別の支援を計画的に行いましょう。秘密は厳守することも伝えます。安心して心を開いてもらえるよう、相手の身になって話を聞きます。

❸ 地域との連携を大切に

子育て広場を設けたり、公民館を利用できるようにしたりすることは、社会とつながるチャンスがなかった人々の世界を広げることになります。新しい出会いやネットワークがつくられるように働きかけましょう。保護者の視野が広がります。

子育て支援の指導計画❷
地域向け

初めて訪れた親子にとっても居場所となるような空間と、役に立つ情報を提供できるように、活動や援助の方針を記します。

年間目標

一年を通して、訪れた親子に対して、どのような支援をしていくのかを具体的に書きます。

	4月	5月	6月	7月	8月	9月	10月	11月	12月	1月	2月	3月
年間目標	●保育園が併設している子育て支援センターの特性を生かした、子育ての知識や経験、技術を提供しながら、子どもの健全育成および子育て家庭の支援を図る。 ●子育て親子が、気軽に、また自由に利用できる交流の場を設け、訪れた親子間の交流を深める取り組みを行う。 ●地域の子育て事情を把握し、情報提供したり、公共施設に出向いたり、関連機関と連携、協力して地域支援活動に取り組む。 ●保護者同士が、助け合い、支え合う関係の中で、主体的に子育てが楽しめるような関係をつくる。											
毎月の活動	●身体測定…身長・体重を測定して、子どもの成長を知らせる。 ●誕生会…その月に生まれた子どもを、みんなでお祝いする。 ●避難訓練…緊急時の避難の仕方を知らせる。 ●一日開放			●パパの子育て広場 ●親子で遊ぼう ●つくって遊ぼう ●親子の触れ合いタイム								
月の行事	青空広場	育児講座	育児講座	夏祭り	育児講座	親子触れ合いデー	ハロウィン	子どもと公園へ	クリスマス会	育児講座	豆まき	お楽しみ会

	親子の交流の場	子育てに関する相談	子育て親子の学びの場	地域の子育て関連情報	子育て親子間の交流	地域への支援
保育者の支援	●親子の触れ合いタイム 保育園の園庭と支援センターの施設を開放。子育て親子の交流や、保育園児や保育者とも交流できるようにする。 ●一日開放 お弁当を食べたり、一日を通して好きな時間に利用できるような場をつくる。 ●パパの子育て広場 お父さんの育児参加のきっかけをつくり、親子で触れ合って遊ぶことの楽しさを知らせる。 ●園行事への参加 園の行事に参加する中で、年中行事や伝統行事を楽しみ、園の子どもと交流できるようにする。	●場面相談 日常の会話から、不安や悩みを聞く。 ●個別相談 相談室で、個別に相談を聞く。 	●子育てトーク 同じ悩みをもっている人が集まって話をする。	●ひまわり通信 毎月発行。利用者からの情報も取り入れ、利用者と共につくっていく。 ●学びのコーナー 今、関心のある書籍を紹介。子ども向けの食事やおやつのレシピを作成して掲示する。 ●利用者からの掲示板 利用者から寄せられた情報や、利用者の声を掲示する。	●親子で遊ぼう 妊婦さんから2歳までのお子さんをもつ親子の触れ合い遊びを行う。 ●つくって遊ぼう 身近な素材を使って、簡単につくれる物を製作する。 	●出前子育て広場 育児サークルなどの要請に応じて、公民館などに出向き、遊びを提供する。 ●青空広場 地域の公園に出かけて、親子の遊びを提供する。 ●ママも遊ぼう 利用者の趣味や特技をセンターで楽しむ中から、サークルリーダーの支援へと広げていく。

毎月の活動

一年間に、どのような活動を催し、どのような遊びの場を提供するのかを書いておきます。

月の行事

毎月する活動の他に、その月ならではの行事を記入します。月によって偏りがないように調整します。

保育者の支援

保護者が安心して子育てできるように、情報を提供したり相談にのったりします。特に必要な支援について説明します。

子育て支援の指導計画① 在園向け

子育て支援の指導計画① **ここがポイント！**

CD ROM　ニーズ対応　→　P206-P207 子育て支援I

幼児教育の始まりを意識して

新しいクラスで新しい担任と出会い、子どもも緊張しますが、保護者も同じくらい戸惑うものだと考えましょう。心配なことを察知しながら、先手を打って安心を届けられるよう計画します。

	1期（4・5月）	2期（6～8月）
行事	●保護者会 ●こどもの日の集い	●水遊び、沐浴開始 ●プール遊び ●保育参観 ●夏祭り（七夕）
保育者の支援	●担任が変わり不安になる保護者も予想されるので、子どもの様子を伝えながら、丁寧に対応し信頼関係をつくる。 ●クラスだより・保護者会などで、園での様子を具体的に知らせ、園生活に安心がもてるようにする。 ●気候に合わせた適着の大切さなどを細かく知らせる。 ●体調の変化をこまめに伝え合い、情報を共有する。 ●基本的な生活習慣の形成・自己主張・友達との関わりなど、3歳児ならではの姿の特性を保護者に伝える。 	●シャワーやプールなどのお知らせを配布し、不足なく準備できるようにする。 ●クラスだよりや壁新聞で、夏の生活の様子を伝える。 ●子どもの体調や、夏の体調管理について、情報を共有する。 ●暑さで疲れが出ないよう、食事・睡眠・休日の過ごし方など、家庭と連絡を取り合う。 ●保護者の声や悩みに耳を傾け、子どもへの関わり方・見守り方を一緒に考える。

 **年間目標**

●子どもが健康に過ごせるように、保護者と共に協力し合う。

3期（9〜12月）	4期（1〜3月）
●引き取り避難訓練 ●運動会 ●秋祭り ●保育参観 ●年末子ども会（劇の発表会）	●節分 ●保護者会 ●ひな祭り ●就学進級祝い会 ●お別れ会
●園での様子や成長したところを伝え、子どもの育ちを一緒に喜び共感し合って、楽しく子育てができるようにする。 ●朝夕と日中の寒暖差が大きくなるので、調節のしやすい衣服を用意してもらう。	●一年間の子どもの成長を具体的に伝え、保護者と共に成長を喜び合い、安心して進級できるようにする。
●乾燥による皮膚の荒れや風邪を引きやすくなるので、家庭でもケアのお願いをする。 ●手洗い、うがいの習慣が付くようにすすめる。 ●一人一人に合った箸への移行ポイントをつかんで共通理解の上、指導する。また、家庭でも箸への移行を進めてもらえるよう伝える。	●冬の健康や流行している感染症など情報を知らせる。また、急に厚着にならないよう連絡を取り合う。 ●箸の使用にあたり、その様子を各家庭と連絡を取り合い、進める。
●保育参観を通して情報を共有し、信頼関係を深める。	●保護者会にて、一年間の成長を伝え合い、共有しながら進級に向けても話す。 ●進級についての連絡事項を丁寧に伝える。 ●友達との関わりの様子や、一緒に就学進級祝い会に取り組む姿など、3歳児クラスの発達を知らせる。

ニーズ対応 ‥‥‥ **子育て支援**

子育て支援の指導計画② 地域向け

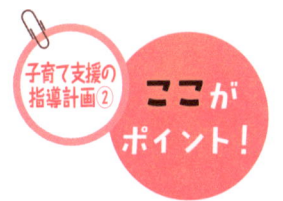

子育て支援の指導計画②

ここがポイント！

CD-ROM　ニーズ対応　→　P208-P209　子育て支援2

気軽に参加してもらえるように

「開設時間中はいつでも自由に来てください」という気持ちを示しつつ、人と人をつないでいきます。楽しい活動を提示し、参加してよかったという思いをもてるようにしましょう。

	4月	5月	6月	7月	8月	9月
年間目標	●保育園が併設している子育て支援センターの特性を生かした、子育ての知識や経験、技術を提供しながら、子どもの健全育成および子育て家庭の支援を図る。 ●子育て親子が、気軽に、また自由に利用できる交流の場を設け、訪れた親子間の交流を深める取り組みを行う。 ●地域の子育て事情を把握し、情報提供したり、公共施設に出向いたり、関連機関と連携、協力して地域支援活動に取り組む。 ●保護者同士が、助け合い、支え合う関係の中で、主体的に子育てが楽しめるような関係をつくる。					
毎月の活動	●身体測定…身長・体重を測定して、子どもの成長を知らせる。 ●誕生会…その月に生まれた子どもを、みんなでお祝いする。 ●避難訓練…緊急時の避難の仕方を知らせる。 ●一日開放			●パパの子育て広場 ●親子で遊ぼう ●つくって遊ぼう ●親子の触れ合いタイム		
月の行事	青空広場	育児講座	育児講座	夏祭り	育児講座	親子触れ合いデー

	親子の交流の場		子育てに関する相談		子育て親子の学びの場	
保育者の支援	●親子の触れ合いタイム 保育園の園庭と支援センターの施設を開放。子育て親子の交流や、保育園児や保育者とも交流できるようにする。 ●一日開放 お弁当を食べたり、一日を通して好きな時間に利用できるような場をつくる。 ●パパの子育て広場 お父さんの育児参加のきっかけをつくり、親子で触れ合って遊ぶことの楽しさを知らせる。 ●園行事への参加 園の行事に参加する中で、年中行事や伝統行事を楽しみ、園の子どもと交流できるようにする。		●場面相談 日常の会話から、不安や悩みを聞く。 ●個別相談 相談室で、個別に相談を聞く。		●子育てトーク 同じ悩みをもっている人が集まって話をする。	

10月	11月	12月	1月	2月	3月

→

ハロウィン	子どもと公園へ	クリスマス会	育児講座	豆まき	お楽しみ会

地域の子育て関連情報	子育て親子間の交流	地域への支援
●ひまわり通信 毎月発行。利用者からの情報も取り入れ、利用者と共につくっていく。 ●学びのコーナー 今、関心のある書籍を紹介。子ども向けの食事やおやつのレシピを作成して掲示する。 ●利用者からの掲示板 利用者から寄せられた情報や、利用者の声を掲示する。	●親子で遊ぼう 妊婦さんから2歳までのお子さんをもつ親子の触れ合い遊びを行う。 ●つくって遊ぼう 身近な素材を使って、簡単につくれる物を製作する。 	●出前子育て広場 育児サークルなどの要請に応じて、公民館などに出向き、遊びを提供する。 ●青空広場 地域の公園に出かけて、親子の遊びを提供する。 ●ママが遊ぼう 利用者の趣味や特技をセンターで楽しむ中から、サークルリーダーの支援へと広げていく。

ニーズ対応・・・・子育て支援

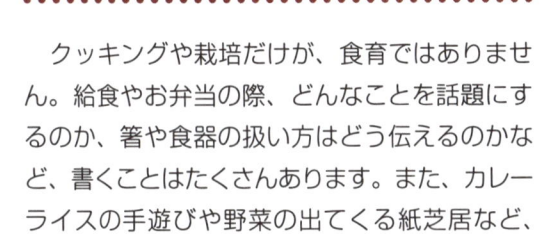

こんなときどうする？ ニーズ対応 Q&A

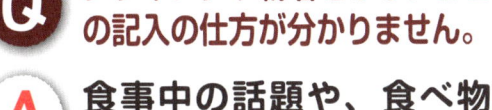
食育

Q クッキングや栽培をしないときの記入の仕方が分かりません。

A 食事中の話題や、食べ物関連の遊びも

クッキングや栽培だけが、食育ではありません。給食やお弁当の際、どんなことを話題にするのか、箸や食器の扱い方はどう伝えるのかなど、書くことはたくさんあります。また、カレーライスの手遊びや野菜の出てくる紙芝居など、生活の様々な場面が食育につながることを意識しましょう。

防災・安全

Q いつ避難訓練をするのかは決めていますが、それだけでは不十分でしょうか？

A 振り返りから、次の実践へ

避難訓練は、実施して終わりではありません。実際に行ってみて、子どもの動きや様子はどうだったのか、保育者の対応は適切だったのかを振り返り、次の計画に生かす必要があります。ＰＤＣＡサイクルを意識し命を守るための改善を、常に考えます。

子育て支援

Q どうしても計画が、保護者中心になってしまいます。よいのでしょうか？

A 保護者も子どもも、どちらも大切

保護者中心になっていると感じるなら、子どもに対する配慮を進んで書きましょう。それは子どもにとってよいことか、これで子どもが幸せかという視点を常にもっている必要があります。保育者は、もの言えぬ子どもの代弁者です。両者にとってよい支援ができるようにしましょう。

保健

Q 保健計画を立てるうえで、子どもの健康をどのような視点で見ればいいのでしょうか？

A 健康を維持するための方策も考える

いつも力いっぱい活動できているかを見ていきましょう。病気の有無だけでなく、予防の活動も入ります。清潔を保つことや生活習慣も大切な要素となるのです。大人が守るだけでなく、子ども自身が生活の中で心がける姿勢を育てていく必要があります。

CD-ROMの使い方

付属のCD-ROMには、本誌で紹介している文例が、Word形式とテキスト形式のデータとして収録されています。CD-ROMをお使いになる前に、まず下記の動作環境や注意点をご確認ください。

●CD-ROM内のデータについて

CD-ROMを開くと章別にフォルダ分けされており、章フォルダを開いていくと、掲載ページ別のフォルダがあります。このフォルダの中に、そのページで紹介している文例のデータが入っています。

●CD-ROMに収録されているデータの見方

❶ 月案やニーズ対応など、各章ごとにフォルダが分かれています。

❷ 章フォルダを開いていくと掲載ページ別にフォルダが分かれており、そのページで紹介しているファイルが入っています。

❸ 「P064-P065 4月の月案」フォルダを開くと、64-65ページで紹介した保育園の「4月の月案」のWord文書と、テキストファイルの2種類が入っています。

拡張子がtxtがテキストファイルです。

拡張子がdocxがword文書です。

Wordの内容を自分の園に合った指導計画に作り変えよう

●Wordの文章をコピーして、園の表に貼って使う

（※「Microsoft Word」をお持ちでない方は、同梱されているテキストファイルを使えば、同様に文章だけコピーして自分の園の表に貼り付けることができます。）

→ **P.212**

●CD-ROMのWordファイルをそのまま使って、園の表をつくる → **P.214**

CD-ROMをお使いになる前に

■動作環境
対応OS ：Microsoft Windows 7／10
ドライブ ：CD-ROMドライブ
アプリケーション：Microsoft Word 2010／2013／2016
（「Microsoft Word」をお持ちでない方は、同梱のテキストファイルを使えば、文章を自由にコピーして利用できます。）

■使用上の注意
●付属CD-ROMに収録されたコンテンツは、WindowsおよびWordの使い方を理解されている方を対象に制作されております。パソコンの基本操作については、それぞれの解説書をお読みください。
●本誌では、Windows 10上でMicrosoft Office 2016を使った操作手順を紹介しています。お使いのパソコンの動作環境によって、操作方法や画面表示が異なる場合があります。

●お使いのパソコンの環境によっては、レイアウトなどが崩れて表示される場合がありますので、ご了承ください。
●作成した書類を印刷するには、お使いのパソコンに対応したプリンタが必要です。

■付属CD-ROMに関する使用許諾
●本誌掲載の文例、および付属CD-ROMに収録されたデータは、営利目的ではご利用できません。ご購入された個人または法人・団体が私的な目的（指導計画などの園内の書類）で使用する場合のみ、ご利用できます。
●付属CD-ROMのデータを使用したことにより生じた損害、障害、その他いかなる事態にも、弊社は一切責任を負いません。

はじめに CD-ROMに入ったWordファイルを開く

① CD-ROMを挿入する

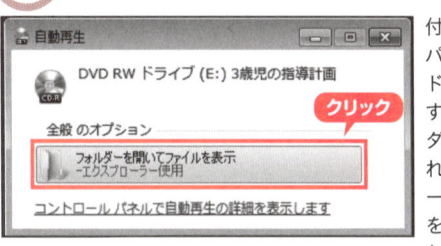

付属 CD-ROM を、パソコンの CD-ROM ドライブに挿入します。すると自動再生ダイアログが表示されるので、「フォルダーを開いてファイルを表示」をクリックします。

② 目的のフォルダを開く

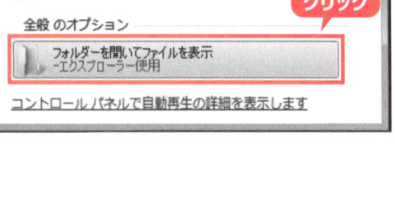

CD-ROM の内容が開き、各章の名前が付いたフォルダが一覧表示されます。ここでは「月案（保育園）」フォルダをダブルクリックして開きます。次に「P064-P065 4月の月案」を開くと

64-65 ページで紹介した、「4月の月案」の Word ファイルとテキストファイルがあります。

③ デスクトップにコピーする

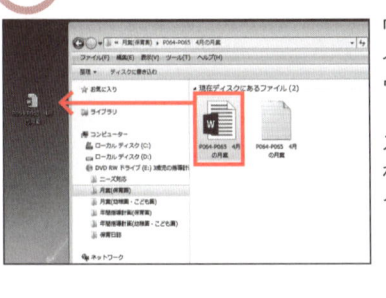

「4月の月案」の Word ファイルをクリックしたまま、ウィンドウの外にスライドし、デスクトップ上でマウスのボタンを離します。これでデスクトップ上にファイルがコピーされます。

④ Wordファイルを開く

デスクトップにコピーした、「P064-P065 4月の月案」の Word ファイルをダブルクリックします。

Word が起動して、このように「P064-P065 4月の月案」の文例が表示されます。

アドバイス

CD-ROMを挿入しても自動再生されないときは、スタートメニューをクリックし、「コンピューター」をクリックします。そしてCD-ROMドライブのアイコンをダブルクリックすると、CD-ROMの中身が表示されます。

Wordの文章をコピーして、園の表に貼って使う

① Wordの文章をコピーする

Word ファイルを開いて、使いたい文章の先頭にカーソルを合わせて、クリックします。

マウスの左ボタンをクリックしたまま、使いたい文章の終わりまでスライドします。文字列の色が変わり選択状態になります。

「ホーム」タブにある「コピー」ボタン（「貼り付け」ボタンの右隣、3つあるボタンの真ん中です）をクリックすれば、選択した文章がコピーされます。

② 自分の園の表を開く

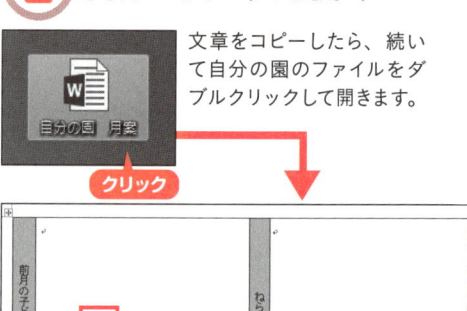

文章をコピーしたら、続いて自分の園のファイルをダブルクリックして開きます。

文章を貼り付けたい表の位置にカーソルを合わせ、クリックして入力状態にします。

③ 園の表に貼り付ける

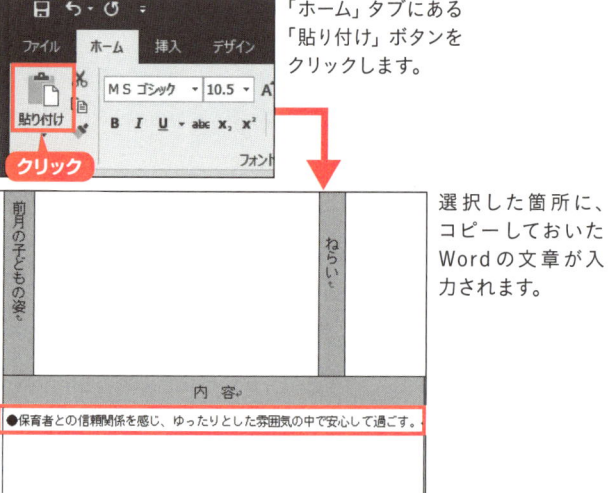

「ホーム」タブにある「貼り付け」ボタンをクリックします。

選択した箇所に、コピーしておいたWordの文章が入力されます。

④ 貼り付けた文章を一部書きかえる

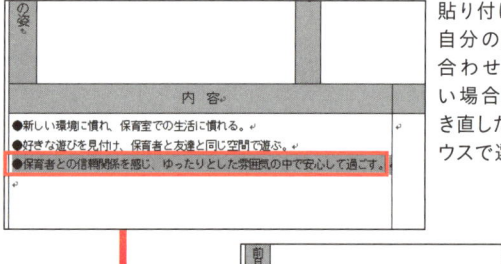

貼り付けた文章を、自分の園の内容に合わせて修正したい場合は、まず書き直したい部分をマウスで選択します。

次に、キーボードの「Delete」キーを押して選択した文章を削除するか、選択したまま文章の入力を始めれば、新しい文章で上書きされます。

⑤ 名前を付けて保存する

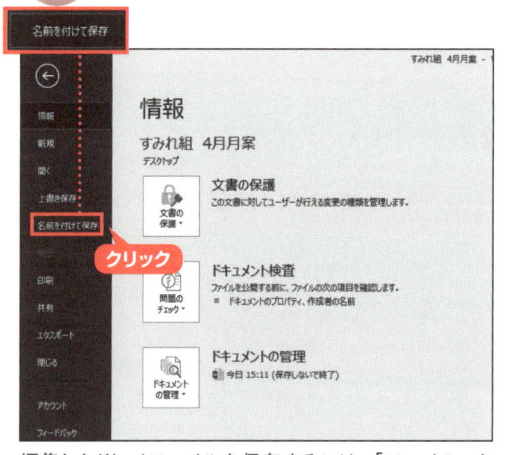

編集したWordファイルを保存するには、「ファイル」タブを開いて「名前を付けて保存」をクリックします。また「ファイルの種類」で「Word 97-2003文書」を選択しておくと、古いソフトでも開ける形式で保存できます。

アドバイス　書体や文字の大きさをかえたいときは、次の手順で行います。

① マウスで文章を選択

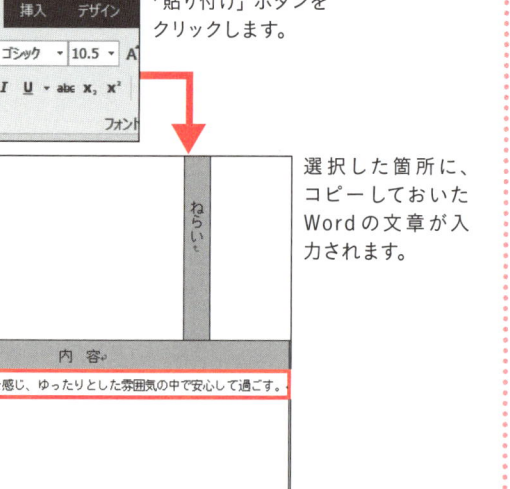

変更したい文章をマウスで選択状態にします。

② 好きな書体を選ぶ

「ホーム」タブのフォント欄右にある「▼」をクリックすると、変更できるフォント一覧が表示されます。好きな書体が選べます。

③ 文字のサイズを選ぶ

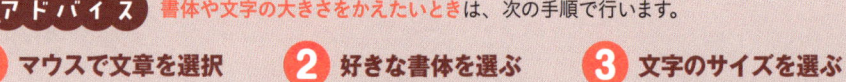
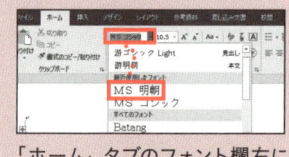

フォントサイズ欄の右にある「▼」をクリックすると、文字のサイズが選べます。

左クリックして確定すれば、サイズが変更されます。

CD-ROMのWordファイルをそのまま使って、園の表をつくる

① タイトルや内容を書き直したい

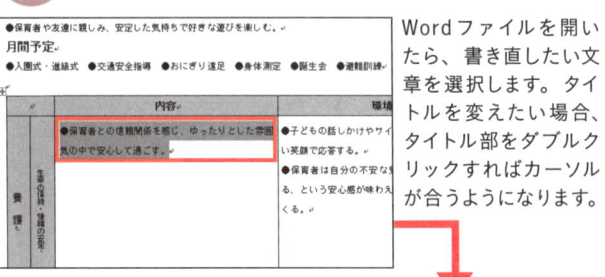

Wordファイルを開いたら、書き直したい文章を選択します。タイトルを変えたい場合、タイトル部をダブルクリックすればカーソルが合うようになります。

自分の園の内容に合わせて文章を書き直しましょう。キーボードの「Delete」キーを押して選択した文章を削除するか、選択したまま文章の入力を始めれば、新しい文章で上書きされます。

② 枠を広げたい・狭めたい

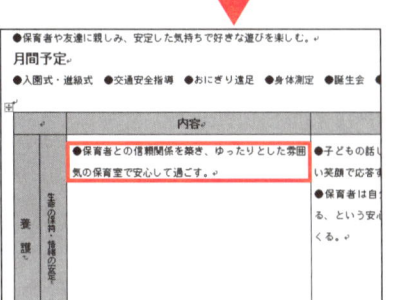

Word文書内の表の枠のサイズを変更したい場合は、広げたい枠の部分にカーソルを合わせましょう。カーソルのアイコンが左のように変わります。

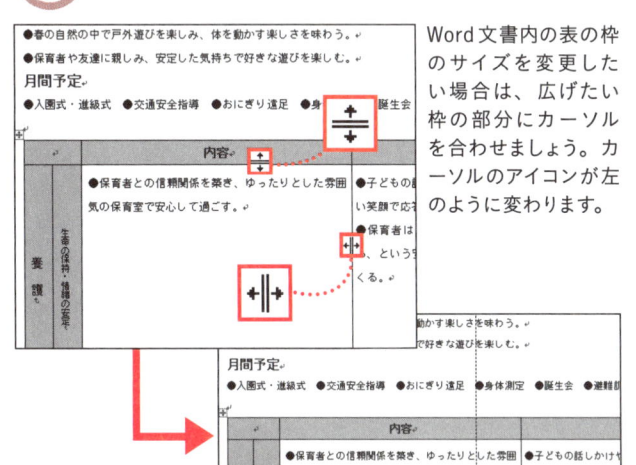

このアイコンの状態で枠を上下左右にスライドして動かせます。

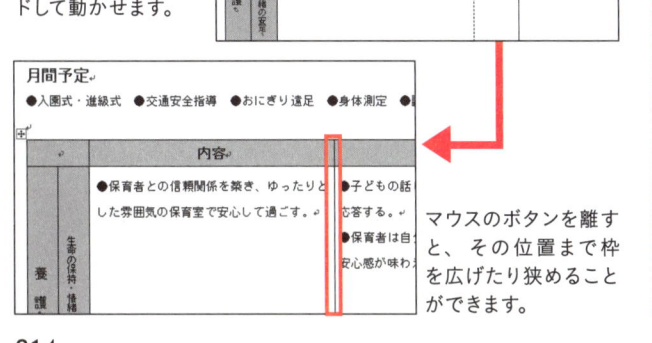

マウスのボタンを離すと、その位置まで枠を広げたり狭めることができます。

③ 枠を増やしたい

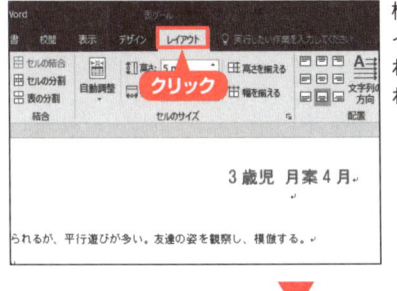

枠内をクリックすると「レイアウト」タブが表示されるようになるので、これをクリックします。

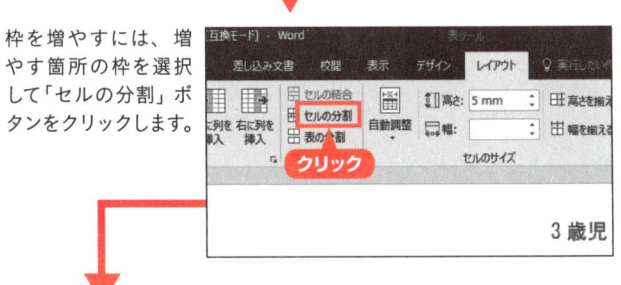

枠を増やすには、増やす箇所の枠を選択して「セルの分割」ボタンをクリックします。

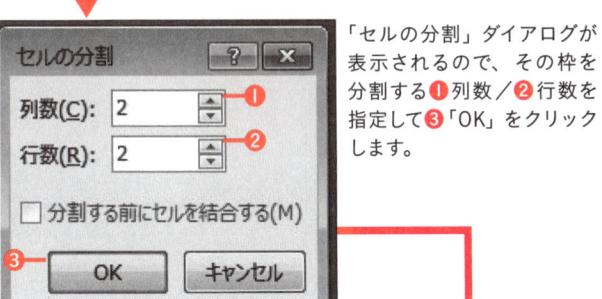

「セルの分割」ダイアログが表示されるので、その枠を分割する①列数／②行数を指定して③「OK」をクリックします。

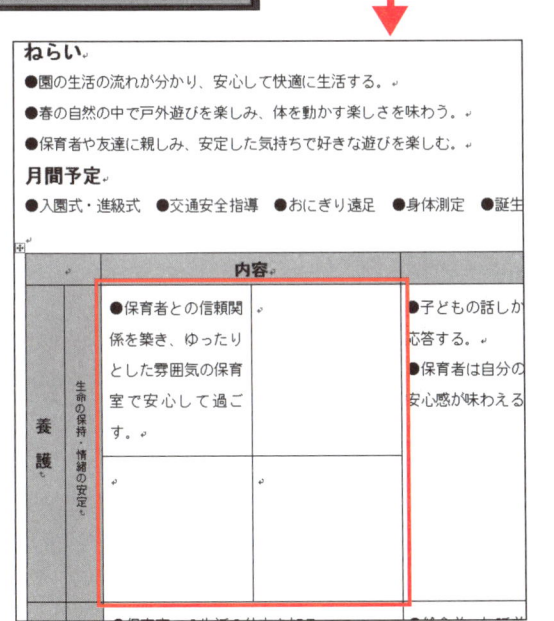

選択した枠が指定した列数／行数で分割されます。

④ 枠を減らしたい

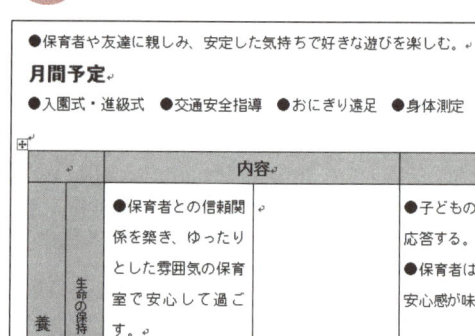

枠を結合して減らしたいときは、結合したいつながった複数の枠を、マウスで選択状態にします。

▼

複数の枠を選択すると「セルの結合」ボタンが有効になるので、これをクリックします。

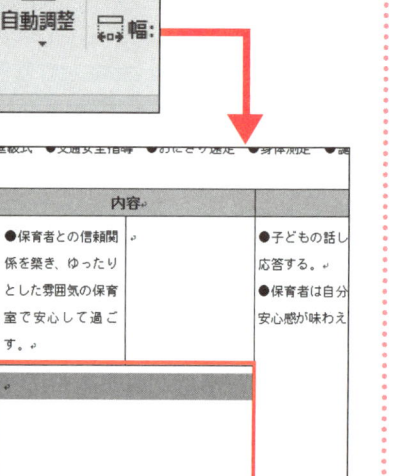

すると、選択した複数の枠が、一つの枠として結合されます。

アドバイス

選択した枠だけを移動したいときは、一緒に移動したくない枠を、次の⑤の手順で一度分割します。上下左右でつながった枠線は一緒に移動しますが、繋がっていなければ単独で動かせます。

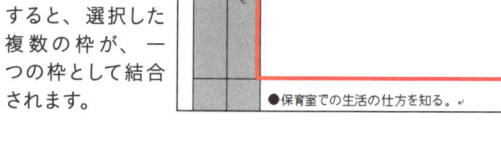

アドバイス

間違えて違う文章を消してしまったときは、左上の「元に戻す」ボタンをクリックすれば一つ前の操作に戻せます。レイアウトが崩れてしまったときも同様です。

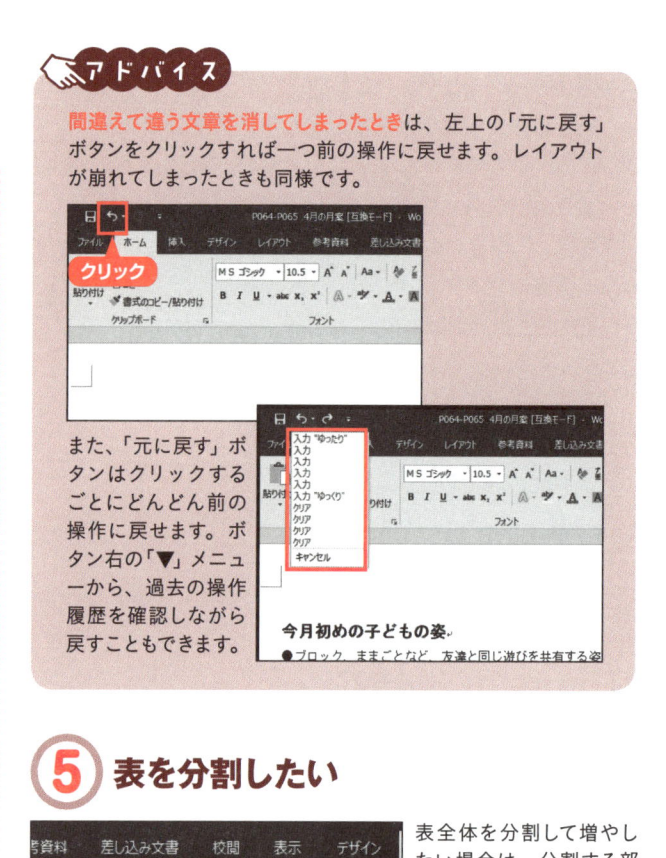

また、「元に戻す」ボタンはクリックするごとにどんどん前の操作に戻せます。ボタン右の「▼」メニューから、過去の操作履歴を確認しながら戻すこともできます。

⑤ 表を分割したい

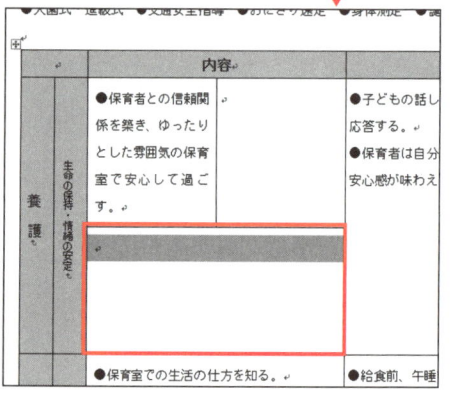

表全体を分割して増やしたい場合は、分割する部分の下枠内にカーソルを合わせて、「表の分割」ボタンをクリックします。

すると、カーソルを合わせた枠の上部分が分割され、2つの独立した表になります。

⑥ 名前を付けて保存する

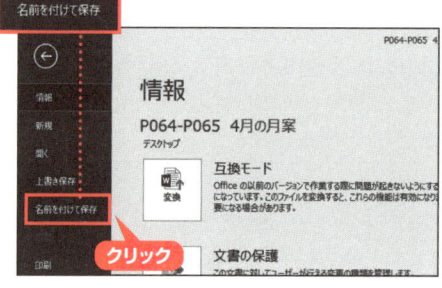

213ページの説明と同様に、「ファイル」タブの「名前を付けて保存」をクリックして保存しましょう。「Word 97-2003文書」を選択すると、古いソフトでも開ける形式で保存できます。

●編著者

横山洋子（よこやま　ようこ）
千葉経済大学短期大学部こども学科教授。
富山大学大学院教育学研究科学校教育専攻修了。
国立大学附属幼稚園、公立小学校勤務ののち現職。
著書は『保育の悩みを解決！　子どもの心にとどく指導法ハンドブック』、『子どもの育ちを伝える　幼稚園幼児指導要録の書き方＆文例集』（ナツメ社）、『根拠がわかる！　私の保育総点検』（中央法規出版株式会社）、『U-CANの思いが伝わる＆気持ちがわかる！　保護者対応のコツ』（株式会社ユーキャン）など多数。

カバーイラスト／佐藤香苗
本文イラスト／坂本直子
カバーデザイン／株式会社フレーズ
本文・レーベルデザイン／島村千代子
撮影／清水紘子、布川航太、引田早香、矢部ひとみ
本文DTP・データ作成／株式会社明昌堂
CD-ROM作成／株式会社ライラック
編集協力／株式会社スリーシーズン、植松まり、
　　　　　株式会社鷗来堂
編集担当／遠藤やよい（ナツメ出版企画株式会社）

●執筆・協力

＊年間指導計画／月案
富山県小矢部市　石動西部保育園　理事長　中西千賀子／
楯　祥子／横川真理恵
神奈川県横浜市　横浜隼人幼稚園　園長　水越美果／吉岡 希

＊保育日誌／食育計画
東京都世田谷区立上祖師谷南保育園

＊防災・安全計画
東京都世田谷区立豪徳寺保育園　園長　柄木田えみ

＊防災・安全計画／保健計画／食育計画／子育て支援
東京都世田谷区立上北沢保育園　園長　大里貴代美／
杉本裕子／苅部 愛

＊特別支援児
千葉県千葉市　みつわ台保育園　前園長　御園愛子
千葉県浦安市立日の出幼稚園

＊異年齢児保育／子育て支援
千葉県千葉市　みつわ台保育園　前園長　御園愛子

＊協力
東京都世田谷区 子ども・若者部 保育課
千葉県浦安市立猫実保育園　園長　三代川紀子

＊環境構成（P42～45）協力園
A 愛隣幼稚園（千葉県）
B あやめ台幼稚園（千葉県）
C 杏保育園（千葉県）
D 鎌ヶ谷ふじ第二幼稚園（千葉県）
E 上祖師谷南保育園（東京都）
F 古和釜幼稚園（千葉県）
G 白金幼稚園（東京都）
H ちはら台保育園（千葉県）
I 冨士見幼稚園（神奈川県）
J まどか幼稚園（東京都）
K 横浜隼人幼稚園（神奈川県）
L 林間のぞみ幼稚園（神奈川県）

CD-ROM付き 記入に役立つ！　**3歳児の指導計画**

2015年4月6日　　初版発行
2018年3月8日　　第2版発行
2025年7月1日　　第2版第12刷発行

編著者　横山洋子　　　　　　　　　　　　©Yokoyama Yoko, 2015, 2018
発行者　田村正隆

発行所　株式会社ナツメ社
　　　　東京都千代田区神田神保町1-52　ナツメ社ビル1F（〒101-0051）
　　　　電話　03-3291-1257（代表）　FAX　03-3291-5761
　　　　振替　00130-1-58661
制　作　ナツメ出版企画株式会社
　　　　東京都千代田区神田神保町1-52　ナツメ社ビル3F（〒101-0051）
　　　　電話　03-3295-3921（代表）
印刷所　TOPPANクロレ株式会社

ISBN978-4-8163-6372-6　　　　　　　　　　　　　　　Printed in Japan
＜価格はカバーに表示してあります＞＜乱丁・落丁本はお取り替えします＞
本書の一部または全部を著作権法で定められている範囲を超え、ナツメ出版企画株式会社に無断で複写、複製、転載、データファイル化することを禁じます。

本書に関するお問い合わせは、書名・発行日・該当ページを明記の上、下記のいずれかの方法にてお送りください。電話でのお問い合わせはお受けしておりません。
・ナツメ社webサイトの問い合わせフォーム
　https://www.natsume.co.jp/contact
・FAX（03-3291-1305）
・郵送（左記、ナツメ出版企画株式会社宛て）
なお、回答までに日にちをいただく場合があります。正誤のお問い合わせ以外の書籍内容に関する解説・個別の相談は行っておりません。あらかじめご了承ください。

ナツメ社Webサイト
https://www.natsume.co.jp
書籍の最新情報（正誤情報を含む）はナツメ社Webサイトをご覧ください。